掌控
与
激励

公司治理的中国故事

郑志刚 著

中国人民大学出版社
·北京·

分级股份、分类董事与公司自治

—— 由《掌控与激励：公司治理的中国故事》
引发的几点思考

公司制度从荷兰萌芽、英国成型、美国发达，到德国、日本、意大利等国的扩散和发展，是一套开放和全球化的现代企业组织思想与治理体系。

历史上，由于市场经济体制没有完全发展起来，中国没有对现代企业制度和公司治理思想产生重要影响。当前随着市场经济发展和中国公司走向世界，带有中国基因和中国特色的一些公司治理实践与最佳做法会产生国际影响，并与全球公司治理体系融合在一起。当这些做法被系统地总结出来的时候，具有中国特色的公司治理模式也就成型了。

郑志刚教授《掌控与激励：公司治理的中国故事》一书，基于对阿里巴巴和万科等众多公司的案例研究，从合伙人制度、同股不同权、分散股权下的公司控制和中国式内部人控制以及员工持股和国企混改等几个重要角度和领域，系统梳理了演进中的中国公司治理实践，并结合全球公司治理发展，深入探讨了从股东中心到企业家中心的全球公司治理制度变革趋势，读过之后颇受启发。从讲好公司治理的中国故事，到总结公司治理的中国模式，是个复杂和极具挑战的大问题，现就两个具体问题提出一点并不成熟的思考，与郑志刚教授及广大读者共同探讨。

分级股份制度，并非"同股不同权"

对一家公司发行两种或两种以上具有不同投票权比例的股票这一现象国内现在通常称为"同股不同权"，隐含地认定这一做法违反了"同股同权"原则。严格地说，这一称呼和这一认定，都不准确也不合理。称之为"分级股份制度"或更为准确合理。

单一股份、一股一票，只是公司股份制度的最简化版本，百年前和现在都是如此。分级股份制度，将公司股份设立成不同的级别，对不同级别的股份赋予不同权重的投票权（包括无表决权），在欧洲国家甚至加拿大等国的公司（包括上市公司）中都是一直存在的。美国法律也没有禁止公司实行分级股份制度，发行无表决权股、有限表决权股、条件表决权股或者多重表决权股等。只是因为从 1926 年到 1986 年的 60 年中，纽约证券交易所支持一股一票，不支持偏离"一股一票"以及其他违反纽交所有关"企业民主、责任、诚实与对股东的责任"标准的做法，拒绝设立分级股份制度的公司上市，美国公司中实行分级股份制度的比例相对很低。美国的证券交易所和纳斯达克没有这种限制，这使纽交所最终放弃了这一做法。

分级股份并没有改变同类股份中同股同权的原则。不同级别股票，是不同的证券。分级股份制度下，拥有更多投票权的相关人员，其投票权大小还是直接取决于他所持有股份多少的，也就是没有根本改变股份多、发言权大的逻辑。其实，我们完全可以把分级股份制度看作一种两合公司的现代翻版。两合公司发行的是无限责任股份和有限责任股份这两类股份，前者有管理（选举管理者的）权，后者没有管理（选举管理者的）权（如法国米其林公司）。分级股份公司发行的是投票权比重大的股份和投票权比重小的股份这两种股份，前者拥有较大的每股投票权，后者拥有较小的每股投票权。

中国《公司法》第42条规定"股东会会议由股东按照出资比例行使表决权；但是，公司章程另有规定的除外"，实际为按投票权设置分级股份提供了依据。但是现实中，只有个别非上市公司实际实行了。上市公司中从科创板依照《公司法》第131条设定了特别表决权股份后，开始有公司实际实行。

从公司制度的发展历史来看，股东凭借股权控制公司，是19世纪60年代以后的现代公司中才有的现象。早期公司的决策更为民主，董事选举及其他公司事务决策中，实行无论持股多少都是一人一票的纯粹民主规则，而不是一股一票这一完全由金钱说话的富豪规则。实际上，如果没有在公司章程中明确规定其他的表决权计划，英国普通法的默认规则就是股东（公司成员）一人一票。

美国在倡导单一级别股票的同时，也是一股一票这一股东表决权原则的推动者。19世纪中叶开始，大规模工业化对资本的巨大需求，使资本更为稀缺，对资本的竞争更为激烈，股东会按人投票演变为按股投票。居于一人一票和一股一票之间的人股兼顾模式（少数股份者每股所拥有的投票权比例高，大额股份者每股所拥有的投票权比例受到限制）没有兴盛起来。

美国率先在19世纪中叶开始采用一股一票，从民主规则的股东资本主义发展为富豪规则的股份资本主义。20世纪，按股投票的富豪规则进一步扩张，产生了分级股份制度，特殊种类的股份拥有比其他股份更高比例的投票权。

分级股份制度实际上是中性的，美国媒体和高科技企业创始人采用，欧洲传统富豪家族也用。特别是21世纪以来，在欧洲使创始家族后代可以凭借少数股份而继续保持公司控制权的分级股份制度，开始广泛被美国高科技公司用来保护公司创始人。欧洲公司的富豪特权变成了美国公司的创始人特权。公司创始人团队保有一种具有更高投票权比例的股份，对外公开发行的则是投票权比例更低的股份。

分类董事制度，是把"双刃剑"

阿里巴巴的合伙人制度在中国受到广泛赞誉，但从实际的公司治理机制上看，阿里巴巴合伙人制度是一种分类董事制度，核心功能是保护管理层对董事会的控制权。

分类董事制度，是将董事会成员分为不同类别，赋予其不同的身份属性，给予不同的任期以至不同的法定权利。美国《特拉华州普通公司法》就在其第 141 节（d）款中，提供了按董事任期和按公司股东或股票类别两种方式进行的董事分类。

按董事任期分类，就是把公司董事分为三组，每年只能有 1/3 的董事任职到期。这种安排的主要意义是对付并购威胁，在有新大股东出现的情况下也可以保持董事会层面公司控制权的相对稳定。按股东或公司股票类型进行的董事分类，是在公司具有明显不同利益诉求的类别股东时采用的方法，就是对每一类别的股东分配具体数目的董事席位，该类别董事的提名、聘任和解聘均需该类别股东决定，并可以给予这类董事不同于普通董事的投票权（多于或少于 1 票）。

阿里巴巴实行了一种比较特殊的按董事提名权配置和董事任期错开进行双重分类的董事制度。董事由阿里合伙人、大股东软银和董事会提名与公司治理委员会等三个不同方面提名产生而分为三组之外，还按每届任职期限的起止时间不同而分为三组。三个提名方各自提名产生的执行董事、非执行董事和独立董事等三类董事，大致均匀地分布在任职期限错开的三个组中。这三组董事之间除任期起止时间不同之外，其他方面是相同的，都是三年为一个任期，在任职到期的年度股东大会上重新选举，开始新的三年任期。

为了保障这种分类董事制度的有效运作，阿里巴巴公司章程规定了一套特别的董事任命规则。阿里巴巴公司章程规定，在任何一位被提名的董事没有获得股东大会多数票同意的情况下，提

名该董事的一方有权任命一位不同人选出任过渡董事，直到下次
年度股东大会。下次年度股东大会上，提名方可以提名该过渡董
事或其他人选为董事候选人，由股东选举通过出任正式董事，完
成该董事席位的余下任期。该等任命在提名方向公司提交书面通
知时立即生效，无须股东或董事会的进一步投票或批准。在出现
董事席位空缺时，该等董事的提名方有权任命接任的新董事，直
到下次年度股东大会。这意味着阿里巴巴公司股东可以在股东大
会上拒绝任命某一方提名的某一具体董事人选，但是不能阻挡该
方按其自身意志安排其他人选接替其实际出任公司董事，直到下
一次年度股东大会。

阿里巴巴这种按董事提名权配置进行的分类董事安排，不是
为保护某一类别股东权利而按股东或股份类别进行的分类董事安
排。阿里巴巴合伙人虽然都要持有一定的公司股份，但这只是作
为一种任职资格要求，并且所持股份与其他股东所持股份一样为
普通股，其成为合伙人及作为合伙人所拥有的权力，也并不直接
与其拥有的公司股份挂钩，合伙人是按人投票而不是按所持股份
投票产生其最终的董事候选人提名名单。此外，合伙人所拥有的
只是董事会多数席位的提名权，其所提名的董事会候选人，还要
经过作为一个整体的公司股东大会选举通过才能正式当选，而不
是由持有公司股份的合伙人（或管理层及员工）作为一个特殊类
别的股东单独选举通过即可。

通过分类董事制度保护公司管理层控制权有一个严重负作
用，就是会消减公司控制权市场。公司管理层的稳定固然重要，

但是如果这种稳定达到了可以不受挑战、没有任何可竞争性的程度，它就走向了反面，会阻碍公司控制权市场发挥作用。公司控制权市场提供了对管理层控制权的一种挑战，使管理层职位具有可竞争性。

公司治理机制，要有弹性和公司自治空间

从股东权利到董事会、董事会的各种委员会，经理人激励，以及上市公司和资本市场、各种中介机构之间的关系等公司内部和外部治理的方方面面，中国都要把发达国家早已落实、不再是问题的一些公司治理基础规则夯实，也要适应目前的全球经济、产业、技术和市场的发展格局、竞争态势，做出适应性调整，以应对挑战。

股份公司作为现代公司制度的核心，其宗旨是实现完全的资合，或说实现作为公司股东的人资分离。作为股东、出资者完全就是资的角色，与个人能力无关，公司的管理交由董事和经理，股东或其他人出任公司董事或经理，不靠资，全靠人，靠能力。要使人、使能力走上公司管理舞台，就要在一定程度上限制资的力量，以防公司进入"大股东（及创始人作为大股东）陷阱"——大股东能力不足或创始人不适应公司发展又不愿意放权，控制一切，致使公司永远发展不起来的半死不活状态。

中国目前同时存在着一股独大和创始人（及公司核心团队）保护问题，前者需要大股东投票权限制，后者需要分级股份制度。对于新兴科技和创业型公司，需要对公司自主设置创始人

（及公司核心团队）保护机制，如分级股份制度、分类董事制度和投票权信托，以及公司控制权变更时的经理人保护条款等，提供支撑和足够的公司自治空间。如何能在提供创始人保护机制的同时，又避免公司陷入大股东（及创始人）陷阱，实现公司治理转型，是一个值得深入研究的问题。

郑志刚教授密切关注中国公司治理中的各种前沿和实际问题，本书研究和评述了近十几年来中国发生的大量公司治理事件，从国有企业到民营企业，从境外上市公司到境内上市公司，从混合所有制改革到员工持股，并联系全球公司治理发展趋势，进行了相关公司治理理论上的深入探讨，对很多公司治理最佳做法给出了极有价值的具体建议。相比于一些纯学术性或是纯实务性的公司治理书籍，本书面向更广，从监管者、研究者到实务工作者的各类公司治理相关人士都可从中受益。

仲继银

中国社会科学院经济研究所研究员、博士生导师

自 序

公司治理的中国故事独特在哪里？

按照哈佛大学 Andrei Shleifer 教授的经典定义，公司治理是确保投资者收回投资并取得合理回报的各种制度的总称。公司治理由此成为现代股份公司以资本市场为载体，实现权益融资的基础性制度安排。作为人类历史上第一家现代股份公司，成立于 1602 年的荷兰东印度公司催生了世界上最早的资本市场（成立于 1611 年的阿姆斯特丹股票交易所）和最早的公司治理实践（荷兰东印度公司 70 人规模的董事会和作为董事会代表的"十七绅士"）。虽然中国第一家现代股份公司可以追溯到成立于 1872 年的上海轮船招商局，但围绕现代股份公司的公司治理实践则是 20 世纪 90 年代初中国资本市场成立后的事。

在中国资本市场独特的制度背景下，中国上市公司 30 多年的公司治理实践中逐步出现了一些具有浓郁中国题材和元素的公司治理故事。例如，在中国的公司治理实践中，既存在以阿里为代表的虽然不发行 AB 双重股权结构股票，但通过合伙人制度变相形成同股不同权构架而完成的公司控制权安排的制度创新，也存在尽管存在持股比例不低的大股东，但基于政治关联、社会连接和历史文化等因素而形成的中国式内部人控制问题。本书正是基于我长期对我国资本市场公司治理实践的观察、思考和研究，试图用经济评论式的轻松笔触，为读者讲述公司治理的中国故事。

理解公司治理的中国故事独特性的几把锁钥

如果我们希望更好地理解公司治理的中国故事的独特性，也许以下几把锁钥是不可或缺的。

其一是中国上市公司始终处于"市场基因"和"制度惯性"的交织与冲突中。一方面，经过改革开放以来 40 多年市场导向的经济转型和 30 多年的资本市场制度建设，中国学习借鉴成熟市场经济国家的相关制度，在较短的时间内至少在形式上引进和建立了各种制度框架。例如，在作为公司治理核心的董事会的制度建设中，中国于 2001 年引入独立董事制度；在围绕作为公司治理权威的股东的权益保护上，中国于 2019 年引入 AB 双重股权结构股票发行制度，于 2020 年通过《公司法》修改引入股东集体诉讼制度。因而，在中国的上市公司中已经或深或浅地植入了"市场基因"。另一方面，尽管为数不少的上市公司在董事会中设有提名委员会，但包括独立董事在内的董事的实际提名往往来自控股的大股东及其背后的实控人。中国上市公司的公司治理行为很大程度上依然受到"制度惯性"的支配。

其二是中国上市公司始终处于外部的市场竞争压力和内在的垄断控制欲望的挣扎和对抗中。从 2015 年开始，中国上市公司第一大股东平均持股比例低于代表相对控股权的 1/3，中国资本市场以万科股权之争为标志进入分散股权时代。"野蛮人入侵"和"控制权纷争"成为中国资本市场发展的常态。每一家上市公司一方面不得不面对中国资本市场股权分散化趋势下外部接管威胁的市场压力，另一方面实控人或者出于防范野蛮人入侵的目的，或者为了主导业务模式的创新，在继续谋求控股地位问题上提出了空前的现实诉求。

其三是控股股东所有制性质的不同导致了同样的上市公司面临的公司治理问题并不完全相同。对于国有企业而言，其突出的问题是，尽管国资股权集中，但由于真正所有者缺位和长的委托代理链条，在国有企业中往往形成以董事长为核心的中国式内部人控制格局。国企需要通过混合所有制改革，引入民资背景的战略投资者，实现资本中性，形成制衡的股权构架，使缺位的所有者真正上位，以解决中国式内部人控制问题。而对于民营企业而言，其突出的问题是，面对正在建设和完善的监管实践和法律环境，如何在保持制度创新的同时规范公司治理行为。

正是由于始终处于"市场基因"和"制度惯性"的交织和冲突中，处于外部的市场竞争压力和内在的垄断控制欲望的挣扎和对抗中，我国资本市场制度背景下的上市公司成为一种"矛盾的复合体"。而控股股东所有制性质不同所导致的同样的上市公司面临的公司治理问题不同，则进一步增加了公司治理中国故事的独特性和复杂性。上述三个方面成为理解公司治理的中国故事独特性的三把锁钥。

公司治理的中国故事的独特之处

尽管中国资本市场整体而言和从趋势来看，出现了股权分散的趋势（一些企业甚至公告无实际控制人），但相较于英美等国公司股权的高度分散，中国大部分上市公司存在持有较大比例股份的大股东。理论上，大股东的存在将形成对管理团队的制衡和监督，并不会出现英美等国公司治理实践中突出的"内部人控制"问题。然而，由于政治关联、社会连接和历史文化等因素，在一些名义上存在大股东的上市公司中依然形成了以董事长（而非 CEO）为核心的所谓的"中国式内部人控制"（参见本书第 4 章）。上述现象在所有者缺位和长的委托代理链条的国有企业中更加突出和典型（参见本书第 6 章）。

面对以互联网技术为标志的第四次产业革命浪潮对企业创新导向的组织重构的内在需求，一些相对国企而言更容易摆脱制度惯性，因而更具"市场基因"的民企甚至出现了实控人加强公司控制的趋势，成为中国资本市场中公司治理制度创新的主体。一些企业通过直接发行双重股权结构股票或变相实现的投票权配置权重的倾斜形成"同股不同权构架"（参见本书第 2 章），而一些企业则通过创业团队签署一致行动协议和推出员工持股计划实现加强公司控制的目的（参见本书第 3 章）。

在股权设计层面，来自民企的典型的公司治理的中国故事是阿里集团通过合伙人制度完成的同股不同权构架这一控制权安排的制度创新和蚂蚁集团通过有限合伙构架完成的阿里合伙人制度的升级（参见本书第 1 章）。前者在只发行一类股票的前提下变相实现了双重股权结构股票的发行，使阿里合伙人成为阿里"董事会中的董事会"，后者则同样在只发行一类股票的前提下实现了股东权益履行在有限合伙人与普通合伙人之间的深度专业化分工，同时实现了加强公司控制和提升团队激励的双重功能。

而发生在董事会层面的典型公司治理的中国故事则与中国资本市场现行的公司治理制度及其制度惯性密不可分。例如，由于在中国公司治理实践中存在主导董事会组织的大股东，一些上市公司出现了大股东超过持股比例的超额委派董事现象（参见本书第 4 章）。而超额委派董事对于不同股东而言其公司治理含义并不完全相同。例如，对于第一大股东，超额委派董事实现的控制权加强增加了掏空公司资源、损害外部分散股东权益的可能性；而对于国企混改中新引入的非第一大股东的民资背景的战投，允许其超额委派董事则有助于使其激励相容，促使混改的最终实现。而在英美等股权高度分散的治理模式下，既不存在大股东主导董事会组织的行为（在美国持股比例超过 1％的股东就被称为 blockholder），更不存在大股东超额委派董事的现象。

从 2001 年中国资本市场引入独立董事制度以来，中国上市公司治理实践长期奉行每位独董任期两届，每届三年的政策。受到独董任期两届六年的限制，在中国一些上市公司中出现了英美等国同样不存在的独董说"不"的阶段特征、独董返聘等有趣的公司治理现象（参见本书第 4 章）。如果把独董对不尽合理的议案出具否定意见理解为监督职能的履行，我们会发现，即将结束全部任期，处于第二任期的独董比处于第一任期的独董更可能说"不"；我们在为数不少的公司观察到在独董任满两届后，经过短暂间隔，该董事又重新返聘回来。

中国公司治理未来的发展趋势

对于具有独特性和复杂性的公司治理的中国故事，由于观察视角的不同，定义、范式和含义存在大量争议自不待言。仲继银教授是我十分敬重的潜心治学、学养深厚的公司治理学者。在为本书所作的序中，他对 AB 双重股权结构股票发行究竟是同股不同权构架还是分级股份制度，阿里的合伙人制度究竟是分类董事制度还是变相的同股不同权构架进行了讨论。从仲教授的讨论中，对公司治理研究领域存在的大量争议可见一斑。

为了使读者对于公司治理的中国故事的独特性和复杂性有更加深刻的印象、形成全面的认识，这里对仲教授提出的一些观点进行简单补充讨论，更详细的讨论可以参见本书的相关章节。

首先，AB 双重股权结构股票发行形式上是不同股份的分级，但它的要害在于改变了以往（大股东）投入多（所以）影响大的控制权分布格局，使创业团队在出资有限的前提下实现了对公司重要决策的主导。上述控制权配置权重向创业团队倾斜的安排，理论上形成了表征承担决策失误责任的现金流权与表征公司决策影响力的控制权二者之间的分离，导致了经济学上成本与收益不对称的"负外部性"。这事实上是公司治理主流理论至今仍然对上述构架容易导致外部中小股东权益受到损害质疑的地方。而相比一股一票构架维护"投入多影响大"的看似更加平等的控制权分布格局，AB双重股权结构股票的发行则形成了一种即使投入少但影响依然大的控制权分布格局。正是在上述意义上，很多文献把AB双重股权结构股票这样的在仲教授看来只是不同股份的分级的相关制度和实践称为同股不同权构架。

需要说明的是，尽管仲教授认为分级股份制度是更合理的说法，但本书与仲教授的核心观点是高度一致的：要看到这种形式上不平等的投票权制度在第四次产业革命浪潮下的合理性，和带给投票权配置权重不同的投资者收益的最终平等的可能性。这集中体现在仲教授所强调的"公司治理机制要有弹性和公司自治空间"等观点中。

其次，阿里合伙人制度看起来主要涉及董事的委派，但其核心是持股比例累加只有13％的阿里合伙人在持股比例超过31％的软银和超过15％的雅虎等主要股东的支持和背书下，可以委派阿里董事会中的大部分董事，使阿里合伙人集体成为阿里的实控人。阿里没有发行AB双重股权结构股票，但在2014年最初打算在香港上市时，遭到了当时依然奉行同股同权原则的香港股票交易所拒绝。因此，本书倾向于认为阿里的合伙人制度是在只发行一类股票的前提下变相形成了同股不同权构架，成为投票权配置权重向创业团队倾斜的重要的控制权安排的制度创新。

虽然本书副题为"公司治理的中国故事",但需要向读者说明的是,本书始终强调,尽管公司治理的理论和实践越来越多地呈现中国故事的题材和元素,但并不意味着我们未来一定要形成独特的中国公司治理理论。我们知道,现代股份公司至今已有400多年的历史,今天的公司治理理论是在400多年现代股份公司治理实践基础上的提炼和总结。中国公司治理目前所处发展阶段,在一些国家不同程度和不同范围曾经存在过。在如何防范野蛮人入侵、如何加强公司控制、如何避免内部人控制等问题上,正在发生和未来即将发生的公司治理的中国故事依然可以借鉴成熟市场经济国家发展历程中积累的宝贵经验和教训。

中国资本市场经过30多年的发展进入而立之年,愈加明显地呈现出以下几个趋势。其一是股权分散化趋势。2015年,以万科股权之争为标志,中国资本市场开始进入分散股权时代。国企混改的完成,将通过引入民资背景的战投使原来控股国资的持股比例进一步降低。其二是竞争中性趋势。正在积极推进的国企混改的核心是回归现代股份企业的本质,实现资本的社会化。混改后的企业既不完全是国资的,也不完全是某一私人的,而是属于全体股东集体所有。在股东大会等治理制度下平等地保护每一位股东的权益,无论国资还是民资都能从混合所有制企业的经营中平等受益。

与上述资本市场的未来发展趋势相伴随,我们预测,中国公司治理未来发展将呈现以下趋势。其一,在股权设计层面,股东权益履行将出现深度专业化分工趋势。在普通股东将着力风险分担的同时将专业决策权更多集中到创业团队手中，实现普通股东风险分担职能（Hart 所谓剩余索取权）与创业团队集中决策职能（Hart 所谓的剩余控制权）这一原本统一在股东权益履行中的两种权力（Hart 所谓产权）之间的专业化分工，以实现治理效率的提升。这事实上是 AB 双重股权结构股票和有限合伙构架在新经济企业控制权安排中十分流行背后的原因。一个同样值得期待的现象是，未来分散股东投票权的履行将基于股东意愿满足的市场行为，委托给专业的代理投票机构，在股东投票权履行过程中同样出现一种专业化分工趋势。

其二，在内部治理机制上，公司治理从更多依靠大股东的积极股东角色到依赖外部聘请、注重声誉的独立董事所扮演的治理角色，首席独立董事制度将兴起。前文的分析表明，无论是出于解决国有企业所有者缺位的问题，还是由于中国上市公司股权结构近年来出现的分散化趋势，大股东在公司治理制度建设中的主导地位和关键作用将被削弱。那些来自外部、注重声誉、挑战管理团队决策成本较低的独立董事将逐步摆脱以往"花瓶"的形象，在股权纷争中扮演更加积极的居中调停等角色。在一些企业中，为了制衡创业团队掌控的董事长，其至会设立首席独立董事的角色，其目的是在确保创新导向下投票权配置权重向创业团队倾斜的同时，确保外部分散股东的利益不受侵害，实现二者之间的平衡。

其三，与内部治理机制相比，包括接管威胁、做空机制等在内的外部治理机制将扮演更加重要和积极的公司治理角色。给定投票权配置权重向创业团队倾斜，内部治理机制的有效性或多或少受到创业团队的干扰，不能发挥预期的公司治理作用。新经济企业不得不转而更多求助来自外部市场的公司治理力量。例如，瑞幸咖啡的财务造假并不是首先由所聘请的独立董事和会计师事务所，而是由以营利为目的的做空机构浑水公司发现的。中国虽然引进了被称为中国版做空制度的融资融券制度，但由于诸多制度惯性，中国资本市场目前并没有真正引入做空机构和做空机制，这是未来中国资本市场制度建设需要逐步改进和完善的地方。

在上述意义上，中国公司治理实践已经和正在出现一些成熟市场经济国家公司治理发展历程中曾经出现和正在出现的趋势。而以独角兽为代表的大量新经济企业在中国的涌现加速了中国与上述国家公司治理发展趋势"趋同"的进程。随着国企混改的完成和新经济企业成为市场经济中的主体，"中国公司治理历史是否终结"值得观察和期待。因此，本书讲述的并非完全不同于成熟国家实践和理论的全新的中国公司治理理论，而是公司治理一般理论预见下的基于中国资本市场制度背景和经济转型发展阶段的独特中国故事。本书希望通过对这些独特的公司治理的中国故事的讲述，帮助公司治理理论界和实务界形成对公司治理理论发展趋势和脉络的全新认识和深刻理解，反过来更好地指导中国的公司治理实践。

郑志刚

目　录

步入"而立之年"的中国资本市场[*]

从 20 世纪 90 年代初至今，我国资本市场已在不知不觉中走过 30 年，步入"而立之年"。回顾过去，我们应该如何看待步入"而立之年"的中国资本市场？也许我们可以从以下三个视角来理解。

第一个视角是我国资本市场从 2015 年开始进入分散股权时代。随着股权分置改革 2007 年完成，股票实现全流通，无论国资背景的大股东，还是民资背景的大股东，都开始减持所持有的控制性股份，我国资本市场开始出现明显的股权分散趋势。华润减持万科和北方工业减持南玻 A 是来自国有控股上市公司的例子，而梅雁发展减持梅雁吉祥则是来自民资控股上市公司的例子。这种减持状况一直持续到 2015 年，我国上市公司第一大股东平均持股比例首次低于标志相对控股地位的一票否决权的 1/3

---

* 本文根据作者 2019 年 12 月 11 日于湖北武汉召开的 2019 年中国交通投融资年会暨首届上市公司峰会上的演讲整理。

（33%左右）。梅雁吉祥的第一大股东持股比例一度低于0.5%，成为"A股股权结构最分散的公司"之一。我们看到，经过25年的发展，我国资本市场的资本社会化程度发生了显著的变化。我国上市公司的股权结构从以往股权高度集中于某一控股股东手中，形成所谓的"一股独大"，到目前上市公司股权普遍分散在不同股东手中。

那么，我国资本市场进入分散股权时代对投资者和监管当局而言意味着什么呢？也许一些读者还对2016年12月3日时任证监会主席刘士余怒斥举牌险资和其他兴风作浪的金融大鳄为"土豪"、"妖精"和"害人精"的故事记忆犹新。其实，随着股权结构分散趋势的加强，控制权让渡的门槛将降低，并购甚至极端的"野蛮人撞门"现象将成为未来我国资本市场的常态。著名的万科股权之争就是在我国资本市场进入分散股权时代的背景下发生的。在上述意义上，我们把万科股权之争认为是我国资本市场开始进入分散股权时代的标志。

理解进入21世纪20年代、步入"而立之年"的中国资本市场的第二个视角是我国资本市场开始接纳和包容"同股不同权构架"，允许投票权配置权重适度向创业团队倾斜，鼓励创业团队主导公司业务模式创新。

上述变化的标志是2019年7月上交所科创板开板，允许"同股不同权"构架股票上市。我国资本市场第一只发行AB双重股权结构的股票优刻得科技已于2019年9月27日审核通过，2020年1月20日完成首次公开发行。由于违反资本市场通常奉行的

"同股同权"原则，诞生超过 100 年的"同股不同权构架"长期以来并不受理论界和实务界"待见"。最近的例子则是 2014 年阿里巴巴一度希望继续在曾经挂牌 B2B 业务的香港联合交易所（简称"港交所"）上市，但由于违反上述原则，而不得不远赴美国上市。2018 年 4 月，港交所号称完成"25 年以来最具颠覆性的上市制度改革"，其动机之一就是欢迎阿里巴巴以第二上市的方式实现回归。

如果说以美国为代表的成熟资本市场对同股不同权构架的重新认识和重视花费了近百年的时间，香港市场为此花费了不少于 25 年的时间，那么内地资本市场推出上述制度则显然快得多。这事实上与我国资本市场进入分散股权时代这一大的背景下上市公司和监管当局思考如何制定应对频繁出没的野蛮人的策略一脉相承。

那么，我国资本市场开始接纳和包容同股不同权构架对于投资者而言将意味着什么呢？我们会看到，在我国资本市场，未来越来越多的高科技企业发行的不是一类股票，而是两类股票。作为投资者，我们不仅需要考虑是投资股权分散的公司，还是投资股权集中的公司，而且需要考虑是投资只发行一类股票的公司，还是投资发行（AB）两类股票的公司。如何在投票权配置权重向创业团队倾斜的可能情形下开展公司治理制度设计，合理保护中小股东的权益，成为我国资本市场未来迫切需要思考的问题。

理解进入 21 世纪 20 年代、步入"而立之年"的中国资本市场的第三个视角则是，与资本市场发展息息相关的国企混改经过长达五年的试水目前进入攻坚阶段。我们知道，国企改革是我国四十多年改革开放的缩影，我国资本市场最初设立的主要动机之一就是服务国企改制。按照国资委主任郝鹏的说法，"未来三年是国有企业改革的关键历史阶段"，国资委为此将着手研究制定国有企业改革三年行动方案。

概括而言，经过五年的试水，我国国企混改逐步形成两个层面两种模式的改革思路。一方面，我们需要在实体经济层面引入民资背景的战略投资者，实现所有制的混合；另一方面，则需要在国有资产管理体系层面上，通过新设或改组国有资本投资营运公司，实现从"管企业到管资本"的转变。国有资产管理体系"从管企业到管资本"的转变是为了配合在实体经济层面引入民资背景的战略投资者即"所有制混合"的最终实现。因而上述两个层面的改革是相辅相成、缺一不可的。

在正在积极推进的国企分类改革中，我们逐步形成了两种典型的混改模式。模式之一是作为央企混改和基础战略性行业混改标杆的被誉为"央企混改第一股"的"中国联通模式"。在引入中国人寿和BATJ（百度、阿里巴巴、腾讯、京东）等战略投资者后，原控股母公司联通集团持有中国联通的股份从60％下降到36.67％。由于中国联通所处的基础战略性行业的性质，联通集团依然保持对中国联通的控股地位。尽管如此，中国联通通过允许作为非实际控制人的BATJ超额委派董事（例如，持股比例3％的百度委派联通董事会8名非独立董事候选人中的1名席位，

占比达 12.5%）实现了混改参与各方的激励相容，创造了所谓的
"股权结构上国资占优，但在董事会组织中战投占优"的联通混
改模式。

对于地方国企和处于非基础战略性行业的国企混改，天津北
方信托混改模式成为可资借鉴的模式之一。天津北方信托通过合
计转让 50.07%的股权，引入日照钢铁控股集团有限公司、上海
中通瑞德投资集团有限公司、益科正润投资集团有限公司等三家
民营企业新股东。以微弱优势成为第一大股东的民资日照钢铁获
得推荐董事长的权利。原来拥有国资背景的控股股东泰达控股在
混改后成为第二大股东，并在未来更多以股东身份参与北方信托
的公司治理。

而格力集团通过转让格力电器 15%股权给董明珠通过有限合
伙投资协议构架具有影响力的珠海明骏，使格力走完国企改制的
"最后一公里"，实现了传统国企格力的有序传承。格力电器的股
改由此被一些媒体解读为大股东和实际控制人发生改变的"国企
混改 3.0 阶段"（股改后国资持股在 50%以上，绝对控股被称为
"1.0 阶段"；股改后国资仍为第一大股东和实际控制人，被称为
"2.0 阶段"）。在 2019 年 12 月 13 日举办的 2019 央视财经论坛
上，国务院国资委秘书长彭华岗表示，国企要加快从不具竞争优
势的非主业领域退出。

那么，国企混改经过长达五年的试水目前进入攻坚阶段对于
我国资本市场意味着什么呢？一方面，国企混改可以借助资本市
场实现传统国企有序传承和经营机制的转化，提升效率；另一方

面，资本市场为民资以战投方式参与混改提供了更多的实现途径。

综合前述的三个视角，我们看到，进入 21 世纪 20 年代、步入"而立之年"的中国资本市场未来将迎来以下三个方面的变化，需要我们投资者积极做好准备。

第一，未来在我国资本市场将掀起新一轮并购浪潮。如果我们把发生在 2015 年前后以险资举牌为代表的并购潮理解为过去一轮的并购浪潮，那么，进入 21 世纪 20 年代步入"而立之年"的中国资本市场将迎来新一轮并购浪潮。我们做出上述判断是基于以下因素的考量。其一，并购重组开展的必要性来自产能过剩消除、债务危机化解等供给侧结构性改革深化的现实需要。一些落后的产能需要通过资本市场资源重新整合以完成淘汰或发展质量的提升。其二，一段时期以来低迷的股市降低了并购成本。其三，同样不容忽视的重要因素是，我国资本市场进入分散股权时代，投资者成为实际控制人的门槛降低，这提升了并购重组成功的可能性，反过来鼓励这些机构发起更多的并购。按照相关媒体报道，2019 年以来发生实际控制人变更的 A 股公司数量已经超过 160 家。未来我国资本市场无论是作为前奏的增持举牌，还是作为最终结果的实际控制人变更都将显著增加，新一轮的并购浪潮正在积极酝酿中。

我们注意到，正在积极推进的一些央企对地方国企的整合重组事实上同时包含了并购、混改和债务化解三种元素。宝武对马鞍山钢铁的收购、招商局对营口港的收购是这方面的典型例子。

在新一轮并购浪潮中，我们始终强调，并购应该从简单的合并升级到机制体制的根本转变。2010年天津钢管、天津钢铁集团有限公司、天津天铁冶金集团有限公司和天津冶金集团有限公司四家国有企业合并组成天津渤海钢铁（简称"渤海钢铁"）。合并报表后的2014年，渤海钢铁进入《财富》杂志评选的世界500强企业榜单。但好景不长，2015年底，快速扩张后的渤海钢铁陷入了严重的债务危机，105家银行金融机构参与进来，负债高达1920亿元。合并四家企业的渤海钢铁开始在"分"（把经营状况相对尚好的天津钢管剥离出来）的基础上重新回到"混"（引入民资背景的德龙钢铁做战投进行混改）的正确路径上来。

如果说渤海钢铁是在合并后并没有完成经营机制根本改变的典型案例，那么，重庆钢铁（简称"重钢"）的重组则成为通过引入优秀的战投进行混改完成经营机制转化的成功案例。重组后重钢的实际控制人为由中国宝武、中美绿色基金、招商局集团和美国WL罗斯等四家公司共同出资组成的四源合股权投资管理有限公司（简称"四源合"）。所有制混合后盈利动机明确的四源合仅仅派了"五名既不炼钢也不炼铁"的高管，就实现了经营机制的转化，使在破产路上走了十年的重钢一年就实现了起死回生。我们注意到，重组后的重钢完成了以下两方面经营机制的转化。其一，基于市场化原则建立激励充分的经理人与员工激励机制。2018年重组后的CEO年薪553.91万元，是2017年CEO年薪54.89万元的10倍；在较短的时间内，重钢相继推出《重庆钢铁高管薪酬激励方案》和《2018年至2020年员工持股计划》。其二，回归 CEO 为经营管理决策中心，实现 CEO 和董事会之间的合理分工。董事会明确给予 CEO 授权，机构设置、技术改造等事项甚至可以先操作后到董事会报批；而董事会则回到选聘 CEO 和考核评价 CEO 等基本职能上。

我们看到，只有通过并购实质推动经营机制和管理体制的转化，相关企业才能成为在新一轮并购潮中的真正受益者，否则，就仅仅是在合合分分的游戏中错失一次次发展的机遇，最终难改被淘汰出局的命运。

第二，未来中国资本市场将为投资方布局新经济企业，抢占赛道提供更多的契机。过去 40 余年，由于我国具备了中国新经济企业发展的"天时"（恰逢以互联网技术为特征的第四次工业革命的浪潮）、"地利"（以市场导向的经济转型所释放的改革红利和拓展的发展空间）和"人和"（基于中国企业家的勤劳和智慧完成的大量制度创新），中国目前成为全球独角兽企业最多的国家之一。随着我国资本市场包容"同股不同权构架"，允许投票权配置权重向创业团队倾斜，我们可以预期未来我国资本市场将为新经济企业的发展提供更加广阔的舞台。

那些治理思维依然停留在"同股同权"阶段的投资者需要意识到上述转变契合了在互联网时代加剧的信息不对称下市场对创新导向企业组织重构的内在要求。一方面，通过允许投票权配置权重向创业团队倾斜，让创业团队主导普通投资者无法把握和理解的业务模式创新，实现社会化的资本"分担风险"和职业化的经理人负责"专业决策"的高度专业化分工，提升效率；另一方面，通过"同股不同权构架"，将"流水"的经理人转化为"铁打"的经理人，完成从以往短期雇佣合约向长期合伙合约的转化，防范野蛮人入侵，鼓励人力资本的持续投入，实现合作共赢。因而，对待新经济企业，投资者不是像以往一样简单谋取控制权，而是通过允许投票权配置权重向创业团队倾斜，把他们并不熟悉的业务模式创新决策交给那些真正懂这些问题的创业团队。

但允许投票权配置权重向创业团队倾斜，并不意味着公司治理不再需要保护投资者的权益。对于推出"同股不同权构架"的新经济企业，我们需要对其标配"日落条款"，以确保实现控制权的状态依存。所谓"日落条款"指的是在公司章程中对投票权配置权重倾斜的创业团队所持有的 A 类股票转让退出以及创业团队权力限制的各种条款的总称。在优科得科技的案例中，公司章程规定，如果持有 A 类股份的股东向他人转让所持有的 A 类股份，或者将 A 类股份的表决权委托他人行使，A 类股份应当按照 1∶1 的比例转换为 B 类股份。这意味在特定状态下"同股不同权构架"将重新回到只有一类股票的"同股同权构架"，实现了所谓的控制权的"状态依存"。

因而，面对新经济企业，一个新的公司治理理念是如何在鼓励创业团队人力资本投入主导业务范式创新和降低代理冲突、保护中小股东利益二者之间取得平衡，而既非以往的一味强调防范经理人和大股东剥削小股东的所谓的"防火防盗防经理人"，也非面对投票权配置权重向创业团队倾斜后对中小股东权益损害风险增加下的一味听之任之。

除了公司治理理念的调整，我们注意到，资本市场对外部股东权益保护不足的"同股不同权构架"也将发挥着积极的调节作用。相比"同股同权构架"股票，我们注意到，"同股不同权构架"的股票往往价格波动幅度更大。在港交所完成上市制度改革后，登陆香港资本市场的独角兽企业小米、美团、众安在线、雷蛇、易鑫、阅文、平安好医生等无一例外地遭遇了在 IPO 后股价下跌，甚至跌破发行价的尴尬局面。因此，投资者投资新经济企业除了需要调整公司治理理念，还需要为未来承担更大的股价波动风险做好必要的心理准备。

第三，未来中国资本市场一方面将成为国企实现混改可资凭借的重要平台，另一方面将反过来促进资本市场的深度社会化，推动中国资本市场走向更加分散多元的股权结构。

相比于非上市国有企业的混改，借助资本市场实现的国企混改往往具有较低的治理结构改善和经营机制转化成本。这一点很容易理解。作为上市公司的中国联通成为"央企混改第一股"，与借助资本市场这一平台实现混改的便捷和效率有很大关系。

如果说未来三年是国有企业改革的关键历史阶段，那么，从重钢混改的案例中我们看到，引入一个优秀的战投，实现深层次的经营机制和管理体制的转化则成为国企混改成功的关键。从重钢引入的战投四源合来看，一个成功战投至少需要具有以下四个特征：其一是该战投需要具有雄厚的资金实力，成为未来可以为做出错误决策承担责任的所谓"可承兑收入"；其二是该战投盈利动机明确，即希望通过经营机制转化，使企业获得新生，实现投资回报；其三是该战投认同在股东和董事会层面形成权力制衡和进行合理分工的理念；其四是该战投希望通过治理结构的完善解决长效激励的问题，积极推动企业经营机制和管理体制的转化。

尽管活跃在资本市场的上市公司，作为优秀企业的代表，大多数是通过资本社会化已经完成混改的企业，但资本市场无疑在一些国企走完改制"最后一公里"中扮演着独特和重要的角色。通过国有资本的适时退出和企业家的择机入股，我们看到，格力股改变相承认了创业企业家董明珠的历史贡献，帮助格力成功地走完了国企改制的"最后一公里"，实现了格力的有序传承。历史上，一些由国企改制而来的上市公司由于未能妥善解决这些特殊传承问题，一些没有得到股权认同的创业企业家在走和留问题上心怀怨气、意气用事，由此产生的长期股权纷争往往为企业未来基业长青投下阴影，带来隐患。

而无论从作为央企和基础战略性产业混改标杆的联通案例，还是从作为地方国企和竞争性产业混改标杆的北方信托案例来看，已经完成的混改无一例外地推动了我国资本市场已经形成的股权结构分散化趋势进一步发展。我们相信，随着国企混改的实质推进，我国资本市场股权分散的态势将进一步加强。

基于以上三个方面的分析，我们看到，尽管面临经济下行、压力加大、债务链条断链风险加剧和房地产下跌预期带来消费行为紧缩严重等不利因素，进入 21 世纪 20 年代和"而立之年"的中国资本市场依然存在着诸多与挑战并存的机遇。

资本市场无疑是实体经济发展的一面镜子。它让我们一方面更加扎实地深化改革，切实推进产权保护，帮助民营资本形成稳定的发展预期，增强投资的信心；另一方面通过深化国企混改，转换国企经营机制，释放国企活力。中国经济下滑企稳之时，定当是中国资本市场重新活跃之日。

第1章

合伙人制度：公司控制权安排的制度创新

在并没有发行双重股权结构股票的阿里，基于阿里合伙人与主要股东之间的股权协议，在主要股东的支持和背书下，以马云为首的阿里合伙人有权任命董事会的大多数成员，集体成为公司的实际控制人。阿里通过合伙人制度由此实现了控制权的配置权重向阿里合伙人倾斜，变相实现了"双重股权结构股票"的发行，形成"同股不同权构架"。

阿里合伙人制度具有以下四个方面的特殊作用：其一，有效防范外部野蛮人入侵，鼓励阿里合伙人专注业务范式创新，持续进行人力资本投资。其二，把业务模式创新等专业决策交给阿里合伙人完成，软银等股东则专注风险分担，二者之间的专业化分工程度加深，管理效率提升。其三，阿里合伙人制度成为信息不对称下外部投资者在众多潜在项目中识别独特业务范式的信号，以解决信息不对称下"不差钱"的投资者无法找到好的项目，而好的项目"找不到钱"的逆向选择问题。其四，阿里合伙人制度实现了软银等主要股东与阿里合伙人之间从以往短期雇佣合约向长期合伙合约的转化。长期合伙合约下的阿里合伙人成为阿里"不变的董事长"或者说"董事会中的董事会"，实现了"铁打的经理人，铁打的股东"。阿里因此不仅是软银、雅虎等主要股东的，而且也是马云等阿里合伙人的。

从万科到阿里：公司控制权安排的新革命[*]

2015 年 7 月 10 日起，宝能系通过连续举牌，持股比例增至 23.52％，超过华润，成为万科第一大股东，万科股权之争爆发。这场股权之争从一开始就注定了不是一场普通的并购。并购对象万科的管理层是以王石为首的创业团队，这使万科股权之争很快陷入应该遵循资本市场的股权至上的逻辑还是应该对创业团队的人力资本投资进行鼓励的争论之中。万科究竟是谁的万科？是王石创业团队、原第一大股东华润的万科，还是举牌后的新股东宝能的万科？也正因处于如此情境下，我们可以用"悲催"两个字来形容面对控制权之争的万科。

万科股权之争在股权结构上呈现出一些不同于以往的新特点。例如，不存在绝对控股的大股东，而是同时存在两个甚至多个持股比例接近的股东，"一股独大"成为历史；门外的"野蛮人"不断在撞门，而管理层也不再是"温顺的待宰羔羊"。无独有偶，在我国资本市场进入后股权分置时代后，随着全流通带来实现股权变更、资产重组的便利，第二大股东通过在二级市场公

---

* 本文以《从万科到阿里：公司控制权安排的新革命》为题于 2016 年 11 月 18 日发表在财经网。

开举牌一举成为第一大股东的现象屡见不鲜。不仅如此，我国资本市场还频繁发生"小股民起义"，个别公司甚至同时出现两个董事会。我们由此判断，随着我国资本市场从股权集中进入股权分散的发展阶段，万科股权之争在一定意义上标志着我国资本市场股权分散时代的来临。

如果说万科股权之争预示着伴随并购活动的日趋活跃，"门外野蛮人入侵"现象会频繁发生，那么，我们应该如何保护和鼓励创业团队以业务模式创新为特征的人力资本投资呢？

与"悲催"的万科陷入"谁的万科"的争论不同，不仅在过去和现在，而且在未来很长一段时期依然会被控制在马云创业团队手中的阿里巴巴（简称阿里）则显得比万科"庆幸"得多。2014 年 9 月 19 日，阿里在美国纽交所成功上市。从阿里的股权结构来看，第一大股东软银（日本孙正义控股）和第二大股东雅虎分别持股 31.8% 和 15.3%，远超阿里合伙人团队所共同持有的 13%，而马云本人持股仅 7.6%。然而，根据阿里公司章程的相关规定，以马云为首的 34 位合伙人有权利任命董事会的大多数成员，从而成为公司的实际控制人。

事实上，收获"庆幸"的远不止阿里。2014 年在美国纳斯达克上市的京东同时发行两类股票。其中，A 类股票一股具有一票投票权，而 B 类股票一股则具有 20 票投票权。出资只占 20% 的创始人刘强东通过持有 B 类股票，获得 83.7% 的投票权，实现了其对京东的绝对控制。京东加入谷歌、Facebook 等众多选择发行具有"不平等投票权"的双层股权结构股票来实现创业团队对公司实际控制的企业行列，演绎了互联网时代"劳动雇佣资本"的新神话。而美国等一些国家由于允许发行双层股权结构股票，成为百度、奇虎、搜房、优酷、猎豹移动、YY 语音等中国知名企业选择上市的目标市场。

我们看到，无论是京东发行的双层股权结构股票还是阿里的合伙人制度，它们的共同特征是通过实际或变相推出"不平等投票权"，以有限的出资额实现对企业的实际控制，形成"铁打的经理人，流水的股东"的局面。那么，我们如何解释阿里们通过"不平等投票权"的控制权安排而收获的"庆幸"呢？

对于这一问题，我们首先要从 2016 年诺贝尔经济学奖得主哈特（Hart）教授发展的不完全契约理论和"现代股份公司之谜"说起。"股份有限责任公司"被经济学家巴特勒（Butler）称为"近代人类历史中一项最重要的发明"，这是因为在过去的 250 年中，人类财富之所以"几乎是垂直上升的增长"，是与股份有限责任公司的出现联系在一起的。以往学者从风险分担以及借助股份有限责任公司实现的资本社会化与经理人职业化的专业化分工带来的效率提升，来解释现代股份公司的出现。但上述视角始终不能解释为什么外部分散投资者愿意把自有资金交给陌生的经理人来打理。更何况伯利和米恩斯（Berle and Means）早在 1932 年就明白无误地指出，外部分散股东将面临所聘请的经理人挥霍资金的公司治理问题，而这可能使股东蒙受巨大损失，它不仅"对过去三个世纪赖以生存的经济秩序构成威胁"，同时成为 20 世纪二三十年代经济大萧条爆发的重要诱因之一。我们把上述问题概括为"现代股份公司之谜"。

直到哈特与他的合作者格罗斯曼和摩尔（Grossman and Moore）等共同发展了不完全契约理论，学者们才对投资者为什么愿意出资组成股份公司并聘请职业经理人的"现代股份公司之谜"给出了系统一致的解释。我们看到，在决定是否组建现代股份公司的一刻，无论是外部投资者还是职业经理人都无法预期公司未来是否会发生重大资产重组和经营战略的调整。由于契约不完全，一旦投资，外部投资者将可能遭受实际控制公司的经理人通过资产重组等掏空公司资产的局面，使股东的利益受到损害。我们把经理人通过资产重组等掏空公司资产的行为称为"经理人机会主义"。预见到由于契约不完全导致的经理人机会主义行为的存在，投资者显然并不愿意出资，这使得利用资本社会化和经理人职业化提升效率的现代股份公司无法形成。但外部投资者如果享有该公司受法律保护的剩余控制权，即外部投资者有权通过股东大会投票表决的方式对未来可能出现的诸如资产重组等事项进行最终裁决，外部投资者就会愿意出资，成为该公司的股东。通过上述的控制权安排（习惯上称为"产权安排"），现代股份公司在一定程度上解决了以往由于契约不完全导致的投资者投资激励不足问题，使得现代股份公司成为名副其实的"近代人类历史中一项最重要的发明"。"股权至上""同股同权"等由此成为长期以来各国企业控制权安排实践的标准范式。

不完全契约理论很好地解释了为什么股东会成为现代股份公司的所有者，从而揭示了同样作为出资人，股东与债权人权利为什么会不同。但哈特的理论似乎并不能对持股比例低于主要股东（软银和雅虎）的阿里创业团队对阿里进行实际控制的现象做出更多解释。如果阿里创业团队的人力资本投资是专用性投资，需要通过控制权安排进行专用性投资激励，难道软银和雅虎的投资就不是专用性投资，因而不需要通过相应的控制权安排来进行专用性投资激励吗？

合伙人制度和双层股权结构等通过"不平等投票权"进行的控制权安排在形式上似乎突破了以往流行的"股东利益保护导向"范式，因而被一些学者认为是公司治理从传统"股东利益保护导向"范式转向"利益相关者利益保护导向"范式的新证据。按照布莱尔（Blair）等的观点，企业的经营决策影响到所有利益相关者，经理人应该对所有利益相关者负责，而不能只对股东（一部分利益相关者）负责。梯若尔（Tirole）把其特征概括为经理人广泛的任务和利益相关者之间控制权的分享。专用性资产被利益相关者理论认为是决定公司控制权的核心因素。不仅是软银和雅虎等投资的物质资本，阿里创业团队的人力资本同样可以成为阿里的专用性资产。随着阿里创业团队资产专用性和资源关键程度的提高，阿里的控制权应该由阿里创业团队与软银、雅虎等股东分享，而不是由软银、雅虎等股东独享。利益相关者理论看似可以为以不平等投票权为特征的新兴控制权安排模式提供部分解释，实则不然。

新兴控制权安排模式呈现一些与利益相关者理论及其预测不尽相同的特征。其一，在双层股权结构和合伙人制度推出之前，无论是从马克思以阶级斗争的视角揭示资本对劳动的剥削来说，还是从布莱尔呼吁应该由利益相关者共同治理来说，都反映了一个基本事实：资本对公司控制权的放弃显得不情不愿。例如，1990 年美国宾夕法尼亚州议会通过强调"董事应该考虑受他们决策影响的所有利益相关者的利益"的 36 号法案后，占在该州注册上市公司总数 33％的企业宣布退出至少部分条款。而合伙人制度、双层股权结构这些新兴控制权安排模式的出现却表明，不仅是阿里主要股东软银、雅虎心甘情愿地把控制权交给阿里创业团队，而且持有 A 股股票的外部分散股东也用购买行动表明其愿意接受持有 B 股股票的创业团队对公司实际控制的事实。其二，通过合伙人制度和双层股权结构所实现的"不平等投票权"并非像利益相关者理论所预期的那样由利益相关者共同分享控制权，经理人向全体利益相关者共同负责，而是将控制权更加集中地掌握到阿里的创业团队或持有 B 股股票的创业团队手中。因而，以不平等投票权为特征的新兴控制权安排模式选择在一定意义上已经超越了资产"谁"更专用或资源"谁"更重要的"孰优孰劣"的争论，以及"优方"雇佣"劣方"或"劣方"被迫让渡部分控制权给"优方"的模式，而是开启了合作共赢新模式。在上述意义上，我们可以把以阿里合伙人制度和谷歌、京东等发行双层股权结构股票等实现的以不平等投票权为特征的新兴控制权安排模式称为现代股份公司控制权安排的一场"新革命"。

因此，我们需要发展新的理论来回应上述现代股份公司控制权安排实践的"新革命"对传统不完全契约理论与利益相关者理论的新挑战。

第一，我们需要了解这次控制权安排实践"新革命"所发生的时代背景。

其一，在互联网时代，大数据的出现在使投融资双方的信息不对称程度有所缓解的同时，新兴产业的快速发展反而使创业团队与外部投资者之间围绕业务发展模式的信息不对称的程度加剧。当外部投资者习惯于基于现金流分析，利用净现值法来判断一个生命周期特征明显的传统产业项目是否可行时，以互联网为代表的新兴产业的快速发展使得他们难以理解特定业务模式的现金流是如何产生的。我们看到，一方面，技术产生的不确定性使投资者之间的观点变得更加不一致，以至于认为股价虚高的股东很容易将所持有的股票转手给认为股价依然有上升空间的潜在投资者，而这使得现在股东与将来股东之间的利益冲突严重；另一方面，由于缺乏专业的知识和分析能力，外部投资者的总体精明程度下降，不得不转而依赖引领业务模式创新的创业团队。

其二，在股权分散时代，以往经理人利用资产重组掏空公司资产等传统经理人机会主义行为倾向，逐步被"门外野蛮人入侵"等股东机会主义行为威胁所代替。随着人类社会财富的积累和资本市场制度的发展成熟，特别是互联网金融时代的来临，大数据等数据基础和云计算等分析技术使得信息不对称程度缓解，外部融资门槛降低，以往相对稀缺的资本退化为普通的生产资料。需要资金支持的项目可以借助基于互联网的多种新金融模式实现外部融资，而不再受资本预算瓶颈的限制。业务模式竞争背后更多反映的是"人力资本的竞争"。"劳动（创新的业务模式）雇佣资本（通过互联网实现外部融资）"的时代悄然来临。在劳动雇佣资本时代，作为新兴产业业务发展模式的引领者与管理效率的提升者的创业团队的人力资本逐渐成为稀缺资源，契约不完全所引发的事前专用性投资激励不足问题所导致的经理人利用资产重组掏空公司资产等传统经理人机会主义行为倾向逐步被"门外野蛮人入侵"等股东机会主义行为威胁所代替。这集中体现在，最近几十年伴随着并购浪潮，资本市场频繁发生"门外野蛮人入侵"现象。美国的并购浪潮不仅使理论界和实务界认识到并购重组在缓解产能过剩方面、接管威胁在改善公司治理方面的重要作用，同时也使人们意识到外部接管对创业团队人力资本投资的巨大威胁。例如，乔布斯同样由于控制权的不当安排一度被迫离开自己亲手创办的苹果公司。而万科股权之争开始使中国资本市场意识到"门外野蛮人入侵"威胁的真实存在。宝能通过举牌成为万科的第一大股东，并一度提议召开特别股东大会，罢免以王石为首的万科创业团队。我们看到，"门外野蛮人入侵"如同重大资产重组和经营战略调整一样，都是合约通常无法预见和涵盖的内容，因而在一定程度上都与契约的不完全有关。如果预见到辛勤打拼创建的企业未来将轻易地被"门外野蛮人入侵"，以业务模式创新为特征的创业团队的人力资本投资激励将大为降低。因而，没有对"门外野蛮人入侵"设置足够高的门槛挫伤的不仅是创业团队人力资本投资的积极性，甚至会伤及整个社会创新的推动和效率的提升。

我们看到，上述控制权安排新模式的出现正是阿里们在新兴产业快速发展过程中面对信息不对称加剧和"门外野蛮人入侵"的股东机会主义行为频繁发生这一时代背景，所做出的自发选择和形成的内生决定的市场化解决方案。

第二，在上述时代背景下，最优的控制权安排是具有可承兑收入的创业团队与主要股东的状态依存。按照哈特的不完全契约理论，除了剩余控制权，产权所有者还具有剩余索取权，以此来实现剩余控制权与剩余索取权的匹配。这里所谓的剩余索取权指的是最终控制人将拥有在扣除固定的合约支付（例如雇员的薪酬、银行贷款的利息等）后企业收入剩余的要求权。受益顺序排在合同支付者之后，决定了产权所有者享有剩余索取权的实质是承担企业生产经营的风险。在一定程度上，我们可以把剩余控制权理解为权利，而把剩余索取权理解为义务，二者的匹配意味着权利和义务的对称。如果没有资金投入的其他利益相关者（诸如普通雇员等）与软银和马云合伙人团队一起分享阿里控制权，由于他们缺乏足够的以持股体现的可承兑收入来表明其所做出的未来承担风险的承诺是可信任的，那么，这将对软银等股东的未来投资激励产生影响。因而，成为产权所有者需要具备的基本前提是持有足够高的股份，从而具有可承兑收入。我们以阿里为例。持股只有 7% 的马云可以借助合伙人制度成为阿里的实际控制人，但并不持股的普通雇员、消费者等利益相关者则并不能与马云合伙人分享控制权。按照阿里公司章程，当马云持股不低于 1% 时，合伙人对阿里董事会拥有特别提名权，可任命半数以上的董事会成员。在组成阿里董事会的11位董事中，除了5位独立董事和1位由第一股东软银委派的观察员，其余5位执行董事全部由阿里合伙人提名。不仅如此，除了总裁迈克·埃文斯外，其余4位执行董事均由阿里合伙人出任。软银孙正义于2020年6月25日退出董事会，此后阿里董事会由包括5名独立董事在内的10名成员组成，软银仍然有权提名1名董事进入董事会。

而所谓的控制权的状态依存指的是，以提名主要董事为特征的阿里控制权，或者在企业经营正常时由阿里创业团队掌握，或者在马云持股低于1％时由软银、雅虎等主要股东掌握。对于双层股权结构，持有B级股的股东如果在上市之后选择出售股份，那么这些股票将被自动转换为A级股。创业团队如果对未来业务模式的创新仍然有信心，那就由创业团队继续作为公司的实际控制人，引领公司向前发展。创业团队如果对业务模式创新和新兴产业发展趋势不再具有很好的理解和把握能力，通过把B级股转为A级股，创业团队重新把控制权"归还"给股东，由股东根据利益原则以及相关公司治理最优实践来选择能够为股东带来高回报的全新管理团队。

第三，上述状态依存的控制权安排的实质是完成了创业团队与外部投资者之间从短期雇佣合约到长期合伙合约的转化，实现了交易成本的节省。具体而言，它体现在以下四个方面。

其一，"不平等投票权"成为在信息不对称下外部投资者在潜在项目中识别阿里们独特业务模式的信号。新兴产业的快速发展使创业团队与外部投资者之间围绕业务发展模式的信息不对称程度加剧，一方面，希望获得外部资金支持来加速独特业务模式发展的阿里们很难获得外部融资；另一方面，外部投资者很难找到具有投资价值的项目，因而出现逆向选择的困境。此时，阿里们通过对公司进行实质控制的合伙人制度或双层股权结构向外部投资者发出不同于以往"同股同权"控制权安排模式的新信号。通过这一信号，创业团队明白无误地告诉外部投资者，"业务模式你们不懂，但我们懂，你们只需要做一个普通出资者就够了"。这一信号使阿里们与其他基于"同股同权"的传统控制权安排模式的项目相区别，由此成为投资者关注的投资对象，进一步成为主要股东选择与创业团队建立长期合作共赢的合伙人关系的开始。

其二，借助合伙人制度所实现的长期合伙合约对短期雇佣合约的替代，软银等股东可以把自己无法把握的业务模式相关决策交给具有信息优势同时值得信赖的合伙人——阿里创业团队，实现信息的分享。在新的时代背景下，围绕业务模式的信息不对称在创业团队与外部投资者之间开展的新的博弈均衡是：一方面，软银等股东理性地选择把无法把握的业务模式相关决策交给具有信息优势的阿里创业团队；另一方面，引领业务模式创新的阿里创业团队为软银等股东带来更加丰厚的投资回报。于是，阿里创业团队和软银、雅虎等股东通过认同合伙人制度彼此确立了长期合作共赢的合伙人（合作伙伴）关系，实现了从短期雇佣合约向长期合伙合约的转化和信息的分享。

其三，合伙人制度也成为契约不完全下阿里创业团队防御"门外野蛮人入侵"等股东机会主义行为的重要门槛，因而成为鼓励创业团队进行更多的人力资本投资的控制权安排模式。在软银、雅虎等股东的认同下，阿里创业团队以合伙人制度实现对阿里的实际控制，这使得他们可以对不完全契约中尚未涉及的事项的事后处置具有重要的影响力。由于阿里创业团队预期到公司未来的运营管理将牢牢地控制在自己手中，他们对未来被控股股东"扫地出门"，甚至"门外野蛮人入侵"等股东机会主义行为威胁不再担心。这样，面对阿里创业团队未来遭受包括"门外野蛮人入侵"等股东机会主义行为的可能性增加的局面，合伙人制度把阿里创业团队与软银等股东之间的雇佣与被雇佣关系转变为风险共担的合伙人关系，由此鼓励了他们在充满不确定性的阿里业务发展模式中积极进行人力资本投资。

其四，在合伙人制度或双层股权结构这一长期合伙合约下，合伙人或持有 B 股的创业团队成为公司中事实上的"不变的董事长"，或者说"董事会中的董事会"，实现了"铁打的经理人，流水的股东"的局面。我们以阿里为例。一方面，通过管理团队的事前组建，合伙人制度提升了阿里的管理效率。我们看到，阿里 80％的执行董事和几乎全部高管由阿里合伙人出任，合伙人团队不仅在事前形成了阿里上市时管理团队的基本构架，以此避免在团队组建过程中不停磨合所形成的各种隐性和显性成本，而且成为阿里未来管理团队稳定的人才储备库。另一方面，通过事前组建的管理团队，合伙人制度也同时实现了公司治理机制的前置。

对于无法回避的公司治理问题，现代股份公司通过董事会监督、经理人薪酬合约设计等公司治理机制来减缓代理冲突，降低代理成本，而阿里通过事前组建的管理团队，预先通过共同认同的价值文化体系的培育和雇员持股计划的推行，使公司治理制度设计试图降低的私人收益不再成为合伙人追求的目标，从而使代理问题在一定程度上得以事前解决。

阿里合伙人制度由此通过事前长期共同文化价值体系的构建、收入分配构架的构建和对合伙人持股的相关限定，在阿里赴美上市前，将所有合伙人从精神到物质（利益）紧紧捆绑在一起，与软银、雅虎等股东共同作为阿里的最后责任人来承担阿里未来的经营风险。在一定意义上，软银、雅虎等阿里主要股东放弃坚持资本市场通行的"同股同权""股权至上"等原则，是在向具有良好声誉、巨大社会资本并事前组建管理团队和公司治理机制前置的阿里创业团队支付溢价。

第四，并非所有的创业团队都可以通过推出合伙人制度或发行双层股权结构股票来形成不平等投票权的控制权安排模式，它需要一些前置条件。我们仍然以阿里为例。在 2014 年赴美国上市之前，创立于 1999 年的阿里早已成为驰名全球的企业间电子商务（B2B）的著名品牌。由于在 2004 年推出第三方支付平台——支付宝，阿里进一步在互联网移动支付业务领域声名鹊起。从 2009 年起人为打造的"双十一"网购狂欢节，在 2015 年11 月 11 日创下全天交易额 912.17 亿元的纪录，并使该节日不仅成为中国电子商务行业的年度盛事，而且逐渐影响到国际电子商务行业。这些电子商务业务发展"领头羊"的良好声誉使得阿里在与外部投资者合作的讨价还价过程中居于十分有利的地位。此外，阿里创业团队不仅作为阿里股份的实际持有人具有可承兑收入，而且通过与员工、供货商、银行和政府建立长期稳定关系形成巨大的社会资本。这些因素共同构成了阿里创业团队与软银、雅虎等股东构建长期合伙合约关系的基础。

我们把在不同控制权安排模式下交易成本节省途径的比较总结在表1-1中。

表1-1　在不同控制权安排模式下的交易成本节省途径的比较

交易成本节省途径	控制权模式			
	股权至上	合伙人制度	双层股权结构	利益相关者
控制权安排模式	同股同权	不平等投票权	不平等投票权	控制权分享
控制权是否分享	股东独享	股东与创业团队控制权状态依存	股东与创业团队控制权状态依存	控制权在不同利益相关者之间分享
信息不对称	信息不分享	信息分享	信息分享	信息分享
契约不完全	风险不共担	风险共担	风险共担	风险不共担
管理团队事前组建	否	是	否	否
公司治理机制前置	否	是	否	否
短期雇佣合约/长期合伙合约	短期雇佣合约	长期合伙合约	长期合伙合约	长期合伙合约

通过阿里合伙人制度和京东等双层股权结构实现的以不平等投票权为特征的控制权安排"新革命"给我们的启示是：

首先，无论是阿里合伙人制度，还是京东等双层股权结构，都是以"在具有可承兑收入的创业团队与主要股东之间的状态依存"为形式，以"通过创业团队与外部投资者之间从短期雇佣合约到长期合伙合约的转化，实现交易成本的节省"为内容的控制权安排"新革命"。它的核心依然是面对契约不完全，如何通过控制权安排模式的选择来鼓励专用性投资，以解决契约不完全下的专用性投资的激励不足问题。

其次，控制权安排"新革命"的出现是阿里们在新兴产业快速发展过程中面对信息不对称和契约不完全问题时自发形成的市场化解决方案。阿里们的实践再次告诉我们，"理论是灰色的，但生命之树长青"。这事实上同样是我国从改革开放以来持续进行市场导向的经济转型的背后原因，因为市场总会内生地创造出一些新的控制权安排模式，以更加有效地适应外部环境的变化。

再次，在我国公司治理实践中，我们应该摒弃"你雇我"还是"我雇你"的思维，建立全新合作共赢伙伴关系的新思维。一方面，软银等股东理性地选择把无法把握的业务模式相关决策交给具有信息优势的阿里创业团队；另一方面，引领业务模式创新的阿里创业团队为软银等股东带来更加丰厚的投资回报。当王石团队、华润和宝能围绕"谁的万科"争论不休时，我们从阿里合伙人制度运行中看到的却是，"阿里不仅是软银、雅虎的，也是马云等合伙人的"。从万科到阿里，我们看到，谁的控制权安排模式更加有利于创业团队与主要股东之间开创互利互惠、合作共赢的新局面，谁更可能收获"庆幸"。

最后，同样不容忽视的是，我们认为，王石团队、华润和宝能并非不希望摆脱陷入"谁的万科"之争的"悲催"命运，而是受到现实制度的种种限制和束缚而无能为力。我们以阿里为例。

当初像阿里这样优秀的企业之所以无法选择在 A 股上市,甚至无法在其 B2B 业务挂牌的港交所整体上市,与当时我国内地和香港地区不允许发行具有"不平等投票权"的股票有关。阿里前 CEO 陆兆禧在阿里放弃在香港上市后曾无奈地表示,"今天的香港市场,对新兴企业的治理结构创新还需要时间研究和消化"。有趣的是,当初以违反同股同权原则为由拒绝阿里上市的港交所在 2015 年年中发布公告,拟有条件允许公司采用"同股不同权"架构在港上市。

而为了改变"待宰羔羊"的地位,万科的王石创业团队长期以来进行了不懈的努力。例如,万科是我国最早推出以项目跟投和员工持股为特征的"事业合伙人制度"的企业之一。这里需要说明的是,阿里在美国上市推出的合伙人制度与包括万科在内的我国很多企业推行的事业合伙人制度并不完全相同。阿里合伙人制度通过与控股股东的一致行动协议和公司章程的明确规定,使合伙人对阿里董事会组织具有实质性影响。这使得阿里合伙人制度成为受法律保护的控制权安排行为,而万科等推行的事业合伙人制度则由于缺乏法律和股东的认同,在很大程度上演变为一种员工自组织行为。万科的事业合伙人制度甚至一度被一些媒体批评为管理层掏空上市公司、实现内部人控制的手段。

因此,万科的"悲催"不仅仅与固有的"谁雇谁"的传统意识作祟有关,同时与我国资本市场股票发行制度的限制和束缚有关。在这一意义上,万科的"悲催"不仅仅是王石创业团队、华润、宝能的"悲催",也是我国资本市场股票发行制度的"悲催"。未来中国资本市场应逐步放松对"一股一票"原则的要求，允许新兴产业创业团队以发行具有双层股权结构的股票上市，甚至允许其像阿里一样推出某种合伙人制度。至于是否有投资者愿意购买形式和/或实质具有"不平等投票权"的股票，并以什么价格购买，市场将会形成理性的判断。而上述制度的实际推出不仅需要中国资本市场在法律层面突破上市公司发行"一股一票"的硬性规定，而且需要中国资本市场赋予上市公司在公司章程制定等方面更多的自由裁量权。

阿里：资本市场发展走过的这二十年*

成立于 1999 年的阿里已经走过 20 年的发展历程。当初稚气未脱的少年，如今成为充满青春活力的青年。除了在电商（淘宝和天猫）、第三方支付（支付宝）和新零售（盒马鲜生）等领域的业务模式创新的持续推动，阿里 20 年的快速发展始终离不开资本市场的强大助力。阿里于 2019 年 5 月发布的 2019 财年（从上年的 4 月 1 日开始，至次年的 3 月 31 日结束）数据显示，阿里财年收入总额为 3 768.44 亿元。其中第四季度营收额为 934.98

---

* 本文以《阿里巴巴：资本市场发展走过的二十年》为题于 2019 年 9 月 11 日发表在 FT 中文网。

亿元，同比增长 51％，净利润为 200.56 亿元。

阿里在资本市场 20 年的发展历程可以概括为以下三个阶段。

第一阶段，从接触私募投资到 2007 年在港交所挂牌上市。如今在阿里持股比例较高的股东大多是那时以私募投资的方式成为阿里早期的投资者的。例如，在阿里 2014 年美国上市后持股比例高达 31.8％的软银早在 2000 年就向阿里投资了 2 000 万美元，四年后又进一步投资了淘宝 6 000 万美元。持股比例 15.3％排名第二的雅虎在 2007 年阿里即将挂牌港交所前夕，以 10 亿美元的现金和雅虎中国业务换取了阿里的部分股份。

2007 年 11 月，阿里旗下 B2B 业务（股票代码为 1688.HK）在港交所挂牌上市，共募集资金 116 亿港元，创造了当时中国互联网公司 IPO 融资规模的最高纪录。挂牌上市后，公司股价曾飙升至发行价的三倍，成为当年的"港股新股王"，近千名阿里员工由此成为百万富翁。就在阿里上市后不到一年，全球金融风暴全面爆发。从香港市场募集的资金不仅帮助阿里从容抵御金融风暴的冲击，而且在之后的全球经济调整阶段帮助阿里迅速步入高速成长的新赛道。

第二阶段，从阿里 B2B 业务在香港退市到在美国纽交所重新上市。阿里 B2B 业务在香港上市后的几年时间里，马云在阿里的股权逐渐被稀释。到 2013 年 B2B 业务在美国上市前，整个阿里创业团队手中的股权加起来仅有 24％，马云个人股权仅占 7％，而雅虎和软银分别占到 24％和 36％。当时的主要股东软银和雅虎尽管对阿里日常经营管理并没有太多的干涉，但马云和他的团队已经感受到丧失公司控制权的巨大威胁。

一方面是出于扩大融资规模、满足融资需求的现实需要，另一方面则出于加强公司控制的考虑，从 2010 年开始，整体上市战略在 B2B 业务于港交所挂牌不久后开始纳入阿里核心团队的议事日程。马云当时提出的一个大胆想法是，28 个早期创始员工组成合伙人，通过与其他股东达成股权协议，在阿里整体上市后使合伙人集体成为公司的实际控制人。

2012 年 2 月，阿里宣布将在港交所挂牌的 B2B 业务私有化，启动从港交所退市程序，同年 6 月完成退市。在阿里寻求集团整体上市的过程中，曾经挂牌 B2B 业务的港交所是马云和他的团队考虑的首选地。但鉴于当时的港交所尚不能接受阿里通过合伙人制度变相实现的"同股不同权"构架，阿里不得不选择到更加包容的纽交所实现整体上市。

2014 年 9 月 19 日，阿里在纽交所成功上市，股票代码为"BABA"。阿里 IPO 时发行价为 68 美元，开盘价则为 92.7 美元，最终完成了 250 亿美元的融资规模，一度成为各国资本市场发展史上规模最大的一次 IPO。

我们知道，股东通过签署一致行动协议将投票权集中在某个股东手中，使该股东成为实际控制人，这样的做法在资本市场实践中并不是什么新鲜事。但不同于以往实际控制人往往为松散的创业团队甚至为个人的情况，马云独具匠心地推出合伙人制度，希望创业团队作为整体，集体履行阿里实际控制人的职责。他为这一实际控制人集体取名为"阿里合伙人"。

　　需要提醒读者注意的是，这一合伙人的概念既不同于与有限责任股份公司等企业组织形式中相对照的"合伙"这一法律概念，也不同于一些房地产企业项目跟投时作为持股平台推出的事业合伙人制度中的"合伙人"这一概念。在一定意义上，合伙人制度只是阿里的内部管理制度。但这一制度如同阿里在电商和第三方支付业务等方面的重大创新一样，同样成为公司控制权安排中十分重要的制度创新。

　　这一又被称为"湖畔花园合伙人制度"的内部管理制度最早创立于 2010 年 7 月。制度设立的初衷是，通过合伙人制度的推出，在创业团队内部打破传统管理体系固有的科层等级制度，改变以往简单的雇佣关系，使创业团队成员成为具有共同价值体系和发展愿景的合伙人，以此提升阿里的管理效率。

　　除了提升管理效率，合伙人制度成为马云与软银、雅虎等阿里主要股东在控制权安排中获得实际控制人地位的十分重要的组织构架。不断吐故纳新、动态调整的合伙人团队成为"阿里董事会中的董事会"和"不变的董事长"，推动了阿里目前"铁打的经理人与铁打的股东"，甚至"铁打的经理人与流水的股东"的治理格局的最终形成。按照与主要股东在阿里上市前达成的股权协议，软银超出 30％的股票投票权将转交阿里合伙人代理，在 30％权限内的投票权将支持阿里合伙人提名的董事候选人。作为交换，软银只要持有 15％以上的普通股，即可委派一名董事会观察员，履行投票记录等事宜。雅虎则统一将至多 1.215 亿普通股（占雅虎当时所持股份的 1/3，约占阿里总股本的 4.85％）的投票权交由阿里合伙人代理。

应该说，由于阿里在新经济中的巨大影响，它的资本市场发展之路总是伴随着种种误读。例如，持股比例高达 31.8％的软银实际控制人是日本的孙正义，而第二股东雅虎则是来自美国的资本。一些学者由此宣称，马云是在为日本企业打工，是在历史上为中国人所不齿和唾弃的汉奸，他们甚至说，"阿里的成功是新甲午战争的胜利"。我们看到，阿里恰恰通过合伙人制度和相关股权协议，用上述学者的话说，实现了"中国的劳动"对"外国资本"的"雇佣"，因为阿里合伙人才是阿里集团的实际控制人。

第三阶段，在美国上市后的阿里采取更加灵活务实的外部融资策略，以分散风险和降低融资成本。

随着曾经拒绝"同股不同权"的阿里在香港上市的港交所于 2018 年 4 月完成了"25 年以来最具颠覆性的上市制度改革"，从 2019 年 5 月开始，阿里将赴香港二次上市的市场传闻不胫而走。以股份"一拆八"为重要议题于 2019 年 7 月 15 日召开的阿里股东大会似乎在默默地证实这一传闻，尽管阿里对于这一传闻的回应始终是"不予置评"。获得股东大会通过的议案批准了公司普通股"一拆八"的分拆方案，将现有 40 亿股扩大至 320 亿股。很多媒体不断引述港交所行政总裁李小加的评论，"阿里百分之百会回来，只是时间长短问题"。

应该说，愈演愈烈的中美贸易摩擦使阿里在香港的所谓"二次上市"多了一些复杂含义。一些媒体认为，除了单纯的筹集资金，香港还能成为阿里在贸易战背景下的一条"后路"；一些媒体甚至认为，阿里如果"回归"香港，可能意味着中国企业从华尔街撤退的开始。

我们注意到，在资本市场中砥砺前行的阿里的外部融资策略再次遭遇媒体和投资者的集体误读。由于这次"二次上市"传闻是在阿里 2012 年从香港"第一次上市"后退市和以往不接纳"同股不同权"构架的港交所 2018 年进行了重大的上市制度改革的背景下发生的，很多人认为阿里"二次上市"是阿里对靠近中国内地的香港市场的重新上市和再次回归。换句话说，这些学者和媒体错误地认为，阿里可能从纽交所私有化后退市，然后重新登陆港交所，完成所谓的"二次上市"，此举甚至将引发更多"中国企业从华尔街撤退"。

我们首先应该明确的是，目前体量的阿里无法也不会选择从纽交所私有化退市，然后重新在港交所上市，实现这些学者和投资者眼中的"二次上市"。一方面，这是由于市值高达 4 000 亿美元的阿里退市（私有化）将导致短期资金筹措的压力和相应的巨大的融资成本。另一方面，退市像上市一样，需要赢得股东的认同和支持。而发行"一股一票"的阿里在这一议题上，其合伙人显然并不会像组织董事会那样成为主导力量。在一定意义上，阿里从决定离开香港赴美国上市的那一刻起，就走上了一条"不归"路。因此，以阿里为代表的中概股在中美贸易摩擦的背景下从美国资本市场"撤退"之说纯属无稽之谈。

其次，阿里更可能采用的是两地上市。所谓"两地上市"是指一家公司的股票同时在两个证券交易所挂牌上市。更准确的说法是，在维持一地第一上市地位不变的前提下，选择在另一地进行第二上市。例如，中国平安首先于 2004 年在香港发行 H 股，后于 2007 年同时发行 A 股，成为截至 2018 年 12 月 31 日，在我国 111 个两地双重上市企业中"先 H 后 A"的 79 家企业之一。

来自香港的两地上市的例子则是李嘉诚及和记黄埔有限公司（简称"和黄"）共同持有的加拿大赫斯基能源公司。为了更有效把握新兴市场发展机遇，并配合赫斯基能源在东南亚地区多个投资额达数十亿美元的项目开发，已经于 2000 年在加拿大多伦多证券交易所挂牌的赫斯基能源集团选择于 2010 年 5 月赴香港进行第二上市。在相关申报材料中，赫斯基能源明确表明，选择在香港仅仅进行第二上市，多伦多第一上市地位将维持不变。赫斯基能源的例子表明，香港作为国际金融中心有接纳在其他市场第一上市的公司选择在香港进行第二上市的成熟经验。

更加重要的是，第二上市是第一上市时形成的公司治理构架的延续，并不会改变第一上市时形成的治理构架的基础性地位。我们仍然以中国平安为例。2007 年在 A 股上市的中国平安，无论是董事会规模还是人员构成，仍继续维持。董事会成员仍是在 2004 年 H 股上市时的 17 名董事会成员，马明哲依然是中国平安的董事长。因此，第二上市并不涉及太多的公司治理制度的调整和变革，仅仅是外部融资规模的扩大和流通渠道的拓宽，其在公司治理制度建设中的重要性要远远小于第一上市的首次公开发行。

最后，除了两地上市，同样容易被误读为所谓"回归香港"

的是通过发行存托凭证而实现的股份跨市场流通。所谓的存托凭证发行指的是已在一国上市的公司将其部分发行在外的流通股股票，通过国际托管银行和证券经纪商，在非注册过的另一家证券交易所上市，实现股份的跨市场流通。其中，最为著名、使用最多的模式是美国存托凭证（ADR）和全球存托凭证（GDR）等。相比较第二上市，存托凭证的发行所具有的上市交易和流通的动机更浓，而公司治理制度变革的意味更淡。

2018年我国A股试图通过发行中国存托凭证（CDR）来实现独角兽企业对A股的"回归"。但金融工具属性介于权益和债务融资之间的存托凭证（DR），本身并不改变首次公开发行时所建立的基本监管与公司治理构架，仅仅类似于沪港通或沪伦通，增加了股票的流通途径。存在公司治理和监管真空的CDR远远无法实现资本市场对独角兽企业回归A股的期待。喧嚣一时的CDR很快归于沉寂。

我们认为，阿里即使未来选择在香港拓展融资渠道，也或者会选择维持纽交所第一上市不变，在港交所进行第二上市，或者会发行存托凭证，但阿里几乎没有从纽交所私有化退市，重新在港交所申请IPO的可能性。无论是第二上市还是发行存托凭证，事实上与很多学者解读和投资者期待的阿里重新彻底回归香港市场的"二次上市"相去甚远。

阿里正在酝酿的在香港的第二上市或存托凭证发行尽管远非"回归香港"意义上的"二次上市"，但阿里未来无论采取哪一种方式都反映了阿里在资本市场发展步入充满青春活力的青年阶段所体现出的成熟、自信和稳健。

阿里通过选择香港进行第二上市，首先可以拓宽融资途径，降低融资成本。在使用阿里服务人数更多和阿里知名度更高的我国内地和香港，很多机构和普通散户投资者有强烈意愿投资阿里第二上市所发行的相关股票或存托凭证。高的估值反过来会降低融资成本，帮助阿里进一步扩大在云计算、人工智能以及新零售等领域的投入。同样重要的是，这样做可以帮助阿里在充满纷争的国际局势中通过"把鸡蛋放在不同的篮子中"分散风险。

总结阿里过去 20 年在资本市场发展的成功经验，有以下几点。其一，在尊重资本市场游戏规则的基础上，通过公司治理制度创新，寻求稳定的控制权，为阿里业务模式的持续创新奠定坚实的公司治理制度基础。在阿里，没有"门外野蛮人入侵"的担忧，更没有"城头变幻大王旗"的困扰，基于合伙人制度形成的稳定发展的预期成为阿里稳步发展、持续创新的制度温床。其二，灵活务实的融资策略促使阿里不断拓宽新的融资途径，降低融资成本，实现风险的分散。阿里已经成为今天开放中国的缩影，开放的中国和包容的世界需要看到务实开放和稳健发展的阿里。

在阿里走过 20 年资本市场发展历程之际，它的创始人马云在 2019 年的教师节选择退休，回归教育。马云和他的阿里留给这个世界的不仅仅是购物支付的轻松和生活的便捷，也为如何完成企业有序传承和实现企业基业长青带来积极的思考和启迪。

阿里回归亚洲市场未来面临的挑战[*]

作为资本市场全球布局和全球化发展战略的一部分，2019 年 11 月 26 日阿里（09988. HK）在香港以第二上市的方式重新回到 B2B 业务曾经挂牌的香港。至少从上市交易第一天的情况看，阿里开盘价 187 港元，较发行价大涨 6.25％。这在一定程度上表明，阿里在坚持资本市场全球化战略的前提下优先选择回归亚洲市场的战略坚持得到了亚洲市场的积极回馈。按照招股书的披露，阿里在港集资 1 012 亿港元（约合 130 亿美元），将成为从 2019 年至今全球最大规模的新股发行。

2014 年 9 月，一度希望继续在 B2B 业务曾经挂牌的港交所上市的阿里，由于违反该市场当时奉行的"同股同权原则"，而被迫远赴纽交所上市。四年后，曾一度拒绝阿里上市的港交所在 2018 年 4 月完成了号称"25 年以来最具颠覆性的上市制度改革"，宣布允许"同股不同权"构架的公司赴港上市，为阿里最终以第二上市重新回归亚洲市场铺平了道路。我们看到，阿里通过选择在香港第二上市，实现了纽交所和港交所双市场融资，分

---

　　* 本文以《阿里回归亚洲市场未来面临的挑战》为题于 2019 年 11 月 28 日发表在 FT 中文网。

担了以往依赖单一市场融资的风险。双市场融资模式下的阿里可以通过在两个市场间选择合理的融资窗口和融资渠道，为未来业务开展和事业发展筹集充足的资本。在来自亚洲市场，并且在文化和商业理念上更认同阿里业务模式，更愿意支付高溢价的投资者的支持下，双市场融资的阿里未来融资成本将有望进一步降低。

值得注意的是，在全球经济下行、股市疲软乏力和香港社会发展局势动荡不安的背景下，阿里依然能成为从 2019 年至今全球最大规模的新股发行。这在一定程度上表明全球资本市场对阿里商业模式的认同，同时也是对马云退休和张勇继任后的阿里传承顺利的认同。

我们知道，阿里在香港第二上市是 2014 年 9 月 19 日其在纽交所第一上市时形成的公司治理构架的延续，并不会改变第一上市时形成的治理构架的基础性地位。港交所已经通过上市制度的修改，接纳发行单一类型股票的阿里通过合伙人制度变相实现的"同股不同权"构架。因而，阿里在香港第二上市并不涉及太多的公司治理制度的调整和变革，将继续延续阿里合伙人通过董事会组织的主导作用集体成为阿里实际控制人的格局。由于仅仅是外部融资规模的扩大和流通渠道的拓宽，因此，第二上市在公司治理制度建设中的重要性要远远小于第一上市的首次公开发行。在一定意义上，我们可以把第二上市理解为，已经完成 IPO 的公司增发新股，只不过不是继续在原来 IPO 时的市场上，而是选择了一个新的市场。

但像其他选择两地上市的企业一样，阿里未来必然在监管、投资者权益保护，甚至股价联动风险等方面面临诸多挑战。

第一，两地同时上市意味着阿里在未来将同时面对来自两个资本市场的监管。对于两个市场的监管当局而言，它们对在两地同时上市的阿里，是以第一上市地监管为主，还是各自独立监管，又或者双方协调监管，无疑需要在阿里未来的监管实践中围绕具体的事由在两个市场监管当局之间达成谅解；而对于同时在两地上市的阿里来说，则需要围绕包括信息披露等在内的常规监管义务履行，在上市时间并不同一的两个市场之间进行微妙的平衡，其触发违规操作的可能性也由此增加。

值得庆幸的是，在选择在香港第二上市的公司中，阿里并非第一家。已经于 2000 年在加拿大多伦多证券交易所挂牌的赫斯基能源集团于 2010 年 5 月赴香港进行第二上市。我们有理由相信，香港作为国际金融中心有接受在其他市场第一上市的公司选择在香港进行第二上市的成熟经验。

第二，阿里在两个市场的投资者权益受到不同的法律体系保护，尽管在公司法互相学习借鉴的过程中，上述两个市场相关法律制度趋同的趋势明显，但毫无疑问，在具体的投资者权益保护实施环节，阿里依然需要围绕司法诉讼和法律执行等方面在两个市场之间进行协调和沟通。而不同市场投资者文化差异和商业理念认同的差异将增加相关协调和沟通的成本。我们看到，像所有两地同时上市的公司一样，阿里在未来围绕两地上市的监管适应和股东权益保护协调将耗费一定的精力。

第三，两地上市建立的股价的自然联动会导致阿里在一个市场股价的波动会传导到另一个市场，引发另一个市场相应的股价波动。而开市时间的差异甚至会使上述传导在一定程度上演变为滚动传导，加剧和放大股价波动的幅度，特别是阿里上市的时机选择至少目前看起来并非最佳。香港目前不稳定的社会发展局势使阿里在香港市场股价波动存在可能性，而股价波动会通过上述股价联动机制传导到第一上市的纽交所，这将加剧阿里股价整体的波动幅度和持续时间。我们看到，阿里新一轮的融资策略选择两地上市最初的出发点之一是希望借助两地上市分散风险，但这也有可能使阿里在股市面临的整体风险一定程度上增加。

第四，还有一个不容忽视的因素是，在阿里香港第二上市后，作为中国互联网企业的两大巨头，存在"瑜亮情结"的阿里和腾讯将由原来的隔空对话变为同台对垒。之前至少在股市的波动上彼此割裂的两大巨头随着同台竞技，在厚此薄彼的投资者的投资策略的变更中往往成为互替性选项。因而，阿里在香港第二上市后，与腾讯除了有作为互联网企业传统的竞争关系，还存在在股价波动上建立一种微妙"联系"的可能性。当一方股价无缘无故或有缘有故地高企时，另一方股价会莫名其妙地下跌。

因而，在阿里以回归亚洲市场为起点展开的新一轮资本市场国际化战略实施进程中，其在香港的成功第二上市仅仅是开了一个好头，未来前进道路上依然面临诸多挑战。

第 2 章

独角兽企业的公司治理制度设计

股权结构设计和控制权安排是协调股东与经理人代理冲突的基础性的公司治理制度安排。尽管双重股权结构股票已有上百年的历史，但这种形式上投票权不平等的股权结构设计范式长期以来被认为不利于外部投资者权益保护，而遭到主流公司治理理论的唾弃。"同股不同权"构架的核心，是通过投票权配置权重向创业团队倾斜，实现创业团队与外部投资者之间从短期雇佣合约到长期合伙合约的转化。上述构架由于顺应了以工业互联网技术为标志的第四次工业革命对创新导向的企业权威重新配置的内在要求，受到诸多高科技企业在设计股权结构时的青睐。鉴于投票权配置权重倾斜构成对外部分散股东权益的潜在威胁，在配置权重倾斜的股权设计中需要标配"日落条款"，通过"日落条款"的引入实现控制权在创业团队和股东之间的状态依存。

2019年7月上交所科创板开板，允许"同股不同权"构架股票上市。2020年1月20日，在中国公有云市场份额排名第六位的优刻得科技在上交所科创板正式上市，成为我国A股第一家采用"同股不同权"构架的独角兽企业。

科创板上市，为什么"同股"，却可以"不同权"？*

除了试水注册制，2019 年年初以来，科创板推出带给我国资本市场上市制度的一个显著变革是将允许发行 AB 双重股权结构股票。这意味着在我国资本市场中奉行了近 30 年的"同股同权"原则将被"同股可以不同权"这一新的原则所补充。应该说，从双重股权结构股票发行在 19 世纪末的美国诞生之日起，学术界和实务界围绕同股是否可以不同权的争议就从来没有停止过。即使在一个世纪后，哈佛大学 Shleifer 教授领导的法和金融研究团队在评估各国资本市场对投资者权益保护状况时，依然把允许"同股不同权"视为对投资者权益保护不利的上市制度之一。直到今天，为数不少的投资者协会、公司治理协会等组织依然认为这是对股东基本权益的践踏和侵犯，并在不屈不挠地通过各种途径反对"同股不同权"的上市实践。

那么，一个选择在科创板上市的企业，为什么"同股"却可

---

* 本文根据作者于 2020 年 1 月 11 日在第十四届中国公司治理论坛暨中国企业高质量发展峰会的演讲整理而成，以《科创板上市，为什么可以"同股不同权"？》为题于 2019 年 6 月 4 日发表在财经网。

以"不同权"呢？

对于这一问题，一个最直接的理由是，在股权高度分散的股权结构下，实际控制人可以利用发行双重股权结构股票阻止外部接管威胁，防御"野蛮人"入侵。而从 2015 年开始，我国上市公司第一大股东平均持股比例低于对重大事项可以拥有一票否决权的 33.3％，我国资本市场开始进入分散股权时代。

事实上，双重股权结构股票在美国蛰伏了近一个世纪后重新兴起，很大程度上与 20 世纪 80 年代并购浪潮中的外部敌意接管对控制权的威胁直接相关，但这恰恰是双重股权结构股票发行长期饱受批评的痛点。传统上，外部接管威胁被认为是改善公司治理的重要外部治理机制。一个能够阻止带来公司治理改善的外部接管威胁的双重股权构架股票发行，不恰恰证明它是不利于投资者权益保护的吗？

然而，令很多持上述观点的学者很长时间无法解释的是，为什么上述理论认识并没有影响到投资者对双重股权结构股票的态度，进而导致其在实践中自行消退。与此相反，我们目睹了双重股权结构股票发行在近 20 年来的井喷式发展。包括美国谷歌、Facebook 等和中国的百度、京东等在内的越来越多的与互联网技术相关的企业选择发行 AB 双重股权结构股票。甚至在美国 Snap 公司发行的 ABC 三重股权结构股票中，A 类股票不是权重不同的表决权，而是没有表决权。一度把双重股权结构股票发行视作违背"同股同权"原则而拒绝批准上市的中国香港、新加坡等地的交易所近年来纷纷修改上市规则欢迎这类发行"不平等投票权"股票的企业前来上市。因此，对于双重股权结构股票发行存在的现实合理性，我们需要寻求新的解释视角。

一个容易想到的视角是，双重股权结构股票的发行也许有助于实现经营权与所有权的有效分离。那么，何谓所有权与经营权的有效分离呢？我们知道，以所有权与经营权分离为特征的现代股份公司的兴起，由于实现了股东在社会化风险分担和职业化经理人专业决策之间的专业化分工，极大地提升了管理效率。这也成为人类财富在过去几个世纪以来快速增长的重要原因之一（巴特勒）。然而，所有权与经营权分离所带来的一个负面效应是股东与经理人之间严重的代理冲突。这甚至被认为是引发 20 世纪 20 年代末经济大萧条的背后的企业制度原因，并"构成对过去三个世纪赖以生存的经济秩序的挑战"（波利和米恩斯）。因而，对所有权与经营权二者关系的一个新的思考是，如何实现资本社会化与经理人职业化之间的专业化分工带来的效率改善和代理成本降低之间的平衡。换句话说，就是如何使所有权与经营权做到有效分离。而双重股权结构股票的发行则有助于实现所谓的所有权与经营权之间的有效分离。一方面，权重倾斜的投票权安排使持有 B 类股票的创业团队在经营管理决策制定过程中享有更多的自由裁量权；另一方面，外部融资和风险分担这一现代股份公司创建的目的得以借助 A 类股票的发行而实现。一些研究发现，发行双重股权结构股票往往并非为了追求控制权私人收益，而是为了获得对于提高经营决策效率十分重要的经营决策权。因此，在上述意义上，双重股权结构股票的发行改善了以往经营权和所有权分离关系上或者偏重专业化分工，或者强调代理冲突的非此即彼的对立认识，出现了二者之间有效分离的可能性。

围绕双重股权结构股票发行是如何实现经营权和所有权的有效分离，基于变相完成双重股权结构股票发行的阿里合伙人制度的案例研究等，我和我的研究团队有以下几方面的观察和思考。

第一，双重股权结构股票发行实现了从短期雇佣合约向长期合伙合约的转化。如果我们把传统上股东以任何糟糕业绩表现为借口罢免经理人的权威配置模式理解为股东中心主义的短期雇佣合约，那么，通过权重倾斜的表决权配置，双重股权结构股票的发行使得创业团队完成了从以往被短期雇佣到现在长期合伙的身份转换。当企业出现短期的经营困难时，目光短浅的股东也许会通过行使他的所有权将经理人直接辞退。因为股东往往并不会比经理人更加清楚，企业经历短暂的困难之后可能会给股东带来更多也更长久的回报。历史上，作为职业经理人被股东错误辞退的例子，苹果的创始人乔布斯显然不是第一个，当然也不会是最后一个。用通俗的话说，以往"流水的经理人，铁打（流水）的股东"，在发行双重股权结构股票后，转变为"铁打的经理人，铁打（流水）的股东"，创业团队与外部投资者由此实现了从短期雇佣合约到长期合伙合约的转化，为未来双方长期合作共赢奠定了坚实的制度基础。

亚当·斯密在《国富论》中为我们描述了被雇佣的"打工仔"和作为主人的"合伙人"在心理和行为上的差异。"在钱财的处理上，股份公司的董事是为他人尽力，而私人合伙公司的合伙人，则纯为自己打算。所以，要想股份公司的董事们监视钱财用途，像私人合伙公司合伙人那样用意周到，那是很难做到的。有如富家管事一样，他们往往拘泥于小节，而殊非主人的荣誉，因此他们非常容易使他们自己在保有荣誉这一点上置之不顾了。于是，疏忽和浪费，常为股份公司业务经营上多少难免的弊端。"

我们注意到，对于双重股权结构股票发行的重新兴起，一些学者喜欢用"劳动雇佣资本"来概括其相较于长期受到批判的"资本雇佣劳动"所带来的雇佣范式的"革命性"转变。然而，从上述讨论中，我们看到，双重股权结构股票发行所涉及的问题似乎并不是资本与劳动二者之间简单的雇佣关系所可以涵盖。它显然既不是简单的"劳动雇佣资本"，当然更不是"资本雇佣劳动"，按照我们的观点，它是把短期雇佣合约转化为长期合伙合约了。

第二，双重股权结构股票发行在已经形成的资本社会化和经理人职业化分工格局的基础上进一步成就了股东和创业团队的深度专业化分工，实现了管理经营效率纵深提升。在双重股权结构构架下，一方面，由创业团队通过持有 B 类股票掌握控制权，专注于业务模式创新；另一方面，持有 A 类股票的外部投资者把自己并不熟悉的业务模式创新决策让渡给创业团队，自己则更加专注于风险分担。资本社会化和经理人职业化之间的专业化分工由此在更深的层面上得以展开。这事实上是现代股份公司诞生以来所秉持的专业化分工逻辑的延续和深化。

第三，双重股权结构股票发行成为投资者识别独特业务模式和选择投资对象的特殊信号，缓解了在信息不对称下的逆向选择矛盾。

在基于投资者理性努力寻求套利机会的有效资本市场，即使是股票股利和股票拆分等常规操作，都会具有明显的信息内涵。这些行为一方面成为投资者解读上市公司真实信息的途径，另一方面则成为上市公司刻意或无意向资本市场发送引导投资者行为的信号。我们看到，在"一股一票"的上市规则盛行，甚至为数不少的学者认为发行双重股权结构股票有违投资者权益保护的伦理的氛围中，一家公司如果敢于通过发行双重股权结构股票上市，则其无疑向资本市场传递的信息满满。

我们注意到，在业务发展模式创新方面的信息不对称使创业团队与外部投资者陷入逆向选择的困境。一方面，希望获得外部资金支持来加速独特业务模式发展的创业团队总被人怀疑为"骗子"，很难获得外部融资的支持；另一方面，外部投资者则很难找到具有潜在投资价值的项目。如果说旧车市场是靠质量担保来传递旧车质量的信号以解决逆向选择问题的，那么，双重股权结构股票的发行也许是通过向外部投资者传递创业团队对业务模式创新充满自信的信号成为解决上述资本市场逆向选择问题的潜在途径。

第四，双重股权结构股票 AB 类股票价格之间的溢价（价格差异）在一定意义上构成"企业家间接定价"的折现。

除了阻止外部敌意接管发生，让一些学者质疑双重股权结构股票发行对投资者权益保护不利的直接证据来自以下事实：在双重股权结构下发行的两类股票中，具有多票投票权的 B 类股票的市场价值远远高于只有一票投票权的 A 类股票。二者的差异由此被一些学者用来度量实际控制人通过 B 类股票的持有预期未来可能获得的控制权私人收益。对此的一个解释是，正是由于预见到获得控制权后可以带给实际控制人不低于此的控制权私人收益，理性的实际控制人才愿意以如此之高的价格购买能够带来实际控制权的 B 类股票。

如何合理解释双重股权结构股票 AB 类股票之间的价格差异，显然成为鼓吹双重股权结构股票发行的学者必须逾越的一道屏障。需要说明的是，现在越来越多发行双重股权结构股票的公司同时推出"日落条款"，以防止其中的 B 类股票成为获得控制权的成本相对低廉的途径。例如，很多"日落条款"明确规定，当创业团队出让所持的 B 类股票时，B 类股票将自动转为 A 类股票。上述实践意味着，AB 类股票二者价格的差异看上去并不像对控制权私人收益进行定价那样简单。

事实上，对 AB 类股票价格差异给予合理解释的一个重要启发来自杨小凯和黄有光发展的"企业家间接定价"理论。按照他们的理论，不同于职业经理人获得市场化的薪酬（直接定价），企业家的管理知识往往难以直接定价。而通过组织企业，企业家避免对管理知识进行直接交易和直接定价。因此，企业家所获得的对企业的剩余索取权事实上就成为对其拥有的管理知识的间接定价。在上述意义上，企业家获得企业的剩余索取权类似于鼓励创新的专利制度，鼓励了企业家对管理知识的学习和积累。

不同于杨小凯和黄有光认为管理才能的间接定价是在事后以剩余索取权的方式实现的，基于双重股权结构股票发行的特定场景，我们倾向于认为，双重股权结构股票的发行使得企业家事后的间接定价提前折现成为可能。因而，B 类股票价格高于 A 类股票价格的溢价部分在一定意义上可以解释为"企业家间接定价"的折现。这是外部投资者基于市场意愿向创业团队围绕业务模式创新的人力资本投入所支付的溢价，因为投资者是否愿意购买和以什么价格购买与 B 类股票投票权不同的 A 类股票完全是标准的市场行为。

当然，为了阻止一些创业团队可能出现的道德风险倾向，在双重股权结构股票设计上，除了对 B 类股票转让有严格禁售期约定，外部投资者还需要引入"日落条款"等，以消除由于 B 类股票的突然退出可能对企业平稳运行产生的潜在影响。

我们看到，上述四个观察视角在一定程度上有助于解释一个选择在科创板上市的企业为什么"同股"却可以"不同权"。概括而言，之所以近 20 年来越来越多的高科技企业青睐发行"同股不同权"的 AB 双重股权结构股票，是由于这种上市制度适应了以工业互联网技术为标志的第四次工业革命浪潮对业务模式创新导向的组织变革和重构提出的内在需求。

如何为独角兽企业进行股权结构设计？*

狭义的独角兽企业指的是成立不超过 10 年，接受过私募投资，估值超过 10 亿美元，发展速度快而且同行业企业数量少的初创型企业，而广义的独角兽企业泛指投资视角下的新经济企业。

与传统企业相比，我们看到，在以工业互联网技术为标志的第四次工业革命浪潮所带来的巨大冲击下，新经济企业创业团队与外部普通投资者围绕业务模式创新存在严重的信息不对称。在识别一个项目现金流的基础上，传统企业通过折现现金流，计算净现值（NPV）来判断一个项目是否可行。然而，对于业务模式开展和创新往往基于平台提供的捆绑品性质的服务的新经济企业，我们有时甚至无法了解其现金流从何而来。即使我们能够对平台衍生的广告以及其他服务形成的现金流进行测算，那显然也比传统企业要复杂得多。更有甚者，一些新经济企业发展还需要经过传统企业难以理解和想象的"烧钱"阶段，即在早期宣传阶段通过折扣和红包发放返还消费者的红利远远超过平台的潜在收益。

围绕业务模式创新，外部投资者与创业团队之间加剧的信息

---

　　* 本文根据 2020 年 1 月 11 日作者在第十四届中国公司治理论坛暨中国企业高质量发展峰会的演讲整理而成，以《如何为独角兽企业设计股权结构？》为题于 2020 年 1 月 15 日发表在人大重阳微信公众号。

不对称使新经济企业创业团队始终面临两个问题。

其一，新经济企业的创业团队尽管需要来自私募投资和资本市场的资金支持，但并不情愿把业务模式创新的主导权交给并不熟悉相关业务的外部资本。他们始终在思考，如何在有限资金投入下实现劳动"雇佣"资本？

其二，从2015年开始，我国上市公司第一大股东的平均持股比例低于标志着相对控股权的1/3，我国资本市场以万科股权之争为标志进入分散股权时代。如何为"野蛮人入侵"设置足够高的门槛，使自己始终能主导前期已投入大量人力资本的业务模式创新？

我们看到，新经济企业创业团队资金投入有限与实现控制权二者之间的矛盾，本质上是由以工业互联网技术为标志的第四次工业革命浪潮带来的巨大冲击下的新经济企业创业团队与外部普通投资者围绕业务模式创新加剧的信息不对称导致的。在上述意义上，第四次工业革命浪潮向新经济企业提出了以创新为导向的公司治理结构变革的内在现实需求。

新经济企业的上述特征决定了我们对于独角兽企业开展股权结构设计并不能简单地遵循传统企业的逻辑。那么，我们究竟应该如何为新经济企业进行股权结构设计呢？

首先，在对新经济企业进行股权结构设计时，创业团队可以考虑通过签署一致行动协议来加强对新经济企业的控制。所谓的一致行动协议，指的是全体或一部分股东就特定的股东大会决议事项达成的，按照事先约定方式行使表决权的一种协议。在一致行动协议下，协议各方的表决意见应与协议中核心成员的意见保持一致，或协议其他各方直接将表决权委托该核心成员行使。2011 年佳讯飞鸿在我国 A 股上市时，主要股东和创业团队林菁、郑贵祥、王翔、刘文红、韩江春等签署了一致行动协议书。通过签署一致行动协议书，持股仅 20.7% 的第一大股东，同时兼任董事长和总经理的林菁获得了全体协议参与人合计持有的 66.1% 的表决权，这使林菁在股东大会相关表决中的影响力变得举足轻重。从 2007 年到 2017 年底，1 761 家上市公司约 15%（265）家签订一致行动协议，其中将近一半是高科技企业。在鼓励创业团队人力资本投资方面，一致行动协议有点类似于专利制度：专利保护看起来采用排他性条款限制了专利的自然外溢，却鼓励了专利发明者的研发投入，最终导致社会更多专利的涌现。因而，一致行动协议在上述意义上，演变成高新技术企业快速发展可资利用的一种"资本市场上的专利制度"。

其次，在新经济企业进行股权结构设计时，投票权的配置权重可以考虑向创业团队适度倾斜。直接发行 AB 双重股权结构股票或通过股权协议形成主要股东背书和认同的管理制度而变相形成"同股不同权"构架是实现投票权的配置权重向创业团队适度倾斜的典型实现方式。前者的例子如成为港交所第一只发行 AB 双重股权结构股票的小米。出资比例为 31.4% 的雷军通过持有投票权高于 B 类股票 10 倍的 A 类股票拥有公司 53.79% 的表决权。后者的例子如推出合伙人制度的阿里。2014 年阿里在美国上市。第一大股东软银和第二大股东雅虎尽管分别持有阿里 31.8% 和 15.3% 的股份，远超阿里合伙人持有的 13%（其中马云本人仅持股 7.6%），但基于阿里合伙人与主要股东的股权协议，阿里合伙人在阿里董事会组织中发挥主导作用，集体成为阿里的实际控制人。发行单一类型股票的阿里由此通过与主要股东的股权协议变相实现了"同股不同权"构架。曾一度拒绝阿里上市的港交所在2018年4月完成了号称"25年以来最具颠覆性的上市制度改革"，宣布允许"同股不同权"构架的公司赴港上市。2019年11月26日，阿里以第二上市的方式回到曾经一度拒绝其整体上市申请的港交所，实现回归亚洲资本市场的夙愿。

2019年7月上交所科创板开板，允许发行"同股不同权"构架股票。2019年9月27日由上交所科创板上市委完成审议，2019年12月24日证监会同意IPO的优刻得科技成为我国发行"同股不同权"股票在科创板上市的第一只股票，我国资本市场开始进入"同股不同权"时代。

投票权配置权重向创业团队倾斜的合理性在于以下两个方面。其一，提升创业团队和外部股东之间分工的专业化程度，积极回应在互联网时代加剧的信息不对称下对创新导向组织重构的内在要求。外部投资者通过允许投票权配置权重倾斜退化为专注于风险分担的普通投资者；其二，通过投票权配置权重向创业团队倾斜，公司实现短期雇佣合约向长期合伙合约的转化，这既鼓励人力资本的持续投入，又起到防范"野蛮人"入侵的目的。

需要说明的是，鉴于投票权配置权重倾斜构成对外部分散股东权益的潜在威胁，我们需要在配置权重倾斜的股权设计中标配"日落条款"，并通过"日落条款"的引入实现控制权在创业团队和股东之间的状态依存。所谓"日落条款"，是在公司章程中对投票权配置权重倾斜的创业团队所持有 A 类股票转让、退出和转为 B 类股票，以及创业团队权力限制的各种条款的总称。例如，优刻得的公司章程规定，当持有 A 类股票的股东向他人转让所持有的 A 类股票，或者将 A 类股票的表决权委托他人行使时，A 类股票应当按照 1∶1 的比例转换为 B 类股票。这意味着，优刻得创业团队如果对公司业务模式创新的引领依然充满信心，那就继续持有 A 类股票，通过投票权配置权重的倾斜而成为公司的实际控制人，继续引领业务模式的创新和公司的持续发展；优刻得创业团队如果对业务模式创新和新兴产业发展趋势不再具有很好的理解和把握能力，选择出售 A 类股票，则 A 类股票将自动转为 B 类股票。这意味着创业团队重新把控制权归还给股东，在"一股一票"和"同股同权"的框架下，按照公司治理最优实践来选择能够为股东带来高回报的全新管理团队。于是，优刻得的实际控制权在创业团队和股东之间实现了所谓的"状态依存"。

同样需要强调的是，作为对"同股不同权"构架和对外部分散股东权益潜在威胁的市场调节，投资者对"同股不同权"构架的股票比"同股同权"构架股票的价格波动幅度更大应该具有充分预期。在港交所完成上市制度改革后，登陆香港资本市场的众多独角兽企业曾不同程度地遭遇在 IPO 后股价跌回甚至跌破发行价的尴尬局面。

最后，在新经济企业进行股权结构设计时，除了单独使用签署一致行动协议和发行 AB 双重股权结构股票，还可以考虑将二者结合起来，即同时签署一致行动协议和发行 AB 双重股权结构股票。

我国资本市场上发行的第一只 AB 双重股权结构股票优刻得科技事实上是二者结合使用的典型例子。季昕华、莫显峰及华琨首先通过一致行动协议而成为公司实际控制人。该公司同时发行两类股票，其中 A 类股票每股拥有的表决权数量为其他股东所持有的 B 类股票每股拥有的表决权的 5 倍。在 IPO 完成后预计三位实际控制人合计直接持有 19％的股份，但享有 55％的表决权。

我们知道，股权结构设计只是协调股东与创业团队代理冲突的基础性的公司治理制度安排之一。那么，除了股权结构，在为新经济企业设计公司治理制度时，我们还应该考虑哪些因素？如何开展设计？也许读者可以从拙著《独角兽还是羚羊？公司治理视角下的新经济企业》（股权分散时代公司治理观察三部曲的第三部）（北京大学出版社，2019）一书中获得更多的启发。

如何为独角兽企业进行公司治理制度设计？[*]

2020 年 1 月 20 日，在中国公有云市场份额排名第六位的优

---

[*] 本文根据 2019 年 9 月 7 日在山东济南举行的第二届中国金融市场创新发展论坛（2019）上作者的发言整理，以《独角兽企业如何设计治理结构？》为题于 2019 年 10 月 16 日发表在财经网。

刻得科技在上交所科创板正式上市，成为我国 A 股第一家采用
"同股不同权"架构的独角兽企业。

2019 年 9 月 27 日，上交所科创板上市委在第 27 次审议会议
中审议通过了优刻得科技等企业的科创板首发上市申请。这意味
着在中国公有云市场份额排名第 6 位的优刻得科技有望成为我国
A 股第一家采用"同股不同权"构架的独角兽企业。

这里所谓的独角兽企业，按照种子轮基金 Cowboy Venture
创始人 Aileen Lee 的定义，指的是成立不超过 10 年，接受过私
募投资，估值超过 10 亿美元，发展速度快而且同行业企业数量
少的初创型企业。估值超过 100 亿美元的企业甚至被称为"超级
独角兽"。随着以工业互联网技术为标志的第四次工业革命浪潮
的深入，符合上述标准的企业在高科技或者说新经济领域大量涌
现。因此，所谓的独角兽企业，其实只是投资视角下的高科技或
者新经济企业。

（一）新经济企业的典型特征

识别新经济企业与传统企业特征的差异是我们讨论独角兽或
者新经济企业的公司治理制度安排的基础和前提。概括而言，与
传统企业相比，新经济企业具有以下典型特征。

第一，与传统企业相比，新经济企业创业团队与外部普通投
资者围绕业务模式创新存在更为严重的信息不对称。对于传统企
业，外部普通投资者习惯于应用净现值（NPV）法则来判断一个
项目是否可行。然而，对于新经济企业借助平台提供的捆绑品性

质的服务，基于折现现金流的净现值法则甚至无法了解其现金流从何而来。例如，有一家著名的二手车直卖网，它的广告词是"没有中间商赚差价"。既然没有中间商赚差价，那提供中介服务的平台的现金流从何而来？而对于那些提供捆绑品性质的服务的新经济平台，我们知道，其业务模式创新可能恰恰在于，中介服务也许并不赚钱，但和中介业务捆绑在一起的广告以及其他衍生服务赚钱。但对于新经济企业来说，能够赚钱的广告以及其他衍生服务现金流测算显然要比传统企业复杂得多，也难得多。

于是，我们看到，围绕业务模式创新，新经济企业在外部普通投资者与创业团队之间，存在着与传统企业相比更为严重的信息不对称，由此导致了新经济企业外部融资的逆向选择困境。一方面，经过经济学家们的长期科普，在那些坚信"天下没有免费的午餐"的普通投资者眼中，新经济企业创业团队往往怎么看都像是"空手套白狼"的骗子，很难获得普通投资者的信任；另一方面，这些"不差钱"的投资者却苦于找不到潜在优秀的项目进行投资。

新经济企业如何才能摆脱由于上述信息不对称所遭遇的外部融资逆向选择困境呢？其一，依靠独具慧眼的私募投资的介入。我们知道，与普通投资者相比，私募投资往往具有独特的专业背景和丰富的投资经验。特别是，在经过布局多元化的投资组合——"把鸡蛋放在不同的篮子"，完成风险分散后，私募投资可以考虑把部分"鸡蛋"放在某一特定独角兽的"这只篮子"中。私募投资由此成为化解新经济企业外部融资逆向选择困境的潜在途径之一。例如，如今在阿里持股比例较高的股东大多是早期以私募投资的身份进入阿里的。在阿里 2014 年美国上市后，持股比例高达 31.8% 的软银早在 2000 年就向阿里投资了 2 000 万美元，四年后又进一步投资了淘宝 6 000 万美元。持股比例 15.3% 排名第二的雅虎在 2007 年阿里 B2B 业务即将挂牌港交所的前夕，以 10 亿美元的现金和雅虎中国业务换取了阿里的部分股份。其二，谋求资本市场上市。上交所开板的科创板之所以被一些媒体称为开启了"中国纳斯达克之路"，一个十分重要的理由是通过把审核制改为注册制、降低上市盈利门槛以及接纳"同股不同权"的 AB 双重股权结构股票发行，降低了新经济企业的上市门槛，为新经济企业实现外部权益融资带来了便捷。

这里需要说明的是，新经济企业谋求资本市场上市，不是说原来的信息不对称下的逆向选择问题由此得到了根本解决，而是说它为解决这一问题创造了积极条件，提供了有利途径。其中，发行 AB 双重股权结构股票成为解决逆向选择问题可资利用的一种重要信号。我们知道，发送信号是解决事前信息不对称导致的逆向选择问题的潜在途径之一。例如，通过向潜在的旧车购买者提供质量担保这一方式，使自己的旧车与不敢提供上述担保的旧车区分开，旧车车主便是向潜在的旧车购买者发出了自己的旧车品质优良的信号，使信息不对称导致的逆向选择问题得以解决。而发行 AB 双重股权结构股票则无疑同样向投资者传递了新经济创业团队对业务模式创新充满自信的信号：对于一家毫无价值可言的新经济企业，创业团队有什么理由去保留控制权？创业团队愿意长期持有，甚至不愿意别人染指，不就是因为看好新经济企业的潜在价值吗？

在上述意义上，科创板设立的一个应有之义即是允许新经济企业选择发行双重股权结构股票，发送独特信号，以解决信息不对称导致的逆向选择问题。港交所从 2014 年拒绝"同股不同权"构架的阿里整体上市，到四年后的 2018 年 4 月完成了所谓"25年以来最具颠覆性的上市制度改革"，其中重要的内容就是包容"同股不同权"构架。2018 年 7 月，港交所迎来了第一家发行 AB双重股权结构股票的中国内地企业小米的 IPO。而在一年之后，我们高兴地看到我国 A 股市场推出的第一只"同股不同权"构架股票优刻得科技的诞生。

第二，新经济企业创业团队有限的资金投入与主导业务模式创新所需要的控制权的现实需求之间存在着显著矛盾。新经济企业的创业团队尽管需要来自私募投资和资本市场的资金投入，但他们通常并不情愿把业务模式创新的主导权简单地交给并不熟悉相关业务的外部资本。换句话说，一个始终困扰新经济企业创业团队的问题是，如何在有限资金投入下实现劳动"雇佣"资本？

我们看到，表决权配置权重倾斜的"同股不同权"构架股票同样为实现上述目的带来便捷。围绕如何有效实现劳动"雇佣"资本，在资本市场实践中出现了很多值得观察和思考的公司治理制度创新。从内地投资者开始熟悉的小米在港交所 IPO 采用的发行 AB 双重股权结构股票，到美国 Snap 发行的普通投资者甚至没有表决权的 ABC 三重股权结构股票，都是表决权配置权重倾斜的股权结构设计的重要制度创新。

上述投票权配置权重倾斜的股权结构设计除了有助于创业团队在有限资金投入下长期主导业务模式创新，一个客观好处是可以有效防范"野蛮人"入侵，而这一点对于我国资本市场具有特殊含义。从 2015 年开始，我国上市公司第一大股东的平均持股比例低于标志相对控股权的 1/3，我国资本市场以万科股权之争为标志进入分散股权时代。面对频繁出没的"野蛮人"带来的潜在控制权丧失的威胁，投票权配置权重向创业团队倾斜的股权结构设计相信将受到越来越多的新经济企业的青睐。

那么，在有限的资金投入下，新经济企业创业团队可以采用哪些手段来加强公司控制，防御"野蛮人"入侵呢？其一，在新经济企业创业团队之间签署一致行动协议。例如，在 A 股上市的佳讯飞鸿，持股仅 20.7％的第一大股东林菁通过签署一致行动协议，获得了全体协议参与人合计持有的 66.1％的表决权。从 2007 年到 2017 年底，在我国 A 股 1 761 家新上市公司中，约占15％的 265 家公司创业团队签订了一致行动协议。其中将近一半公司来自高科技领域。其二，就是发行投票权配置权重向创业团队倾斜的股票，实行"同股不同权"。例如，雷军持有小米公司 31.4％的股份，却拥有公司 53.79％的表决权。其三，创业团队通过股权协议使自己成为新经济企业的实际控制人。例如，在 2014 年于美国上市的阿里，第一大股东软银（日本孙正义控股）和第二大股东雅虎尽管分别持有阿里 31.8％和 15.3％的股份，远超阿里合伙人持有的 13％（其中马云本人仅持股

7.6％），但基于阿里合伙人与主要股东的股权协议，阿里合伙人在阿里董事会组织中发挥主导作用，集体成为阿里的实际控制人。

总结前面的讨论，我们看到，至少在以上两个方面，新经济企业呈现出与传统企业相比不同的企业特征。而新经济企业创业团队资金投入有限与其对控制权的现实需要之间存在矛盾这一特征在一定程度上是由新经济企业创业团队与外部普通投资者围绕业务模式创新信息严重不对称这一根本特征衍生出来。而这一切都离不开以工业互联网技术为标志的第四次工业革命浪潮带来的巨大冲击。在上述意义上，第四次工业革命浪潮向新经济企业提出了以创新为导向的公司治理结构变革的内在现实需求。

（二）新经济企业的公司治理制度安排

从"确保投资者按时收回投资，并取得合理回报"这一基本的公司治理目的出发，任何公司治理制度安排显然不能离开对投资者权益保护这一公司治理的逻辑出发点。但前面我们对新经济企业特征的分析表明，为了迎合互联网时代对企业创新导向公司治理制度变革的内在需求，投票权配置权重有必要向创业团队倾斜。因此，新经济企业公司治理制度安排需要遵循的基本原则应该是，在鼓励创业团队主导业务创新的组织设计与保障外部分散股东权益之间进行平衡。新经济企业公司治理目的并不应该像传统企业公司的治理制度设计那样，实际出资的股东"为了控制而控制"，更不是一味"防火防盗防经理人"。那么，我们究竟该如何为新经济企业设计公司治理制度呢？

第一，在股东大会上，投票权的配置权重向创业团队倾斜，成为新经济企业基本的公司治理构架。上述构架将有助于创业团队主导业务模式创新，以此顺应第四次工业革命浪潮对创新导向的公司治理制度变革的内在需求。

这里需要说明的是，上述看似不平等的"同股不同权"构架却通过带给外部投资者更多的回报，来补偿其丧失控制权的"荣誉"损失，在一定程度上实现了收益的平等。我们可以从以下几个视角来理解。其一是通过形成投票权、配置权重倾斜的治理构架，创业团队与股东完成了从短期雇佣合约向长期合伙合约的转化，为双方建立长期合伙关系，实现合作共赢打下了坚实的公司治理制度基础。例如，在通过合伙人制度变相实现双重股权结构股票发行的阿里，不断吐故纳新动态调整的合伙人团队成为阿里"董事会中的董事会"和"不变的董事长"，使阿里形成目前"铁打的经理人与铁打的股东"的治理格局。其二是通过形成投票权、配置权重倾斜的治理构架，创业团队和股东之间实现了专业化深度分工。在双重股权结构构架下，一方面创业团队通过持有A类股票掌握控制权，专注业务模式创新；另一方面，外部投资者则把自己并不熟悉的业务模式创新决策让渡给创业团队，而使自己更加专注于风险分担。现代股份公司资本社会化和经理人职业化之间的传统专业化分工由此在投票权配置权重倾斜的治理构架下得以深化。这事实上是现代股份公司诞生以来所一直秉持的专业化分工逻辑的延续。其三是无论签署一致行动协议，还是发行双重股权结构股票，新经济企业所形成的投票权配置权重倾斜的治理构架属于事前的公司控制权安排，需要在 IPO 时所发布的招股说明书中予以充分的信息披露。购买该公司所发行股票的决定是，一个具有充分信息投资者，在充分评估投票权配置权重倾斜配置可能对自己投资收益和收回安全影响的基础上，对实际控制人权力大于责任具有充分预期，甚至安排了相应防范和救济措施的情况下做出的选择。因而，相比于在董事会组织中实际控制人事后超额委派董事等加强公司控制的行为，上述投票权权重倾斜的治理构架的道德风险倾向要小得多。

我们看到，正是由于以上三个方面实现的效率提升，被称为"不平等投票权"的投票权配置权重倾斜的"同股不同权"构架并没有像其字面理解和想象的那样，由于投票权的"不平等"而使外部股东利益受到严重损害，而是在一定程度上通过带给外部投资者更多的回报，补偿其丧失控制权的"荣誉"损失，实现了收益的平等。一个典型的例子是，软银和雅虎看似放弃了阿里的控制权，但从放弃中赚得钵满盆满。

第二，在股东大会上，投票权的配置权重尽管向创业团队倾斜，但新经济企业创业团队将受到来自私募投资和大股东的协议制约。例如，按照上市前分别持有公司 50％股份的腾讯主要创始人与来自南非的 MIH 达成的股东协议，双方向腾讯集团任命等额董事，而且在上市公司主体中双方任命的董事人数总和构成董事会的多数。尽管按照与主要股东在阿里上市前达成的一致行动协议，软银超出 30％的股票投票权将转交阿里合伙人代理，在

30%权限内的投票权将支持阿里合伙人提名的董事候选人，但作为交换，只要软银持有15%以上的普通股，即可提名一位董事候选人出任董事会观察员，履行投票记录等事宜。事实上，在一些发行双重股权结构股票的新经济企业中，部分私募投资本身持有一部分投票权配置权重倾斜的股票。

第三，除了受到来自私募投资和大股东的协议制约，来自创业团队内部的制衡和监督同样是一种避免投票权权重倾斜可能导致外部分散股东利益受损的公司治理力量。我们仍然以阿里的合伙人制度为例。每年可以推选一次的合伙人需要由现任合伙人向合伙人委员会推荐和提名，并须获得至少3/4合伙人的同意，才能成为新的合伙人。阿里2014年在美国上市时合伙人的成员仅为27人，经过几轮推选，目前合伙人成员已达38人。在成为合伙人后，合伙人被要求任期前三年持股总数不能低于任职日所持股票的60%，三年后则不得低于40%。通过对合伙人持股的相关限定，不断吐故纳新、动态调整的合伙人团队集体成为"阿里董事会中的董事会"和"不变的董事长"。阿里合伙人制度由此将所有合伙人与软银、雅虎等主要股东利益紧紧捆绑在一起，共同承担阿里未来的经营风险。

第四，在董事会组织中，以来自外部、利益中性和注重声誉的独立董事为主，同时董事长在签署一致行动协议的成员之间进行轮值，避免出现"一言堂"和内部人控制的局面。与经理人职业发展关联更为紧密的内部董事如果向董事会议案进行挑战，其成本通常远远高于来自外部的、兼职的同时更加注重声誉的独立董事。在越来越多的国家，除了CEO，其他董事会成员全部为独立董事，成为董事会组织的"风尚"。以独立董事为主的董事会的构成在一定意义上也决定了对CEO的监督将从以往以内部董事为主的事中监督，转化为以独立董事为主的事后（董事会会议期间）监督，从短期监督转化为长期监督。上述改变一方面有助于从制度上保障创业团队对业务模式创新的主导作用发挥，另一方面从程序上保障以独立董事为主、独立性加强后的董事会对CEO的有效监督。而董事长在签署一致行动协议的成员之间甚至董事会主要成员之间进行轮值，则有利于营造全体董事民主协商的氛围和治理文化，防范董事长职位固定通常导致的"一言堂"，致使内部人控制问题出现的局面。借助商议性民主，综合全体董事的智慧的董事会决议将超越特定董事长个人能力和眼界的局限，形成对未来经营风险相对准确的预判，防患于未然。

第五，最后但并非不重要的是，与传统企业相比，新经济企业将面对外部分散股东更加频繁的"以脚投票"。传统上，"以脚投票"是公司治理实践中维护股东权益"最后的武器"。这一招有时看似无奈，却往往很致命。由于投票权配置权重倾斜构成对外部分散股东权益的潜在威胁，以及创业团队与外部股东围绕业务模式创新的严重信息不对称，相比于传统产业，独角兽企业股价波动更加频繁，波动幅度更大。一个典型的例子是，在港交所完成上市制度改革后，登陆香港资本市场的独角兽企业小米、美团、众安在线、雷蛇、易鑫、阅文、平安好医生等无一例外地遭遇在IPO后股价跌回甚至跌破发行价的尴尬局面。

（三）应该如何认识独角兽企业？

2018 年 7 月，在众多内地的独角兽企业蜂拥登陆刚刚完成上市制度改革的港交所之际，我曾经写过一篇题为《独角兽其实就是一只普通的羚羊》的文章①。在那篇文章中，我提醒读者，那只看起来"具有神奇力量和可怕野性的厚皮动物"，甚至传说能够成功阻止蒙古大军的神兽——独角兽，其实只是一只由英国驻尼泊尔的外交官罗德逊考证、被称为"罗德逊羚羊"的特殊羚羊，甚至只是一只长了畸形羊角的普通羚羊。

其实，独角兽如此，独角兽企业大抵同样如此。新经济企业究竟是"独角兽"还是"羚羊"，也许读者可以从我的其他文章或著作获得更多的解读和启发。

从"股东"中心到"企业家"中心：公司治理制度变革的全球趋势 *

公司治理是伴随着现代股份公司兴起和权益融资需求满足衍

---

① 郑志刚. 独角兽其实就是一只普通的羚羊. 财经，2018-07-15.

* 本文根据 2019 年 9 月 7 日在山东济南举行的第二届中国金融市场创新发展论坛（2019）会上作者的发言整理，以《从"股东"中心到"企业家"中心：公司治理制度变革的全球趋势》为题发表在《金融评论》2019 年第 1 期。

生出来的一种同时涉及公司行为和国家法律环境的金融制度安
排。Shleifer 和 Vishny[①] 把其概括为"使资金的提供者按时收回
投资并获得合理回报的各种方法的总称"。按照 Coase[②] 的观点，
不同于依赖"看不见的手"价格机制调节的市场，企业是通过权
威的指令来进行资源配置的。企业权威的分配和实施由此被
Coase 认为是现代公司治理的本意[③]。围绕企业"权威"如何在现
代股份公司治理利益冲突双方——所聘用的负责经营管理的职业
经理人与出资设立股份公司的股东之间的分配问题，公司在治理
实践中至少形成了两种典型的范式。

　　一类为强调"股权至上"，股东为公司治理权威的股东中心
的治理范式。我们以美国苹果公司为例，在苹果发展历史上，对
苹果做出突出贡献的乔布斯作为职业经理人一度被苹果的股东扫
地出门；2018 财年，作为职业经理人，库克共收入 1.36 亿美元，
其中 300 万美元为基本薪酬，加之 1 200 万美元的年终奖金，还
有价值 1.21 亿美元的股票和 68.2 万美元的津贴。与今天一些公
司 IPO 创始人身价动辄上百亿美元相比，库克职业经理人的色彩
浓郁。虽然富含高科技元素的苹果并非传统的制造业，但在中国
郑州"苹果城"雇员超过 25 万人的富士康为苹果代工的事实，
在一定程度上表明苹果依然属于制造业。

　　来自 IT 行业的谷歌从 2004 年在美国纳斯达克上市起就选择

---

　　① SHLEIFER A，VISHNY R W. A survey of corporate governance. Journal of
Finance，1997，52(2)：737-783.

　　② COASE R H. The nature of the firm. Economica，1937，4(16)：386-405.

　　③ 同②.

了一种与苹果完全不同的企业权威分配模式。谷歌发行的股票分为 A、B 两类。其向外部投资人发行的为每股只有 1 票投票权的 A 类股票，而谷歌的两位共同创始人佩奇和布林以及 CEO 施密特持有的则是每股有 10 票投票权的 B 类股票。通过发行具有"不平等投票权"的 AB 双重股权结构股票，创业团队将谷歌控制权牢牢把握在手中，从而形成了以企业家为公司治理权威的企业家中心的治理范式。

与"同股同权"相比，发行 AB 双重股权结构股票的"不平等投票权"长期以来被认为不利于对外部分散股东权益进行保护的控制权安排[1][2]。例如，在 La Porta 等[3]完成的著名的主要国家和地区投资者权利法律保护的评估研究中，采用"一股一票"被认为是向投资者权益提供好的保护的指标之一。在 20 世纪 90 年代只有约 6% 的美国公司采用这种股权结构，其市值约占美国股市总市值的 8%。

然而，近 20 年来，伴随着以工业互联网技术为标志的第四次工业革命浪潮的深入，包括谷歌、Facebook 等在内的越来越多的互联网相关企业选择发行 AB 双重股权结构股票上市。在美国纽交所上市的 Snap 公司甚至推出 ABC 三重股权结构股票的股权

---

① GROSSMAN S J, HART O D. One share-one vote and the market for corporate control. Journal of Financial Economics，1987，20(1-2)：175-202.

② HARRIS M, RAVIV A. Corporate governance：voting rights and majority rules. Journal of Financial Economics，1988，20(1-2)：203-235.

③ LA ROHTA R, LOPEZ-DE-SILANES F, SHLEIFER A, et al. Law and finance. Journal of Political Economy，1998，106(6)：1113-1155.

结构设计。

由于我国内地尚不允许发行"不平等投票权"股票，截至2018年上半年，包括京东、微博、爱奇艺等在内的33家内地公司采用了不同投票权架构在美国上市，市值高达5 610亿美元，占所有在美国上市的116家内地公司市值的84%。而中国新经济企业的代表阿里和腾讯则以"合伙人制度"和"大股东背书"的模式完成了以企业家为中心的股权结构设计的制度创新。曾一度拒绝阿里整体上市的港交所在2018年4月正式宣布将允许"同股不同权"构架的公司赴港上市。2018年7月9日IPO的小米成为以AB股在港上市的第一家内地企业。早在2018年1月，新加坡股票交易所就修改了上市规则，推出了类似政策。围绕如何使独角兽回归到A股，我国内地监管部门出台政策允许在境外上市的独角兽企业同时在内地资本市场发行中国存托凭证（CDR）。在2018年9月26日发布的《国务院关于推动创新创业高质量发展打造"双创"升级版的意见》中，我国正式提出未来将允许"同股不同权"，支持尚未盈利的创新型企业在内地A股上市。

我们看到，过去的20年见证了股权结构设计理念从"同股同权"到"不平等投票权"的转变："不平等投票权"股票的发行从被认为不利于外部投资者权益保护，到如今成为各国鼓励创新型企业快速发展的普遍政策工具；那些提出"不平等投票权"的企业从一度被视作违背"同股同权"原则而被拒绝上市到今天被各国和地区纷纷修改上市规则"拥抱"这些企业。以"不平等投票权"为标志的企业家中心的公司治理范式正在演变为公司治理制度变革的全球趋势。

本文剖析了公司治理范式从股东中心到企业家中心的全球变革趋势下的理论和现实背景，梳理和总结了企业家中心公司治理范式全球变革的特征，揭示这种全球变革趋势背后所包含的经济学逻辑，为公司治理理论和实务界未来如何顺应这种全球变革趋势进行理论和实践的准备。本文以下部分的内容组织如下：第一部分讨论以企业家为中心的公司治理制度全球变革趋势形成的理论和现实背景；第二部分分析企业家中心的"不平等投票"股权结构设计理念和实践背后所遵循的经济逻辑；在第三部分和第四部分我们分别预测企业家中心公司治理制度变革趋势在董事会制度建设和反并购等公司章程条款设计层面的可能显现；最后，简单总结全文。

（一）以企业家为中心的公司治理制度全球变革趋势形成的理论和现实背景

1. 对"Berle 和 Means 误导"的校准

Berle 和 Means 在 1932 年出版的《现代公司和私有财产》一书正式提出了影响至今的现代公司治理问题。在这本以反思 20 世纪二三十年代全球经济大萧条出现的金融制度根源为题材的著作中，Berle 和 Means 认为大萧条的出现在一定程度上与现代股份公司所扮演的消极角色有关。他们在书中抱怨，"随着公司财富的所有权变得更加分散，这些财富的所有权与控制权已经越来越少地集中于同一个人之手。在公司制度下，对行业财富的控制可以而且正在以最少的所有权利益来完成。财富所有权没有相应的控制权，而财富的控制权没有相应的所有权，这似乎是公司演进的逻辑结果"。在所有权和经营权分离的现代股份公司，失去财富所有权的外部分散股东将面临只有控制权的职业经理人的挥霍和滥用，而这终将使股东蒙受巨大损失，这不仅成为 20 世纪二三十年代大萧条爆发的金融制度根源，而且"对过去三个世纪赖以生存的经济秩序构成威胁"[①]。

Jensen 和 Meckling[②] 在 Berle 和 Means 提出公司治理问题的基础上把委托代理理论的框架应用到经理人与股东利益冲突的分析中，成为公司治理学术研究开始的标志。他们的研究表明，代理冲突会产生代理成本，损害外部分散股东的利益。从 Jensen 和 Meckling 开始，"缓解代理冲突，降低代理成本"被公司治理理论研究者和实践工作者概括为公司治理的政策目标。从上述经理人与股东代理冲突的逻辑出发，公司治理关注如何保护处于信息弱势的外部分散股东的利益，因而在理论研究和政策实践中主要围绕如何约束经理人（以及控股股东等内部人）利用私人信息谋取私人利益，开展公司治理制度设计。我们把上述公司治理研究和实践范式称为股东中心的公司治理范式。在一定意义上，正是由于股东中心范式的成功推出，公司治理逐步成为成熟的学术研

---

① BERLE A A, MEANS G C. The modern corporation and private property. New York: Macmillan, 1932.

② JENSEN M C, MECKLING W. Theory of the firm: managerial behavior, agency costs and ownership structure. Journal of Financial Economics, 1976, 3（4）: 305-360.

究和政策实践领域。

随着 La Porta 等提出"全球大企业中最重要的代理问题已经转为如何限制大股东剥削小股东利益的问题",借助金字塔结构、交叉持股等获得实际控制权的主要股东与外部分散股东之间的利益冲突开始受到公司治理理论和实务界的重视。股东内部的利益冲突虽然被 Gordon 和 Roe① 称为"水平代理冲突",用以区分经理人与股东之间的"垂直代理冲突",但我们容易理解,无论是主要股东还是经理人,对私人利益的追求离不开对私人信息的占有,损害的依然是处于信息弱势的外部分散股东。在很多情形下,作为实际控制人的主要股东谋取控制权、私人收益,离不开经理人的合谋,经理人甚至成为帮凶。我们看到,尽管从 La Porta 等开始,公司治理理论和实务界从单纯关注股东与经理人之间的代理冲突转为同时关心垂直和水平两类代理冲突问题,但以"缓解代理冲突,降低代理成本"为目的的股东中心公司治理范式并没有改变。

回顾现代股份公司的发展历史,我们发现,发轫于 1602 年在荷兰成立的东印度公司的现代股份公司制度不仅推动了资本主义在全球的风起云涌,而且为人类历史文明掀开了全新的一页。按照德隆教授的研究,在人类历史上,从 250 万年前旧石器时代至今的漫长岁月里,99.99％的时间长度内,世界人均 GDP 基本没什么变化。但在过去的 250 年中,世界人均 GDP 突然有了一

---

① GORDON J N, ROE M J. Convergence and persistence in corporate governance. Cambridge：Cambridge University Press，2004.

个几乎是垂直上升的增长。这可以从马克思的观察"资产阶级在它的不到一百年的阶级统治中所创造的生产力，比过去一切世代创造的全部生产力还要多，还要大"中得到侧面证明。这一切事实上都离不开现代股份公司这样一种支撑社会化大生产和工业革命兴起的生产组织制度的出现。巴特勒甚至认为现代股份公司是"近代人类历史中一项最重要的发明"，以至于"如果没有它，连蒸汽机、电力技术发明的重要性也得大打折扣"。而现代股份公司之所以能够带来上述令人目眩的财富增长，恰恰是由于其借助所有权和经营权的分离实现了经理人职业化和资本社会化的专业化分工。

我们看到，构成现代股份公司基本特征的所有权和经营权的分离，它一方面带来了经理人和股东之间的"经理人职业化"与"资本社会化"的专业化分工，使效率得以极大提升；另一方面则成为股东和经理人之间代理冲突的根源，产生代理成本。然而，让我们感到十分遗憾的是，受 Berle 和 Means 反思大萧条情结的影响，公司治理的理论和实务界看到的更多是现代股份公司由于所有权与经营权分离产生的代理冲突和形成的代理成本，而把之所以成为"近代人类历史中一项最重要的发明"的现代股份公司的最重要的经理人职业化和资本社会化的专业化分工在一定程度上忽略了。正确的公司治理制度设计理念应该是如何在现代股份公司专业化分工带来的效率提升和所有权与经营权分离衍生出来的代理冲突之间进行平衡。

而随着以工业互联网技术为标志的第四次工业革命的兴起，

以创新导向的企业组织构架设计理念和人们对企业家精神的重视为我们重新审视传统的以股东为中心的公司治理范式提供了契机。

2. 第四次工业革命对创新导向的企业组织构架设计理念的现实需求

人类步入互联网时代后,"大数据"的数据采集方式和"云计算"的数据处理能力在公司现金流识别问题上带来了两方面深刻的变化。一方面,它使得资本市场投融资双方严重的信息不对称有所减缓。例如,阿里集团旗下新零售旗舰银泰商厦基于大数据分析可以将 22～25 岁的女性识别为目标客户,进行精准营销。另一方面,基于工业互联网技术的新兴产业发展日新月异,投融资双方围绕业务发展模式从而更进一步——现金流来源的信息不对称进一步加剧。长期以来,投资者习惯于基于现金流分析,利用净现值法则判断一个项目是否可行。现在突然发现,对一些与互联网相关的业务,我们甚至很难理解特定业务模式的现金流是如何产生的。例如,在一些二手车直卖网中,它们家喻户晓的广告词是,"买主直接买,卖主直接卖","没有中间商赚差价"。那么,这些平台的现金流又是从哪儿来,我们又是如何估算的呢?我们看到,这些平台不再做传统中间商的生意,通过价差形成现金流,而是依靠网络点击等流量吸引第三方进行广告投入,赚取所谓的"流量红利"。而流量红利显然比可观察甚至可证实的价差(例如银行业务现金流的存贷利率差)难以估算得多。以至于有人说,"做得好是互联网金融,做不好是非法集资诈骗"。当二者的边界十分模糊时，显然不是每一个投资者都可以正确识别甚至把握业务模式的。小米的雷军曾经有句名言，"站在风口上，猪也能飞起来"。但问题是，谁有能力识别那只即将飞起来的猪？更加重要的是，谁有能力识别是否站在风口上？我们看到，随着第四次工业革命的深入和互联网时代的来临，外部投资者与创业团队间关于业务模式创新的信息不对称程度不是缓解了，而是加剧了。"专业的人办专业的事"，对于围绕业务模式创新的专业决策，外部分散投资者不得不交给少数"术业有专攻"的企业家来完成。

Bolton 等[①]指出，技术产生的不确定性甚至使得不同投资者之间的观点变得更加不一致，以至于认为股价虚高的股东很容易将所持有的股票转手给那些认为股价依然有上升空间的潜在投资者，使得现在股东与将来股东之间的利益冲突严重。与此同时，由于互联网时代专业化分工的深入，外部投资者缺乏专业的知识和分析能力，总体精明程度下降，甚至无法从财务信息披露本身判断一个经理人的薪酬是否合理。

由于上述围绕业务模式的创新在投融资双方之间不断加剧的信息不对称，在互联网时代，一个优秀的互联网创业团队如果依靠传统的"股权至上""同股同权"控制权安排模式来进行外部融资会出现怎样的结果呢？我们看到，由于信息不对称，业务模

---

① BOLTON P, SCHEINKMAN J, XIONG W. Pay for short-term performance: executive compensation in speculative markets. Review of Economic Studies, 2006, 73(3): 577-610.

式创新的独特之处并不为外部投资者所知,因而互联网创业团队不得不向外部投资者让渡出与出资比例对称的控制权,以换取外部资金的支持。而失去控制权进而失去独特业务模式开发的主导权显然并非互联网创业团队所愿意看到的结果。于是,在信息不对称下通常面临的逆向选择问题出现了:一方面希望获得外部资金支持来加速独特业务模式发展的创业团队由于无法说清楚现金流从何而来,总是被人怀疑是"骗子",因而很难获得外部融资;另一方面"不差钱"的外部投资者很难找到具有潜在投资价值的项目,资本市场资金空转踩踏事件时有发生。因此,在互联网时代围绕业务模式创新的信息不对称迫切需要资本市场出现一种创新导向的企业组织构架,以鼓励和保护创业团队的人力资本投资,同时向资本市场发出明确的对业务模式创新自信的信号。

3. 对并购浪潮中的"野蛮人入侵"现象和如何鼓励人力资本投资的制度安排的反思

发生在美国 20 世纪七八十年代的并购浪潮为探索创新导向的企业组织构架设计积累了宝贵的教训和经验。除了认识到并购重组在缓解产能过剩和接管威胁在改善公司治理的重要作用,理论和实务界同样意识到以"野蛮人敲门"方式实现的外部接管对创业团队人力资本投资的巨大威胁。例如,乔布斯由于控制权的不当安排一度被迫离开自己亲手创办的苹果公司。如果预期到辛勤创建、打拼的企业未来将轻易地被"野蛮人"闯入,那么沉浸在"早知如此,何必当初"反思情结中的创业团队的人力资本投资激励显然将大为降低。而没有对"野蛮人入侵"设置足够高的门槛挫伤的不仅是创业团队人力资本投资的积极性，甚至会伤及整个社会创新的发展和效率的提升。值得庆幸的是，乔布斯后来又回到了苹果，以至于有人说，"如果没有乔布斯，也许我们今天使用的可能不是'苹果'（iPhone），而是'鸭梨'！"

防范"野蛮人入侵"事实上对中国资本市场发展具有特殊的现实意义。从 2015 年开始，我国上市公司第一大股东平均持股比例低于用于"一票否决"的代表相对控股权的 1/3，我国资本市场进入分散股权时代。一个可以预见的结果是，并购行为将会比以往任何时候更加频繁，甚至不惜以相对极端的"野蛮人闯入"和控制权纷争的面貌出现。相应地，我国上市公司治理以往常见的经理人内部人控制等传统经理人机会主义行为倾向，将逐步被"门外野蛮人入侵"等股东机会主义行为所代替。包括我国在内的全球公司治理理论和实务界迫切地需要探索互联网时代公司治理制度设计，以积极应对互联网时代围绕业务模式愈发加剧的信息不对称问题和"野蛮人入侵"的股东机会主义行为频繁发生等问题。

在上述理论和现实背景下，我们注意到，公司治理范式开始从股东中心向企业家中心转变，并逐渐演变为公司治理范式转变的全球趋势。这种以企业家为中心的公司治理范式体现在各个方面。在股权结构设计上，体现为从"同股同权"转变为"不平等投票权"；在董事会制度建设上，体现为从专职的内部董事到兼职的独立董事；在对外部接管角色重新认识上，体现为从外部治理机制到反并购条款中的相关限制。

(二)"不平等投票权"和企业家中心的股权结构设计理念

对资本投入而言,反映责任承担能力的现金流权与股东大会表决投票权不一致的双重甚至多重股权结构股票的存在已有上百年的历史。在发行 AB 双重股权结构股票的公司中,Lease 等观察到,一股具有多票投票权的 B 类股票的市场价值高于一股具有一票投票权的 A 类股票。不同投票权的股票市场价值的差异由此可以被用来度量实际控制人通过 B 类股票的持有预期可能获得的控制权私人收益。

从现实中合约总是不够完全详备的视角出发,现代产权理论认为,由于担心在不完全契约下投资后会被敲竹杠,投资者进行(专用性)投资的(事前)激励就会不足。为了鼓励投资者进行投资,现代股份公司应该承诺,一方面使投资者以出资额为限(对错误决策)承担有限责任,另一方面股东以在股东大会投票表决的方式对不完全契约未规定事项拥有最后裁决权。前者是反映股东责任承担能力的"剩余索取权"(residual claim),后者是股东体现所有者权益所享有的"剩余控制权"(residual control)。剩余索取权与剩余控制权的匹配由此成为产权安排的基本原则。"同股同权"和"一股一票"所反映的股东集体享有所有者权益的事实被认为能更好地确立股东公司治理的权威,保护股东的投资权益。一些文献的研究进一步表明,"一股一票"股东投票表决机制有助于减少经理人盘踞和内部人控制问题,保护中小股东权益,因而"一股一票"的同股同权被认为是股权设计的基本原则。

受上述文献影响，在 LLSV 开展的评价各国法律对投资者权益保护程度的著名工作中，他们也把是否实行"一股一票"作为评价法律对投资者权益保护的重要指标。没有采用"一股一票"的国家被认为法律对投资者权益保护不足。在 LLSV 的 49 个样本国家中，真正实行"一股一票"的只有 11 个国家。从表面看，又被称为"不平等投票权"股票的双重股权结构股票似乎就与同股同权所宣扬的"股权平等"格格不入。

然而，与上述理论预期相反的是，从 21 世纪初以来，越来越多的高科技企业选择发行具有"不平等投票权"的 AB 双重股权结构股票。除了谷歌（2004 年上市）、Facebook（2012 年上市）等来自美国的高科技企业，来自中国的大量基于互联网的知名企业京东、百度、奇虎、搜房、优酷、猎豹移动、YY 语音等相继在美国发行 AB 双重股权结构股票。由于允许发行双层股权结构股票，美国成为全球高科技企业选择上市的目标市场。我们以 2014 年在美国纳斯达克上市的京东为例。在京东同时发行的两类股票中，A 类一股具有一票投票权，而 B 类一股则具有 20 票投票权。出资规模只占 20％的创始人刘强东通过持有 B 类股票，获得 83.7％的投票权，实现了对京东的绝对控制。2017 年 3 月 2 日在美国纽交所上市的 Snap 甚至推出三重股权结构股票。其中，A 类股票没有投票权，B 类股票每股一票投票权，而 C 类股票每股 10 票投票权。分享全部 C 股的两位联合创始人 Evan Spiegel 和 Bobby Murphy 共拥有该公司 88.6％的投票权，Snap 由此被牢牢掌控在两位联合创始人手中[①]。

除了以发行双重甚至多重股票直接实现的"不平等投票权"的这种股权设计，来自中国的阿里还通过创建合伙人制度在"同股同权"的构架下变相地实现了"不平等投票权"结构股票发行的目的[②③]。2009 年设立的阿里合伙人制度，由于源于阿里合伙人早期创业的湖畔花园公寓，又被称为"湖畔花园合伙人制度"。其设立的初衷是希望改变以往股东和管理团队之间的简单雇佣模式，打破传统管理模式的等级制度，"用合伙人取代创始人"（蔡崇信）。成为阿里合伙人需要具备的条件包括必须在阿里工作五年以上，具备优秀的领导能力，高度认同公司文化，并且对公司发展有积极性贡献，愿意为公司文化和使命传承竭尽全力等。合伙人每年通过提名程序向合伙人委员会提名新合伙人候选人。在被提名阿里合伙人之后，候选人先要通过为期一年的考察期，然后进行合伙人投票，得票数不得低于 75％方能通过。合伙人由此"既是公司的运营者，业务的建设者，文化的传承者，同时又是股东，因而最有可能坚持公司的使命和长期利益，为客户、员工和股东创造长期价值"（马云）。

阿里董事会的组织其实并非我们熟悉的"一股独大"，在

---

① 郑志刚. 当野蛮人遭遇内部人——中国公司治理现实困境. 北京：北京大学出版社，2018.

② 郑志刚，邹宇，崔丽. 合伙人制度与创业团队控制权安排模式选择——基于阿里巴巴的案例研究. 中国工业经济，2016(10).

③ 郑志刚. 从万科到阿里：分散股权时代的公司治理. 北京：北京大学出版社，2017.

"第一大股东"软银主导下的大包大揽。根据阿里公司章程的相关规定，以马云为首的28位（目前36位）合伙人有权利任命阿里董事会的大多数成员。在阿里由11人组成的董事会中，除了6名外部董事，5位执行董事全部由合伙人提名。阿里的主要执行董事和核心高管都由阿里合伙人成员出任，而大股东软银在阿里董事会中仅仅委派了一名没有表决权的观察员。上述董事会组织安排意味着阿里合伙人在股东认同和公司章程背书下获得了委派超过持股比例董事的所谓"超级控制权"，成为阿里的实际控制人。我们看到，没有发行AB股的阿里通过阿里合伙人制度在"一股一票"的传统构架下变相实现了"不平等投票权"股票的发行。事实上，这同样是阿里当时申请在香港整体上市时，却因被认为违反"同股同权"原则而遭拒，不得不远赴美国上市的原因。

除了阿里，我们从更早的2004年以"大股东背书"模式在港交所上市的腾讯身上同样能观察到企业家中心的股权设计制度创新的影子。从持股比例来看，2004年腾讯在香港上市时，马化腾和联合创始人张志东持股比例合计仅为20.86%，远远低于来自南非的大股东Naspers的持股比例。但大股东Naspers同意在董事会的人员配比与创始人对等委派，每边各占两位。CEO由马化腾提名，CFO由Naspers来提名。在重大的董事会决议和股东大会决议上，提案必须超过75%的赞成才能通过。相对于马化腾等创始人合计持有的20.86%的股份，这样的规定在一定程度上可以保证他们在重大事项表决上具有一票否决权。我们看到，阿里和腾讯作为中国异军突起的互联网巨头能走到今天，除了它们的业务模式创新的独特之处，还与它们企业家中心的股权结构的独具匠心的创立和设计分不开。

对照现代产权理论强调的"当合约不完全时，只有享有剩余控制权，一个投资者才有激励去投资成为股东"，我们注意到，在"不平等投票权"的双重或多重股票股权结构下，股东部分放弃（例如京东的 A 类股票持有人和阿里的软银、雅虎等），甚至全部放弃（例如 Snap 中的 A 类股票持有人）控制权，却依然愿意购买上述公司的股票成为其股东。在一定意义上，企业家中心的"同股不同权"股权设计实践事实上向 2016 年诺贝尔奖得主哈特的现代产权理论提出了挑战。产权安排的一个新理念也许是并非为了控制而控制，而是为了更好地在参与各方之间实现合作共赢。

那么，"不平等投票权"股权结构设计又是如何在 B 类股票持有人（Snap 中的 C 类股票持有人）对公司的实际控制与 A 类股票持有人的投资者权益保护二者之间进行平衡，从而实现双方合作共赢呢？

第一，通过"同股不同权"的股权结构设计，以往代理冲突的双方股东与经理人实现了从短期雇佣合约向长期合伙合约的转化[1]。我们如果把苹果的权威配置模式理解为一种短期雇佣合约，则股东与经理人之间的关系可以描述为"流水的经理人，流水的股东"。例如，苹果 CEO 库克任上任何糟糕的业绩表现都会成为股东罢免他的理由。而"不平等投票权"构架则造就了一种企业

---

[1] 郑志刚，邹宇，崔丽. 合伙人制度与创业团队控制权安排模式选择——基于阿里巴巴的案例研究. 中国工业经济，2016(10).

家中心的权威配置模式，将"流水的经理人，流水的股东"演变为"铁打的经理人，流水的股东"；对于一些进行长期价值投资的战略投资者，甚至将其演变为"铁打的经理人，铁打的股东"。因此，"不平等投票权"构架实质是完成了创业团队与外部投资者从短期雇佣合约到长期合伙合约的转化，由此在二者之间建立了合作共赢的长期合伙关系。我们以阿里合伙人制度为例。在长期合伙合约下的阿里合伙人成为阿里事实上的"不变的董事长"或者说"董事会中的董事会"。阿里由此不仅是软银、雅虎的，而且是马云合伙人的，从而为双方长期合伙合作共赢打下了坚实的制度基础。

亚当·斯密在《国富论》中为我们描述了被雇佣的"打工仔"和作为主人的"合伙人"无论在心理还是在行为上的差异。"在钱财的处理上，股份公司的董事是为他人尽力，而私人合伙公司的伙员，则纯为自己打算。所以，要想股份公司的董事们监视钱财用途像私人合伙公司伙员那样用意周到，是很难做到的。有如富家管事一样，他们往往拘泥于小节，而殊非主人的荣誉，因此他们非常容易使他们自己在保有荣誉这一点上置之不顾。于是，疏忽和浪费，常为股份公司业务经营上多少难免的弊端"①。

第二，通过"同股不同权"的股权结构设计，股东负责"分担风险"和经理人负责"业务模式创新"之间的专业化分工进一步加深。现代股份公司由于实现了"资本社会化"和"经理人职

---

① SMITH A. The Wealth of Nations. New York：The Modern Library，1937.

业化"的专业化分工，与控制权与经营权不分的新古典资本主义企业相比，极大地提升了管理经营效率，带来了人类财富的快速增长。在"不平等投票权"的股权结构下，一方面由 B 类股票持有人（阿里合伙人）掌握控制权，专注业务模式创新；另一方面，面对基于互联网技术的新兴产业快速发展、日益加剧的信息不对称，A 类股票的持有人（软银、雅虎等）则退化为类似债权人的普通投资者，把自己并不熟悉的业务模式创新决策让渡给 B 类股票持有人，而使自己更加专注风险分担。"让专业的人做专业的事"，从而使资本社会化和经理人职业化之间的专业化分工在更深的层面展开。这事实上是现代股份公司诞生以来所秉持的专业化分工逻辑的延续，同样是亚当·斯密在《国富论》中讨论"大头针工厂"时提及的专业化分工思想的体现。"同股不同权"的股权结构设计对专业化分工加深的重视和强调也标志着公司治理理论和实务界逐步在理念和行动中走出 Berle 和 Means 的误导，从以往强调控制权占有转向追求专业化分工带来效率改善的合作共赢。

第三，"同股不同权"的股权结构设计为创业团队防范"野蛮人入侵"设置了重要门槛，鼓励创业团队围绕业务模式创新进行更多的人力资本投资，迎合了互联网时代对创新导向的组织架构的内在需求。这一点对于进入分散股权时代的我国资本市场的现实意义尤为重大。以 2015 年万科股权之争为标志，"野蛮人"出没和控制权纷争从此成为进入分散股权时代的我国资本市场的常态。然而，当万科创始人王石率领的管理团队由于险资宝能的举牌而焦头烂额、寝食难安时，刘强东、阿里合伙人通过直接发行双重股权结构股票或推出合伙人制度，将京东、阿里等的控制权牢牢掌握在自己的手中，从而可以心无旁骛地致力于业务模式的创新，业务发展一日千里。我们看到，一方面是王石团队与宝能等围绕"谁的万科"争论不休，另一方面，"阿里不仅是软银、雅虎的，而且是马云创业团队的，是大家的"。这事实上同样是双重股权结构股票在经历了近百年的"不平等"指责后重新获得理论界与实务界认同背后的重要原因之一。

第四，面对资本市场中众多的潜在投资项目，"同股不同权"的股权设计向投资者展示了实际控制人对业务模式创新的自信，成为投资者识别独特业务模式和投资对象的信号。正如前面分析所指出的，新兴产业日新月异的发展使得创业团队与外部投资者之间围绕业务发展模式创新的信息不对称日益加剧。一方面希望获得外部资金支持来加速独特业务模式发展的创业团队很难获得外部融资的支持，另一方面外部投资者则很难找到具有投资价值的项目，出现逆向选择的困境。如果说旧车市场是靠质量担保来传递旧车质量的信号以解决逆向选择问题的，那么，资本市场很大程度是通过"不平等投票权"股票的发行向外部投资者传递实际控制人对业务模式创新自信的信号来解决资本市场新的逆向选择问题的。在上述意义上，"不平等投票权"股票的发行构成了博弈论中所谓的分离战略，成为创业团队传递业务模式独特性的重要信号。这一信号使创业团队的模式与"同股同权"等传统股权结构设计模式相区别，吸引外部投资者选择创业团队的项目作为投资对象。

总结"同股不同权"的股权结构设计理念，我们看到，它是在长期合伙基础下实现的合作共赢，而不是简单的"谁雇佣谁"。在阿里，马云合伙人绝不是被软银和雅虎的"资本"简单雇佣的"劳动"。同样的，软银和雅虎的"资本"也不是被马云合伙人"劳动"简单雇佣的"资本"。雇佣关系背后体现的主仆关系很难形成平等的合作伙伴关系，长期合伙下的合作共赢更是难上加难。在上述意义上，我们在此呼吁，在公司治理实践中，应该摒弃"你雇我"还是"我雇你"的思维，而是树立全新的合作共赢的合作伙伴的新思维。

事实上，"不平等投票权"股票的发行虽然在形式上是"不平等"的，它却给投资者带来更多的长期回报，实现了股东收益的最大化，最终使合作双方在结果上是平等的。阿里 2014 年上市时的市值为 1 700 亿美元，仅仅四年的时间，阿里的市值就超过 4 000 亿美元。软银的孙正义曾经表示，在他投资的 800 多个项目中，很多项目投资是失败的，但投资阿里的成功使其长期保持日本的"首富"地位。而 2004 年上市时仅仅投资 3 200 万美元的腾讯大股东 Naspers 在 2018 年上半年第一次减持时每股收益翻了数千倍，成为真正意义上的"价值投资"。给定投资者是否愿意购买和以什么价格购买与 B 类股票投票权不同的 A 类股票完全是标准的市场行为，我们可以把外部股东愿意放弃坚持资本市场通行的"同股同权""股权至上"等原则而购买"同股不同权"的股票的原因理解为外部投资者愿意向创业团队的人力资本投入支付溢价。

我们注意到，无论是阿里合伙人制度还是腾讯"大股东背书"模式，它们都没有发行 AB 双重股权结构股票，但变相实现了"不平等投票权"股票的发行，成为股权结构设计的重要制度创新。它们同时为在新兴产业快速发展过程中面对存在的信息不对称和合约不完全问题时如何自发形成市场化解决方案提供了重要的借鉴。改革开放 40 年来，我国持续进行市场导向的经济转型，除了带来我国经济持续增长和国民经济翻天覆地的变化，一个潜在的作用是市场经济根植和造就了企业的市场基因。作为市场主体的企业为了有效适应外部市场环境的变化，需要不断内生地创造出一些新的权威配置模式和股权结构设计理念。

（三）企业家中心的董事会制度建设：从以专职的内部董事为主到以兼职的独立董事为主

按照科斯的原意，企业治理包括权威的分配和权威的实施两个层面。如果说"同股不同权"的股权结构设计是企业家中心的公司治理制度变革全球趋势在企业权威分配层面的体现，那么与上述变化趋势相呼应，在权威的实施层面，企业家中心的公司治理制度变革主要体现为从专职的内部董事为主到兼职的独立董事（以下简称"独董"）为主的企业家中心的董事会制度建设趋势和对外部接管威胁的重新认识两个方面。

与需要严格履行忠诚义务和勤勉义务的经理人相比，独董往往来自公司外部，且利益中性，其工作属性是兼职性质。从事独董工作的往往是其他公司的高管、律师和会计师事务所的执业律师与会计师，以及相关专业的大学教授。对于这些成为独董的社会精英，他们更加看重的是其职业声誉，相对微薄的津贴至少不是他们十分看重的。这决定了独董重要的激励是出于对其职业声誉的考虑。上述这些特征使得独董往往不涉及生存压力的问题，"大不了一走了事"，因而其挑战董事会决议的成本比内部董事挑战董事会决议的成本低得多。独董制度由此被认为是保护外部分散股东利益，对抗内部人控制的重要公司治理制度安排，并在各国公司治理实践中被普遍采用。

我国从 2002 年开始推出独董制度，长期以来上市公司一直执行独董比例不能低于董事会全体成员的 1/3 的规定。然而，从我国资本市场推出独董制度起，独董就与"橡皮图章"和"花瓶"等联系在一起。这其中既有独董的产生机制（从朋友和朋友的朋友中产生），并没有形成一个成熟的独董市场[1]、聘请独董的复杂动机（当初不少企业通过聘期前政府官员担任独董以建立政治关联）、独董自身的激励不足（津贴性的独董薪酬，不与独董自身的努力与风险分担挂钩）[2] 等制度层面的原因，又有逆淘汰说及独董的任人唯亲文化等文化层面的原因[3]。

---

[1] 郑志刚，梁昕雯，吴新春. 经理人产生来源与企业未来绩效改善. 经济研究，2014(4).

[2] 郑志刚，梁昕雯，黄继承. 中国上市公司应如何为独立董事制定薪酬激励合约. 中国工业经济，2017(2).

[3] 郑志刚，孙娟娟，OLIVER R. 任人唯亲的董事会文化和经理人超额薪酬问题. 经济研究，2012(12).

如同在我国独董制度饱受批评一样，事实上，围绕董事会独立性应该加强和削弱的问题，在其他国家的公司治理实践中同样存在争议①。2001年安然会计丑闻爆发后，有学者把它的董事会结构与同期巴菲特领导的伯克希尔-哈撒韦公司的董事会结构进行了比较。在安然由17人组成的董事会中，除了担任董事局主席的Kenneth L. Lay和担任CEO的Jeffrey K. Skilling为安然的内部董事，其余15人全部是其他公司高管、非政府组织机构负责人和大学教授等外部董事。安然的公司治理结构无疑堪称董事会组织的典范。然而对照同期伯克希尔-哈撒韦的董事会结构，在由7人组成的董事会中，光来自巴菲特家族的即有3人，其中尚不包括他的两位被称为黄金搭档的长期合伙人Charles Thomas Munger和Ronald L. Olson。然而，令人费解的是，为什么偏偏在堪称董事会组织典范的安然爆发了会计丑闻，而以任人唯亲的董事会结构著称的伯克希尔-哈撒韦却波澜不兴？

类似的疑问还来自次贷危机前后美国国际集团（AIG）的公司治理变革相关实践。一些学者把AIG在次贷危机中"不仅不保险，而且成为全球性风险的策源地"的原因部分归咎于危机爆发前其"公司治理结构的突变"。针对格林伯格时代AIG在公司治理制度设计上存在的缺陷，AIG在其离职后的2005年结合全球公司治理改革潮流，主要进行了以下三个方面的调整：其一是缩小了董事会的规模，由原来的18人降为危机爆发前的14人。其

---

① 郑志刚. 当野蛮人遭遇内部人——中国公司治理现实困境. 北京：北京大学出版社，2018.

二是提升了外部董事的比例，由原来占比约 56％（18 人中 10 人为外部董事）调整为危机爆发前的 86％（14 人中 12 人为外部董事）。其三，根据董事会不同职能方向，增设了提名等专业委员会。例如董事提名从以前职责笼统模糊的"董事和管理层提名"改为职责明确的专门提名委员会提名。那些批评上述治理结构调整的学者认为，"外部董事主导的董事会，看上去更加独立，但是这份独立的代价是专业性的丧失和内部控制的松懈"，这也成为 AIG 危机爆发的诱因之一。

2018 年是次贷危机引发的全球金融风暴爆发十周年。在不断总结经验和教训中成长的 AIG 会在董事会结构上做出哪些重要改革和调整呢？出乎上述学者意料的是，在 AIG 目前由 15 人组成的董事会中，除了 CEO，其余的 14 位成员全部为外部董事，董事会独立性在次贷危机发生十年后不是调低了而是进一步提高了。我们不妨再看一看当年安然事件爆发后由于采取传统董事会组织结构而名噪一时的伯克希尔-哈撒韦董事会结构。值得我们关注的是，在过去十年中，伯克希尔-哈撒韦同样提高了其董事会的独立性。在12 位董事会成员中，外部董事占到其中的 8 位，占比达到 67％。

我们注意到，AIG 与伯克希尔-哈撒韦提高董事会独立性的做法事实上与近 20 年来公司治理实践逐步走出 Berle 和 Means 的误导，形成企业家中心的公司治理范式不谋而合。按照 Jensen 的观点，一个流行的董事会组织模式甚至是除了 CEO，其他全部为独立（外部）董事。除了调整成本低、更易于监督经理人（股东中心治理范式理念的体现），董事会独立性提高至少在以下两个方面有助于企业家中心的公司治理范式的形成。其一是从内部董事的"随时监督"到"董事会开会时的监督";其二是从"日常经营"的监督到"重大事项"的监督。这两种转变无疑将增加经理人的自由裁量权,使经理人的经营权与股东的所有权实现更大程度的有效分离。

上述董事会独立性加强的董事会制度建设全球趋势最终体现为独董监督效率的改善。一方面,董事会独立性提高把以往董事应当监督到位的重大事项通过引入利益中性、来自外部、更加注重声誉的独董来加强监督;另一方面,通过"开会监督"和"重大事项监督",独董能摆脱对具体业务过多的指手画脚,避免出现监督过度问题。二者的结合使独董监督效率得以改善。我们看到,这一变化趋势的背后很好地体现了企业家中心治理范式所强调的如何在通过所有权与经营权的有效分离实现专业化分工带来的效率提升和二者分离衍生出来的代理冲突之间进行平衡的理念。董事会独立性的增强由此成为企业家中心公司治理制度全球变革趋势在董事会制度建设层面的反映。

鉴于目前我国的很多上市公司"中国式内部人控制"问题泛滥,我们看到,董事会独立性在我国上市公司中同样不是是否应该削弱的问题,而是应该如何加强的问题。在我国很多的上市公司中,由于金字塔式控股结构下所形成的所有者缺位和大股东的"不作为",董事长成为公司的实际控制人。在改革开放以来并不太长的现代企业发展历程中,几乎每一个成功企业的背后都有一位作为企业灵魂和精神领袖的企业家。通过种种有形无形的社会连接和政治关联，这些网络和链条共同交织在一起，使得看起来并没有持有太多股份的董事长成为典型的"中国式内部控制人"。这些"内部人"可以利用实际所享有的超过责任承担能力的控制权，做出谋求高管私人收益的决策，但决策后果由股东被迫承担，这会造成股东利益受损。之所以称其为"中国式内部人控制"，是由于在我国一些上市公司中，内部人控制形成的原因并不是引发英美等国传统内部人控制问题的股权高度分散和向管理层推行的股权激励计划，而是与中国资本市场制度背景下特殊的政治、社会、历史、文化和利益等因素联系在一起①。

通过提高董事会的独立性，形成对内部人控制的制衡，显然对于缓解我国公司治理实践中普遍存在的"中国式内部人"问题十分重要。从推行独董制度十多年的经验证据来看，我国上市公司在引入独董制度后企业绩效确实得到改善。这表现在独董比例与企业绩效呈现显著和稳健的正相关关系。毕竟独董需要在关联交易、抵押担保等涉嫌损害股东利益的重要问题上出具独立意见，客观上增加了信息的透明度和内部人损害股东利益的成本；而且一些独董在有损股东利益的议案中出具了否定性意见②③。从解决"中国式内部人控制"问题的现实需求出发，提高董事会中

---

① 郑志刚. 当野蛮人遭遇内部人——中国公司治理现实困境. 北京：北京大学出版社，2018.
② 唐雪松，申慧，杜军. 独立董事监督中的动机——基于独立意见的经验证据. 管理世界，2010(9).
③ 郑志刚，李俊强，黄继承，胡波. 独立董事否定意见发表与换届未连任. 金融研究，2016(12).

独立董事的比例，使来自外部、身份独立、注重声誉的独董成为制衡内部人控制的重要力量。

为了更好地发挥独董制衡和居中调停的功能，在一些国家的公司治理实践中，甚至推出首席独立（外部）董事制度。我们以特斯拉为例。自 2004 年马斯克担任董事长起，到 2018 年马斯克由于特斯拉私有化不实信息披露遭受美国证监会处罚，辞去董事长，已逾 14 年。从特斯拉 2010 年上市以来，时任董事长马斯克一直兼任公司的 CEO。而公司现任董事 Kimbal Musk 是马斯克的弟弟。一个成熟的公司治理制度设计需要独立的第三方来制衡管理层，履行监督管理层和协调股东与管理层利益的职能，以此减少因担任董事长兼 CEO 职位而可能产生的任何潜在利益冲突。有鉴于此，特斯拉从 2010 年上市之初即开始设立首席外部董事。目前的首席外部董事是 Antonio J. Gracias。

在资本市场进入分散股权时代后，内部人遭遇野蛮人所引发的股权纷争将成为很多公司不得不面对的公司治理议题[①]。理论上，独董既非单纯的外部人，毕竟不比其他任何第三方更加了解公司经营管理的实际情况，同时也非存在利益瓜葛的内部人。因此，在信息相对对称时，利益中立的独董成为在"内部人"和"野蛮人"的股权纷争中合适的居中调停者。例如，当出现控制权纷争时，独董（甚至首席独立董事）可以居中协调，并最终通过股东大会表决，向在位企业家推出金降落伞计划，使其主动放

---

① 郑志刚. 当野蛮人遭遇内部人——中国公司治理现实困境. 北京：北京大学出版社，2018.

弃反并购抵抗；独董主导的董事会提名委员会可以在听取在位企业家和新入主股东意见的基础上，遴选和聘任新的经营管理团队，避免控制权转移给公司发展带来的危机和阵痛，使公司能够持续稳定发展。

当然，由于目前我国上市公司独董力量相对弱小，同时在保持自身的独立性和建立良好的市场声誉上存在这样那样的问题，在股权纷争发生后，独董是否能够成功扮演可能的居中调节者角色尚待观察，中国资本市场仍然还有很长的路要走。

（四）中心范式下对外部接管威胁的重新认识：从外部治理机制到反并购条款的制定

传统上，除了缓解产能过剩，实现并购重组等资源重新配置功能，接管威胁还被认为是有助于迫使绩效不尽如人意的管理层更迭，缓解内部人控制问题的重要外部治理机制。从对接管威胁社会和经济功能认识的已有文献来看，早期学术界和实务界对接管威胁的正面评价多于负面评价。然而，近 20 年来，随着对美国 20 世纪七八十年代并购浪潮和"野蛮人入侵"现象的反思深入，人们逐步认识到接管威胁作为"双刃剑"的另外一面。接管威胁，尤其是极端情形下的"野蛮人撞门"，并不利于鼓励创业团队人力资本的持续投入，它损害的不仅是创业团队人力资本投资的激励（例如苹果"同股同权"构架下一度被扫地出门的乔布斯），而且不利于社会范围内的制度创新和技术进步。但鉴于接管威胁和"野蛮人入侵"的诱因恰恰是内部人控制导致的股价偏离真实价值，因此理论界与实务界在围绕接管威胁的角色，进而公司章程中反并购条款设计所达到的共识程度，远远低于在股权结构设计和董事会制度建设等层面开展的企业家中心的相关公司治理制度变革。

概括而言，在公司章程和相关公司治理制度建设中，围绕如何鼓励企业家人力资本投入，提高接管威胁和"门外野蛮人入侵"门槛的反并购条款设计主要集中在以下几个方面。

首先是争议相对较小的任期交错的分类董事会制度①②。例如，特斯拉把董事会全体成员分为三类。每一类董事的任期为三年，任期交错。包括马斯克在内的一类董事从 2017 年任职到 2020 年股东大会召开时；包括首席外部董事 Antonio J. Gracias 和马斯克弟弟 Kimbal Musk 在内的二类董事的任期从 2018 年开始到 2021 年换届完成结束；而包括 Brad Buss 在内的三类董事则于 2019 年进行换届选举。任期交错的分类董事会意味着完成全部董事会的重组，实现全面接管至少需要三年的时间。这是接管商在发起接管前不得不考虑的制度和时间成本，分类董事会制度由此可以起到延迟或阻止公司控制权转移的作用。事实上，任期交错分类董事会制度在防范"门外野蛮人入侵"上的重要性已经引起我国一些上市公司的重视。我们注意到，在 2015 年万科股权之争后掀起的我国上市公司新一轮公司章程修改潮中，一些公

---

① 郑志刚. 中国公司治理的理论与证据. 北京：北京大学出版社，2016.
② 郑志刚. 当野蛮人遭遇内部人——中国公司治理现实困境. 北京：北京大学出版社，2018.

司推出了任期交错的分类董事会制度。

除了延迟或阻止公司控制权转移的节奏，任期交错的分类董事还将有助于董事会实现平稳运行，使每位独董更好地履行监督职能。每次仅仅更换部分董事无疑避免了董事全部是新人，需要花时间了解、熟悉公司的尴尬和相应学习成本；老董事的存在有助于相关公司政策的延续，使公司政策保持稳定。向不合理的董事会议案出具否定意见被认为是独董履行监督职能的重要体现①。我国资本市场规定独董的任期不超过两届。为了获得第二届连任的提名，我们观察到，独董较少在第一任期出具否定意见，以免换届选举时被具有影响力的大股东逆淘汰。而在即将结束全部任期的第二任期内，声誉和违规处罚的担心将战胜连任的动机，独董此时出具否定意见的可能性更大，正所谓"人之将死其言也善"。如果在我国资本市场普遍推行任期交错的分类董事会制度，一个可以预期的结果是，在每一阶段都存在处于不同任期阶段的独董，独董从整体上将更加稳定和流畅地履行监督职能。

其次是重大事项从简单多数到大多数通过。在特斯拉公司的公司章程中，关于修改和重述公司章程须经至少 2/3 以上有表决权的股东批准规定无疑将增加接管的难度和成本。而在腾讯"大股东背书"的案例中，公司所有股东大会或董事会决议案必须由股东大会或者董事会出席投票的 75% 通过才有效。这意味着 8 名董事会成员，如果超过 2 名成员反对，则任何决议案都无法通

---

① 唐雪松，申慧，杜军. 独立董事监督中的动机——基于独立意见的经验证据. 管理世界，2010(9).

过。而在腾讯董事会 8 名成员中，有 4 名由创始人提名，这些"一致行动人"的存在使马化腾对重要事项的否决权始终可以大于等于50％。这样做的好处是在"大股东的背书"下，上述制度安排排除了马化腾等担心"门外野蛮人入侵"的后顾之忧，使他们心无旁骛地致力于业务模式的创新。然而这样做的坏处是，容易形成内部人控制格局和盘踞效应，使外部股东的利益受到损害。

在实践中，围绕公司章程的反并购条款制定，一些公司引入了其他富有启发性的条款设计理念。然而，这些条款设计理念带来的启发和争议一样大。例如，特斯拉公司的公司章程规定，限制股东召集特别会议的权力。特别股东会议只能由董事会主席、首席执行官或董事会召集，股东不得召开特别会议。特斯拉公司的章程同时规定，股东没有累积投票权。由于缺乏累积投票权，持股比例有限的股东很难推选代表自己利益的董事进入董事会，从而难以围绕经营战略调整等重大事项在董事会中发挥影响力。我们看到，这些条款的规定在看似有助于防范"门外野蛮人入侵"，确保创业团队对公司实际控制的同时，也在一定程度上不利于中小股东权益的保护。一个合理的公司治理制度安排是在保障外部股东权益和鼓励创业团队围绕业务模理念创新进行人力资本投资之间的平衡，而不是顾此失彼。

（五）结论

与"一股一票"的"同股同权"相比，存在上百年之久的"同股不同权"股票长期以来被认为是不利于投资者利益保护的股权设计。然而在沉寂了近百年，经历了美国 20 世纪七八十年代并购浪潮的洗礼后，"同股不同权"的股票发行作为防范"门外野蛮人入侵"，鼓励企业家人力资本投入的股权结构设计理念重新获得了理论界和学术界的认同。在过去的 20 年，以谷歌、Facebook 等 AB 股双重股权结构股票为代表的"直接完成"和由阿里合伙人制度与腾讯"大股东背书"模式"变相实现"的"不平等投票权"的股权设计理念的兴起，标志着公司治理制度变革出现从传统的股东中心向企业家中心转变的全球变革趋势。

概括而言，从股东中心向企业家中心转变的公司治理制度变革全球趋势的出现基于以下理论和现实背景。

其一是对"Berle 和 Means 误导"的校准。受 Berle 和 Means 反思大萧条情结的影响，长期以来，公司治理的理论界和实务界看到的更多是现代股份公司由于所有权与经营权分离产生的代理冲突和形成的代理成本，而忽略了正是由于二者的分离才实现的经理人职业化和资本社会化、专业化分工。实务工作者从现实需求出发，迫切需要探索确保经营权从所有权分离出来的制度安排。于是我们观察到，理论界和实务界不仅形成了对 AB 双重股权结构股票发行的重新认识，更有了由阿里合伙人制度和腾讯"大股东背书"模式所变相实现的"不平等投票权"的股权设计理念创新。理论界和实务界由此逐步走出"Berle 和 Means 误导"，朝着企业家中心的公司治理制度变革方面迈进。

其二，第四次工业革命对创新导向的企业组织构架设计理念的内在需求。随着第四次工业革命的深入和互联网时代的来临，一方面，"大数据"的数据采集方式和"云计算"的数据处理能力使长期困扰资本市场投融资双方的信息不对称问题严重程度有所减轻；另一方面，投融资双方对业务模式创新的信息不对称程度反而加剧了。对于业务模式创新等专业决策，外部投资者不得不交给少数"术业有专攻"的企业家来完成。于是，在第四次工业革命中，创新导向的企业组织构架设计理念向企业权威从股东中心转向企业家中心提出现实需求。

其三，对并购浪潮出现的"门外野蛮人入侵"现象和鼓励创业团队人力资本投资制度安排的反思。没有设置足够高的门槛，"门外野蛮人入侵"将挫伤的不仅是创业团队人力资本投资的积极性，甚至会伤及整个社会创新的推动和效率的提升。从2015年开始，我国资本市场进入分散股权时代，"门外野蛮人入侵"和控制权纷争成为常态。因而，如何形成有助于防范"门外野蛮人入侵"的公司治理制度安排对我国资本市场发展具有特殊的现实意义。

我们看到，正是在上述理论和实现背景下，公司治理范式开始发生从股东中心向企业家中心转变，并逐渐演变为公司治理范式转变的全球趋势。这种以企业家为中心的公司治理范式在股权结构设计上体现为从"同股同权"转变为"不平等投票权"；在董事会制度建设上体现为从专职的内部董事到兼职的独立董事；而在对外部接管角色重新认识上，体现为从外部治理机制到反并购条款中的相关限制。

与股东中心相比，企业家中心的股权结构设计理念从以下方面实现了效率的提升。

第一，通过"同股不同权"的股权结构设计，传统代理冲突双方股东与经理人实现了从短期雇佣合约向长期合伙合约的转化。不平等投票权构架造就了一种企业家中心的权威配置模式，由此"同股不同权"的股权结构设计在创业团队与外部投资者之间建立了合作共赢的长期合伙关系。

第二，通过"同股不同权"的股权结构设计，外部股东和创业团队围绕"分担风险"和"业务模式创新"之间的专业化分工加深，迎合了互联网时代对创新导向的组织架构的内在需求。在"不平等投票权"的股权结构下，一方面创业团队掌握公司控制权，专注业务模式创新；另一方面，外部股东把自己并不熟悉的业务模式创新相关决策让渡给创业团队，"让专业的人做专业的事"，从而退化为类似债权人的普通投资者，自己则更加专注风险分担。这使资本社会化和经理人职业化之间的专业化分工在更深的层面展开。

第三，"同股不同权"的股权结构设计为防范"门外野蛮人入侵"设置重要门槛，以此鼓励创业团队围绕业务模式创新进行更多人力资本投资。

第四，面对资本市场中众多的潜在投资项目，"同股不同权"的股权设计向投资者展示了实际控制人对业务模式创新的自信，成为投资者识别独特业务模式和投资对象的信号，并使围绕项目投资出现的逆向选择问题得到缓解。

上述从股东中心到企业家中心的公司治理变革的全球趋势和

相关实践有助于我们在公司治理制度建设和设计理念上形成以下全新的认识和思考。

第一，在股东与经理人传统代理冲突双方关系的认识上，我们应该从以往简单粗暴的"谁雇佣谁"转变为"合作共赢"。总结"同股不同权"的股权结构设计理念，我们看到，它是在长期合伙基础下实现的合作共赢，而不是简单的"谁雇佣谁"。在阿里，马云合伙人绝不是被软银和雅虎的"资本"简单雇佣的"劳动"。同样的，软银和雅虎的"资本"也不是被马云合伙人"劳动"简单雇佣的"资本"。雇佣关系背后体现的主仆关系无助于利益冲突双方形成平等的合作伙伴关系，因而难以实现长期合伙下的合作共赢。

第二，在对公司治理方面最重要的控制权安排（企业权威配置）的认识上，我们应该从以往一味简单强调"对控制权的占有"，转变为控制权安排围绕如何形成有利于创新导向的组织设计。面对激烈的市场竞争，新兴产业的发展仍然必须依赖企业家来识别风险、承担责任，企业家过去、现在和将来依然是在市场环境下十分稀缺的资源。企业家不再是以往 Berle 和 Means 眼中的"代理冲突的缘起"（trouble-maker），而是"经济增长的国王"。我们需要在公司治理实践中通过企业家中心的公司治理制度变革和创新大力培育企业家精神，让企业家真正成为"经济增长的国王"。在上述意义上，控制权不是用来占有的，而是用来放弃的。软银等看似放弃了原本属于第一大股东的控制权，但通过放弃控制权，赚得钵满盆满。

第三，在对现代股份公司所有权与经营权分离的认识上，我们应该从以往公司治理理论和实践强调的避免所有权与经营权的分离，以免出现代理冲突，甚至于"防火防盗防经理人"，到通过合理的制度安排，使企业经营权能够与控制权合理有效分离。这对于正在积极推进的国企混改具有积极的借鉴作用。通过引入战投，形成分权控制的格局，国企最终完成从"管人管事管企业"到"管资本"的改变，使经理人的经营权与资本的控制权形成合理有效的分离。

第四，在对股权设计中股东权益"平等"保护理念的认识上，我们应该从简单强调投票权的形式上的平等转变为关注投资回报收益结果上的平等。"不平等投票权"股票的发行虽然在形式上是不平等的，但它给投资者带来更多的长期回报，实现了股东收益最大化，最终使合作双方在结果上是平等的。

第五，在对公司治理政策目标的认识上，我们应该从简单缓解代理冲突、降低代理成本，转变为在专业化分工实现的效率改善与代理成本降低之间的平衡。我们看到，无论是谷歌、Facebook、京东等以双重股权结构股票发行的直接实现方式，还是由阿里通过合伙人制度、腾讯通过"大股东背书"模式变相实现的"不平等投票权"结构股票发行，实质上都做到了上述两方面的兼顾：在保障创业团队主导业务模式创新决策的同时兼顾外部股东投资回报的最大化，实现了双方长期合作共赢。

第 3 章
分散股权时代与公司控制的实现方式

从 2015 年开始，我国上市公司第一大股东平均持股比例低于代表相对控制权的 1/3，我国资本市场 2015年以万科股权之争为标志进入分散股权时代。万科股权之争、血洗南玻 A 董事会等公司治理事件就是在上述背景下发生的。以"野蛮人入侵"方式实现的外部接管对创业团队人力资本投入激励和社会创新文化构成巨大威胁。那么，随着我国资本市场进入分散股权时代，我们应该如何实现和加强公司控制，又应该如何看待伴随着公司控制的实现和加强可能带来的"现金流权与控制权的分离"呢？

除了（相对或绝对）控股、金字塔控股结构构建、实际控制人委派或兼任董事长等传统实现方式，面对监管的加强和资本市场的成熟，实际控制人为了实现和加强公司控制，倾向于采取更加复杂隐蔽的控制权加强方式。其中，超额委派董事和防御型员工持股计划的推出是实际控制人采用的加强公司控制的重要实现方式。作为事前的公司控制权安排，一致行动协议的签订有助于向外部投资者传递创业团队对业务模式充满信心的信号，保护和鼓励创业团队人力资本持续投入，成为"资本市场的专利制度"。

万科股权之争：我国资本市场进入分散股权时代的标志*

万科股权之争除了使每一家上市公司真实感受到外部接管的威胁，也在一定程度上昭示着中国资本市场分散股权结构时代的来临。上市公司如何在分散股权结构下形成合理的治理构架，成为中国资本市场公司治理理论界和实务界迫切需要思考及亟待解决的问题。

万科股权之争的发生并非偶然。随着中国资本市场进入后股权分置时代，全流通为以股权变更方式实现资产重组带来便利。这使得分散股权结构的形成具有可能性。而 2014 年以来中国资本市场频繁发生的"小股民起义"使我们感受到股权结构多元化并不遥远。很多第二大股东通过在二级市场公开收购股票，一举成为控股股东，从而引发所谓的"小股民起义"，个别公司甚至同时出现两个董事会。目前中国国有企业改革进程中积极推进的混合所有制改革，通过并购重组实现的去产能、国企改革从管企业到管资本的国有资产管理理念转变以及缩短国企金字塔结构控

---

* 本文以《"万科之争"背后：股权分散时代来临》为题于 2016 年 6 月 27 日发表在财新网。

股链条等举措,进一步为分散股权结构时代来临提供了积极的政策环境。

在上述时代背景和政策环境下,万科股权之争发生了。万科股权之争从一开始就呈现出以下不同于以往资本市场控制权转移的新特点。

其一,不存在绝对控股的大股东,"一股独大"成为历史。无论是原来的控股股东华润还是目前的控制股东宝能,以及未来可能通过发行股份购买资产实现控股的深圳地铁,其持股比例都在20%左右,与其他2~5个股东的持股比例相差不大。

其二,同时存在两个甚至多个持股比例接近的股东。

其三,门口的"野蛮人"在不断撞门。万科股权之争从早期的宝能发力到最近的华润试图增持的举动,再到深圳地铁加入混战,我们都能强烈感受到"门外野蛮人"试图闯入的冲动。

其四,管理层不再是温顺的待宰羔羊。从面对宝能并购的一刻起,王石团队即开始采取包括说服原大股东华润增持,积极引进战略投资者深圳地铁,以及其他反接管行为。这使王石团队始终成为万科股权之争这幕大剧中的绝对主角。

万科股权之争的上述特点在一定程度上预示了中国资本市场分散股权结构时代的来临。那么,在分散股权结构下,上市公司应该如何形成合理的治理构架呢?

第一,公司控制从"一股独大"转到几家股东的分权控制(shared control)。理论上,几家大股东分权控制将会导致有利于外部分散股东利益保护的折中效应(compromise effect)的出现。

这是因为尽管处于控制性地位的几家股东有极强的愿望避免观点不一致，但事后的讨价还价最终形成的决议，往往能够阻止经理人做出符合控股股东利益但损害中小股东利益的商业决定。因此，随着分散股权结构时代的来临，中国资本市场无论是投资方还是管理层都需要摒弃在"一股独大"模式下为了争夺控股权你死我活和进行权力斗争的逻辑，转而以提升公司的长远价值为己任，实现合作共赢。事实上，现代股份公司之所以成为一项在短短250年帮助人类实现财富爆发式积累的"伟大的发明"，恰恰在于通过资本社会化与经理人职业化实现了在专业化基础上的深度分工合作。

第二，公司治理的权威从控股股东转到董事会。以往在"一股独大"股权结构下的董事会典型运作模式是：作为法人代表的董事长的任何行为都会被解读为控股股东意志的体现；董事长主导的各项看起来兼具合理性与合法性的议案在经过一些必要流程后通过成为必然；鲜有（独立）董事出具否定意见。由于真正所有者缺位和依赖长的委托代理链条来实现对公司的控制，中国国有上市公司逐步形成以董事长这一公司实际控制人为中心的内部人控制格局。在"一股独大"的股权结构下，董事会显然并非公司治理真正的权威。然而，不同于"一股独大"下的股权结构，在分散股东结构下，公司治理权威从控股股东回归到董事会。代表各个股东的董事基于协商性民主形成保护股东利益的最大共识；董事会运行更多与"各抒己见""以理服人"以及"和而不同"等字眼联系在一起；董事会更像是代议制民主下的听证会和现代大学的博士论文答辩会。在分散股权结构下的董事长则退化为董事会的召集人，甚至由代表主要股东的董事轮值；董事会在充分沟通讨论基础上形成的决议由股东大会按持股比例进行最后表决。通过上述制度安排，董事会成为公司治理真正的权威。

第三，管理层成为与外部分散股东博弈的一方，主动参与公司治理。与"一股独大"股权结构下的管理层以"打工仔"自居，被动接受股东和股东授权的董事会监督不同，分散股权结构时代的管理层或者通过雇员持股计划成为股东的一部分，或者通过实施事业合伙人制度实现从雇员到雇主的转变。特别地，在一些允许发行"不平等投票权"股票的国家，创业团队持有投票权高于一股一票的 B 类股票，对公司具有与持股比例不匹配的控制权。一个典型的例子是 2014 年 9 月在美国上市的阿里巴巴。持股13％的马云合伙人（马云本人持股仅 7.6％）通过推出对董事提名具有实质影响的合伙人制度变相实现了"不平等投票权"，使阿里的实际控制权牢牢掌握在以马云为首的合伙人团队手中。我们看到，第一大股东软银和第二大股东雅虎之所以心甘情愿放弃中国资本市场投资者所熟悉的控股股东地位和相应的控制权，恰恰是出于对业务模式把握的困难，预期干预事倍功半、适得其反，不如"蜕化为普通投资者"，把业务决策交给更加专业的马云合伙人团队。通过上述一系列的制度安排，在分散股权结构下，无论是作为雇员持股计划的股东代表还是管理层本身，都能受益。管理层能够从原来被动地接受监督，变为现在更加积极主动地参与公司治理。而管理层实现公司治理参与的平台依然是基于协商性民主的董事会。

如果我们用一句话来概括以万科股权之争为标志的分散股权结构时代的来临带给中国资本市场的变化，那就是：在"一股独大"股权结构时代，"你（控股股东）说了算"；而在分散股权结构时代，"大家商量着来"。在上述意义上，分散股权结构时代的来临在一定程度上也意味着"控股股东说了算"的时代的结束。

对于此次处于风口浪尖的万科股权之争，我们在此呼吁：万科不仅是王石的万科、华润的万科、宝能的万科，作为公众公司，它更是投资者的万科。无论是投资方还是管理层都应该顺应股权分散时代来临的趋势，摒弃"一股独大"模式下控制权争夺的思维，共同回到"董事会的圆桌"旁，围绕万科持续经营发展集思广益，合作共赢。希望通过这次股权之争，万科也为未来分散股东结构时代公司治理构架的形成开展积极有益的探索，并树立成功的典范。

"万科股权之争"启示录*

历时两年的"万科股权之争"随着新一届董事会的产生曲终

---

* 本文以《"万科股权之争"启示录》为题于 2017 年 7 月 26 日发表在 FT 中文网。

人散，徐徐落下帷幕。但由于它是我国资本市场发展历程中重要的公司治理事件，因而，学术界与实务界对万科股权之争的讨论仍在持续中。

让我们首先了解一下万科股权之争发生的大的时代背景。概括而言，那就是上市公司治理模式在经历了从"一股独大"到"股权分散"的转变之后，我国资本市场开始进入分散股权时代。在万科股权之争发生的 2015 年，我国上市公司第一大股东平均持股比例下降到甚至无法实现相对控股的 33％左右。一方面，上述转变是由于法律对投资者权益保护进一步增强和资本市场初步具备分散风险的功能，第一大股东并不需要通过集中更多的股份来保护自己的权益；另一方面，2007 年股权分置改革的完成和全流通的实现使公司控制权转让在技术上成为可能。而 2010 年以来此起彼伏的险资举牌则加速了股权分散化的过程。我国资本市场由此进入分散股权时代。在一定意义上，万科股权之争成为我国资本市场进入分散股权时代的标志。

如果说我国资本市场进入分散股权时代是万科股权之争发生的大的时代背景，那么，万科股权之争的现实困境在一定程度上则是由于"中国式内部人控制"遭遇"门外野蛮人入侵"。之所以把它称为"中国式"，是由于这类内部人控制形成的原因不同于引发英美等国传统内部人控制问题的股权高度分散和向管理层推行的股权激励计划，而是与我国资本市场制度背景下特殊的政治、社会、历史、文化和利益等因素联系在一起。主要因素如下：第一，金字塔式控股结构的存在和所有者缺位。华润看起来是第一大股东，但由于所有者缺位和大股东的"不作为"（长期减持），董事长成为万科的实际控制人。第二，基于社会连接形成的内部人控制网络。在我国改革开放以来并不太长的现代企业发展历程中，几乎每一个成功企业的背后都有一个王石式的企业家，并且该企业家成为这一企业的灵魂和核心人物。这是在我国一些公司形成中国式内部人控制的十分重要和独特的历史因素。第三，基于政治关联形成的内部人控制网络。说到政治关联，我们就不得不提万科与深圳地方政府"剪不断理还乱"的政商关系。2015 年 10 月，王石出任深圳社会组织总会会长。2016 年 3 月，深圳市国资委召开直管企业及下属上市公司主要负责人工作会议，随即传出"万科收归国有，王石已是正厅级"的消息（据华尔街咨询）。第四，基于文化传统形成的内部人控制网络。在万科新近召开的股东大会上，郁亮感言："没有王石主席，也没有万科的郁亮，王石如同伯乐一样发现了我，如同老师一样培养了我。"媒体用"发言至此，郁亮一度哽咽"来形容感激涕零的郁亮。上述种种有形无形的网络和链条共同交织在一起，使得看起来并没有持有太多股份，只拥有相应的责任承担能力的董事长成为典型的"中国式内部控制人"。

我们看到，当中国式内部人控制遭遇"门外野蛮人入侵"时，万科股权之争的现实困境出现了。由于国有体制对经理人采用股权激励计划，加之在经理人收购计划推行时的相关有形限制和无形束缚，很多企业家的历史贡献并没有得到股权形式的认同。当面临资本市场的控制权之争时，他们的反抗不仅显得无力，有时甚至因心怀怨气而显得意气用事。这无形中增加了控制权之争的对抗性。不仅失去公司治理法理正当性，同时面对公众对遭受野蛮人入侵威胁的管理团队的同情，而且受到心怀怨气，甚至意气用事的管理团队激烈抵抗，此时被推上了历史前台的险资举牌命中注定将在我国资本市场这一发展阶段扮演并不光彩的角色。①

那么，从万科股权之争中，我国公司治理的理论研究者与实务工作者可以得到哪些启示呢？

第一，股权之争的成功化解有赖纷争双方的互相妥协和退让。王石 2015 年 12 月 17 日在万科内部讲话中表示，"不欢迎宝能系成第一大股东，因为宝能系'信用不够'"。而宝能系 2016 年 6 月 26 日则突然提出包括罢免王石、郁亮、乔世波等 10 位董事以及 2 位监事在内的临时议案。我们知道，在欧美等分散股权结构模式下，如果发生了内部人控制，接管商往往会通过推出金降落伞等计划，对实际控制权进行"赎回"，从而将纷争双方的损失降到最低。金降落伞计划背后体现的是妥协的策略和舍得的智慧。金降落伞由此也成为解决控制权纷争可供选择的市场化方案之一。

除了金降落伞计划，现实中一个有助于纷争双方实现合作共赢的制度设计是基于"不平等投票权"的控制权安排。将控制权锁定业务模式创新的创业团队，看似违反"同股同权"原则的

---

① 郑志刚. 中国公司治理困境：当"内部人"遭遇"野蛮人". FT 中文网.（2017-06-09）.

"不平等投票权"股票实则实现了创业团队与外部股东从短期雇佣合约到长期合伙合约的转化。为了说明这一点,让我们设想万科在控制权安排上采用了"不平等投票权"模式。一方面,如果宝能发现万科具有巨大的投资价值,并认同王石管理层通过持有"不平等投票权"股票实现的对公司的事实控制,则宝能会像阿里的第一大股东软银一样谨守财务投资者的本分,二者由此得以建立长期的合伙关系,实现双方合作共赢。另一方面,如果持有超级投票权的管理团队并没有给万科带来实际价值增加,管理团队将被迫转手持有的 B 类股票。此时 B 类股票将自动转化为 A 类股票,使万科重新回到"一股一票""同股同权"的传统治理模式,从而实现了控制权的状态依存和管理团队的平稳退出。我们注意到,港交所于 2017 年 6 月 16 日发布市场咨询文件,提出"吸纳同股不同权架构的科技网络或初创企业赴港上市"。而 2017 年 3 月 2 日,Snap 在美国推出有争议的 ABC 三重股权结构股票,其中 A 类股票甚至没有投票权。我国资本市场应该及时汲取各国资本市场发展的成功经验,加速包括"不平等投票权"在内的控制权安排的制度创新,在鼓励创业团队的人力资本投资和发挥险资等机构投资者外部治理作用之间实现很好的平衡。

第二,万科股权之争后期出人意料的发展局势还与具有政治影响力的第三方的过度介入有关。无论是证券监管当局的"妖精""害人精"论,还是险资监管当局对资金来源回溯式的"合规性"调查,甚至是深圳地方政府的背书,都极大地干扰了万科股权之争市场化解决争端的正确发展方向。2017 年 3 月 16 日,恒大与深圳地铁签署战略合作框架协议，将下属企业所持有的万科14.07％股份的表决权，不可撤销地委托给深圳地铁；在前不久的董事会换届上，宝能书面同意深圳地铁提出的董事会换届方案。我们看到，万科股权之争原本只是商业问题，充其量不过是法律问题，但最终在一定程度上演化为政治问题。这是包括作者在内的很多万科股权之争的观察者始料未及的。

需要提醒监管当局注意的是，险资作为资本市场发展的重要公司治理力量，其所带来的是加以规范引导的问题，而不是进行打压取缔的问题。这次万科股权之争如果说预示着包括险资在内的机构投资者举牌历史的终结，那么，它将使资本市场通过并购实现资源优化组合的功能在一定程度上丧失。正如很多有识之士指出的，只注重增量的 IPO 发行环节，而忽略并购重组的存量优化功能的中国资本市场将是"跛足"和"畸形"的。

此次万科股权之争也引发了我们对政府监管边界的思考。我们看到，市场能调节化解的矛盾和问题应该由市场自身去进行调节和化解。然而，今天我国资本市场频繁发生的控制权纷争问题在一定程度上已经开始超越公司治理问题边界，逐步演变为法律问题。这意味着，未来控制权纠纷的解决更多需要依赖独立公正的司法裁决和高效有序的公开执行。把市场能解决的问题还给市场，把法律能解决的问题还给法律，应该成为政府监管严守的边界和底线。

第三，我们来谈谈利益并非完全中性的独董在此次万科股权之争中的角色定位问题。理论上，以信息更加对称的独董为主的董事会在内部人和"野蛮人"的控制权纷争中将扮演重要的居中调节角色。由以独董为主的董事会居中协调，并最终通过股东大会表决，其向在位企业家推出金降落伞计划，使其主动放弃反并购抵抗；独董主导的董事会提名委员会在听取在位企业家和新入主股东意见的基础上，按照实现公司持续稳定发展的原则，遴选和聘任新的经营管理团队。

然而，在我国资本市场无论独董自身的独立性和市场声誉都有待提高的当下，让我们感到困惑的是，如果第二大股东宝能与第一大股东深圳地铁围绕控制权产生新的纠纷，谁可以成为利益中性的居中调停者？独董如果连第二大股东的利益都无法保护，又何谈保护外部分散股东的利益呢？我们看到，面对类似万科的股权纷争，独董如何保持自身的独立性和建立良好的市场声誉，以扮演可能的居中调节者角色，在我国资本市场仍然有很长的路要走。

第四，我们来看万科新一届董事会组织的超额委派董事问题。在万科由 11 名董事组成的新一届董事会中，除了 5 名独立（或外部）董事（其中 1 名为外部董事），其余 6 名为内部董事。其中，持股比例 29％的深圳地铁推荐了 3 名，占到全部内部董事的 50％，深圳地铁形成事实上的超额委派董事。应该说，超额委派董事现象在我国上市公司中并不是新鲜事物。从 2008 到 2015 年期间，我国不低于 20％的上市公司出现超额委派董事现象。在第一大股东持股比例不足 1/3 的公司中，超过 25％的上市公司曾出现超额委派董事现象。然而，像万科新一届董事会组成那样，超额委派董事比例不仅远超平均水平，而且持股比例相差不大的第二大股东和第三大股东没有委派董事的现象则并不多见。

我们知道，超额委派董事与利用金字塔结构、家族成员出任董事长一样，是在公司治理实践中实现控制权与现金流权分离，从而加强控制权的重要实现形式。这里由投票表决所体现的控制权代表实际控制人对重大决策的影响力，出资占全部资本比例所体现的现金流权则代表责任承担能力。二者的分离意味着享有权利与承担责任的不对称，形成一种经济学意义上的"负外部性"。理论上，出现超额委派董事的公司并不能排除大股东可能利用控制权与现金流权分离，进行资金占用、关联交易等隧道挖掘行为，从而使外部分散股东的利益受损的可能性。我们目前观察到的虽然更多是第一大股东对上市公司支持的利好消息，但超额委派董事对于万科究竟意味着什么，有待于未来的进一步观察。

第五，我们来分析一下万科新一届董事会组织的管理层占据太多董事席位的问题。在万科新一届董事会的 6 名内部董事中，管理层委派了 3 名，占到全部内部董事的 50％。我们在这里所能想到的积极意义是，这样做有助于实现管理层与第一大股东的制衡，避免大股东未来可能对经营权的过度干预，甚至阻挠第一大股东未来可能进行的隧道挖掘行为。但其消极意义和积极意义看上去一样明显，那就是管理层占据董事会太多席位形成"另类的"控制权和现金流权分离。特别是在金字塔控股结构造成的所有者事实缺位的情况下，管理层占据董事会太多席位往往为未来的"内部人控制"创造了条件。这事实上是在英美的很多上市公司流行除 CEO 外其余董事会成员全部为独立董事的这一董事会组织模式背后的原因。

在万科新一届董事会组织中，无论是超额委派董事还是管理层占据太多董事席位都在一定程度上反映出，我国资本市场虽然已经进入分散股权时代，但很多上市公司的董事会组织理念仍然停留在"一股独大"的公司治理模式下控股股东对董事会组织大包大揽的阶段，即使一度被称为"公司治理标杆"的万科也不例外。在上述意义上，我国资本市场尽管已经进入分散股权时代，但我国上市公司董事会组织理念仍然需要经历漫长的转型和阵痛阶段。

如果此时让我们对董事会换届完成后的万科进行展望，万科新一届董事会组成会留下哪些近虑远忧呢？有以下几个方面值得未来投资者关注：通过超额委派董事实现的控制权与现金流权的分离，第一大股东利用关联交易资金占用进行隧道挖掘的可能性；管理层占据太多董事席位，形成"内部人控制"格局的可能性；实力相当但无第三方制衡的第一大股东与管理层合谋，使外部分散股东的利益受到损害的可能性；第一大股东与管理层新一轮权力斗争的可能性；一定程度丧失独立性的独董无法有效居中调停化解未来发生危机的可能性；等等。

除了上述近虑远忧，万科股权之争留给资本市场更长期的警示是今后鲜有人再敢动政治关联企业的"奶酪"。当资本市场死气沉沉、万马齐喑时，我们开始怀念一个名叫"宝能"的曾经的"野蛮人"……

如何解读我国资本市场当下面临的公司治理困境？*

经过长期的问题积累，到 2015 年，公司治理的各种乱象和怪象在中国资本市场集中爆发。

首先是 2015 年上半年发生被媒体形象称为"股灾"的股价大幅波动。其次是 2015 年 7 月爆发的险资宝能举牌万科引发的股权之争。在之后的一系列股权之争中，举牌的险资频繁以"野蛮人"面目出现在中国资本市场上。2016 年 11 月，南玻 A 董事会面对入主险资难以弥合的分歧选择集体辞职，这一事件被媒体描述为"南玻 A 董事会遭到血洗"，持续近两年的资本市场公司控制权纷争浪潮达到高潮。一时间，企业家们纷纷站出来谴责这些在资本市场掀起波澜的"野蛮人"。格力的董明珠斥责，"破坏实体经济的就是罪人"。在上述公司治理乱象、怪象频发的背景下，2016 年 12 月 3 日，时任证监会主席刘士余公开发声。他把那些举牌的险资和兴风作浪的金融大鳄痛斥为"野蛮人""土豪""妖精""害人精"。

---

* 本文以《如何解读中国公司治理困境？》为题于 2017 年 10 月 31 日发表在 FT 中文网。

控股权纠纷或者说野蛮人入侵在任何国家资本市场的发展历程上都曾有过，而且过去有，将来也会有。但为什么在从 2015 年到当下的中国资本市场，控股权之争表现得如此之血腥，对抗如此之激烈呢？以下三条既相互独立又相互交叉的逻辑主线共同构成的逻辑分析框架，是我们解读中国公司治理现实困境的关键。

（一）从 2015 年开始资本市场从股权集中进入到股权分散时代

第一条逻辑主线是从 2015 年开始资本市场从股权集中进入到股权分散时代。

我们基于以下四个理由来做出上述判断。

先看内因。其一，从 2005 到 2007 年完成的股权分置改革使股票开始"全流通"，这为公司控制权转让在技术上成为可能。其二，经过多年的发展，不仅法律对投资者基本权益的保护有了一定程度的改善，而且资本市场已具备初步的分散风险功能。原控股股东显然并不愿意再把鸡蛋放在一个篮子里，而是选择通过减持把鸡蛋放在不同的篮子里，以分担风险。

除了上述两个内因，以下两个外因进一步加速了资本市场股权分散化过程，促使资本市场股权分散时代的早日来临。其一是 2013 年以后入市门槛进一步降低的险资频繁举牌。仅在万科股权之争爆发的 2015 年，险资举牌就达 69 次。其二是正在积极推进的通过引入战略投资者实现的国企混改。我们以最近刚刚完成混改的联通为例。混改前，联通集团对中国联通持股在 60% 以上，但是在引入百度、阿里、腾讯、京东和中国人寿等战略投资者实现混改后，目前联通集团持股在 36%。

在上述内因和外因共同推动下，在万科股权之争爆发的 2015 年，中国上市公司第一大股东平均持股比例下降到 33% 左右。这意味着，在平均意义上，上市公司第一大股东已开始失去决定能否 "一票否决" 的相对控股权。

因此，我们认为，2015 年爆发的万科股权之争不仅开始使中国投资者一睹传说中的野蛮人的风采，而且使其成为资本市场开始进入分散股权时代的重要标志和公司治理发展历史上的里程碑式事件。在资本市场进入分散股权时代后，"野蛮人" 出没将成为常态。这意味着，公司治理的理论和实务需要从 "一股独大" 的治理思维中跳出来，来积极寻求合理公司治理制度设计和安排，以积极应对分散股权时代野蛮人入侵带来的全新挑战。这是理解中国公司治理现实困境的第一条逻辑主线。

（二）金字塔式控股结构的盛行

理解中国公司治理现实困境的第二条逻辑主线是金字塔式控股结构在资本市场的盛行。

在刘士余所观察到的 "妖精" "吸血鬼" "害人精" 中，除了举牌的险资外，事实上还有隐藏在复杂金字塔控股结构背后形形色色的资本大鳄。细心的读者将发现，你身边的很多上市公司或多或少都会置身于一个特定的金字塔式股权结构的企业集团中。

我们习惯上把它称作资本族系，甚至直接称为某某系。例如，控股 11 家上市公司的国资背景的华润系和控股 10 家上市公司的同样来自国资背景的中粮系；而民资背景的曾经的明天系和涌金系旗下同样控制多家上市公司。对这些企业而言，上市公司和其他大量非上市公司共同构成一个具有金字塔式层级控股结构的庞大企业集团。

哈佛大学 Shleifer 教授的研究团队观察到，在全球 27 个主要经济体中，大企业的股权都集中在大股东手里。他们由此认为，传统的经理人和股东之间代理冲突的重要性一定程度上已经被控股股东如何剥削小股东这一新的公司治理问题所弱化。

而控股股东剥削小股东一个十分重要的实现机制是处于金字塔塔尖的母公司的控股股东会利用金字塔结构对处于底端的子公司、孙公司的分散股东进行隧道挖掘。例如，母公司利用控制权占用上市子公司的资金，上市公司成为"母公司的提款机"。母公司享有占有资金的收益，而上市子公司股东却无奈地承担融资的各种隐性和显性成本。

除了以隧道挖掘实现的对小股东利益损害外，复杂的金字塔式控股结构还会产生其他政治社会经济后果。中国小股民往往由于持股时间短、换手率高而被贴上投机性强的标签。这种说法显然对小股东不公平。其中一个十分重要的原因即处于塔尖的母公司控股股东可以利用金字塔结构对处于金字塔底部的子公司和孙公司的分散股东进行隧道挖掘。面对大股东利用金字塔结构的隧道挖掘，"人为刀俎，我为鱼肉"的小股东并没有太多途径和手段来保护自己的权益，他们不得不选择以脚投票来减少自己的持股风险。

与此同时，在金字塔控股结构下，对于一些非核心业务资本，实际控制人进行资本运作获取高额市场炒作回报的动机远远高于通过改善经营管理实现盈利增加的兴趣。实际控制人会频繁通过对非核心业务或者资产置换，或者增发新股、并购重组等来进行市场炒作。分散的小股东一旦意识到他们平时所信赖和仰仗的大股东更关心的是市场炒作而非改善经营管理，他们将被迫把更多精力用于打探内幕消息，而无暇顾及和关注企业的经营管理，从事价值投资。我们看到，金字塔控股结构下实际控制人资本运作偏好进一步加剧了小股东的投机心理。基于上述两方面的原因，把小股东与投机分子联系在一起，显然对小股东并不公平。

金字塔式控股结构另外一个重要弊端是成为腐败官员政商勾结的温床。复杂的金字塔结构提供了多样化的利益输送途径，使得监管当局无法对关联公司的关联交易进行有效识别和监管。最近一段时期曝光的很多权钱交易、官商勾结丑闻都发生在金字塔式控股结构的资本族系中。同样重要的是，金字塔式控股结构的存在与当下中国社会人们普遍不满的贫富差距扩大脱不了干系。少数权贵借助金字塔控股结构巧取豪夺，短时间内积聚了大量财富，加剧了中国社会财富分配的不均。

综合各种信息判断，我们认为，现在到了向曾经做出过历史贡献的"金字塔式控股结构"说"不"的时候了！隐身在金字塔式控股结构下的金融大鳄在资本市场上兴风作浪由此成为我们理解中国公司治理现实困境的第二条逻辑主线。这意味着，在当下的中国资本市场，发起接管的外部人不仅有举牌的险资，还有隐身在金字塔式控股结构下的金融大鳄。

（三）"中国式"内部人控制

面对举牌险资和金融大鳄的"野蛮"，中国资本市场上市公司的内部又是什么样的状况呢？

让我们从前一段媒体密集曝光的恒丰银行和山水水泥开始说起。无论是恒丰银行的员工持股计划丑闻和高管涉嫌私分账款事件，还是山水水泥在短短三年内发生不少于两次涉及暴力的控制权纷争，都属于标准的内部人控制问题。其实质是管理层利用实际控制权追求私人收益，使外部股东的利益受到损害。中国一些公司存在的中国式内部人控制问题因而成为我们理解公司治理现实困境的第三条逻辑主线。在这一意义上，我们虽然认同 Shleifer 教授所谓的股东之间的代理冲突不容忽视的观点，但我们这里依然强调，在中国资本市场，传统的经理人和股东之间的代理冲突问题依然严重，甚至在复杂的金字塔式控股结构的掩护下，经理人和股东之间的代理冲突引发的内部人控制问题变得更加复杂。而这是中国资本市场面临的更为实际的公司治理"真"问题，需要公司治理理论和实务界未来予以特别关注。

为什么我们这里在内部人控制前面加上"中国式"三个字呢？这是因为发生在中国当下的内部人控制问题与发生在英美的传统内部人控制问题引发原因并不完全一样。英美等国公司存在的内部人控制人问题往往是由于股权高度分散和经理人股权激励计划的实施。为了激励经理人，英美公司不断给予经理人股权激励。这使得经理人持有很高比例的股权，以至于外部接管很难撼动他们的实际控制人地位。

对照恒丰银行和山水水泥，我们看到它们的股权并非高度分散。特别是恒丰银行，它是当地国资委通过控股集团控股的股份制商业银行，有明确的大股东。由于同时受到国有资本管理体制相关持股和股权激励政策的限制，这两家公司的董事长并没有持有很高的股份。但是为什么在这两家公司我们依然观察到内部人控制问题的存在呢？这里需要我们结合中国制度背景，从政治、社会、文化、历史等方面来寻找原因。它们构成中国制度背景下独特的公司治理故事。有鉴于此，我们采用媒体语言，把上述植根中国制度背景的内部人控制问题称为"中国式内部人控制"。

我们可以从制度和文化两个层面来分析中国式内部人控制问题是如何形成的。从制度基础来看，首先，中国式内部人控制问题的出现与我们前面提及的金字塔式控股结构有关。盛行的金字塔式控股结构会形成长长的委托代理链条，这就导致了所谓的"所有者缺位"。企业看似和控制权链条上的每一个代理人都有关系，但没有一个人真正关心企业的经营管理。用弗里德曼的话讲，就是"花别人的钱办别人的事，既不讲效率，也不讲成本"。

其次，国有企业与生俱来的政治关联在一定程度上造就了中国式内部人控制。我们以恒丰银行为例。董事长的产生在形式上虽然要经过董事会的提名和股东会议的表决，但按照中国现行的国有资产管理体制，董事长是由上级部门任命的。恒丰董事长在出任董事长之前曾任当地高官，因此恒丰虽然存在控股股东，但即使控股股东也难以对其形成有效制衡，遑论其他股东和董事会。这事实上是最近一段时期以来国企改革强调"从管企业到管资本"，强调"市场化遴选经理人"等改革方向背后的原因。

社会连接同样是造就中国式内部人控制的重要制度基础之一。很多企业在发展早期十分困难的局面下，都是在一些优秀企业家的带领下一步步走到今天的。可以说，没有这些企业家就没有企业的今天。这些企业家虽然持股不多，但长期在业界摸爬滚打建立了很强的社会连接，使他们的实际控制人地位难以撼动。在山水水泥的案例中，当董事长父子为了反并购，需要白衣骑士时，他们可以很轻松地把一些有影响的战略合作者引进来；香港高等法院的司法裁决在当地很难执行，在一定程度上与当地司法机关的默许纵容和抵触不无关系；部分盲目愚忠的职工不惜自己的利益受到损害，是非不分，依然选择支持不再具有法律效力的前任董事长。

我们看到，由于上述三个制度方面的因素，很多公司形成了"中国式"内部人控制格局。而与此相伴相生的"任人唯亲"董事会文化又进一步加剧了中国式内部人控制问题的严重程度。一些上市公司还存在把两个任期届满的独董经过一段时间间隔后返聘回来的现象。如果说任职资格限制是一个制度问题，那么在满足任职资格的独董中选择"任人唯贤"还是"任人唯亲"则在一定程度上是一个文化问题。我们有理由猜测在那么多具有任职资格的潜在独董候选人中把任期届满的独董再返聘回来，很大程度上不是为了做好事，而是方便做坏事。我们的经验研究发现，那些返聘独董的企业未来更可能发生违规行为，而我们的其他经验研究同时表明，对于只有两个任期的独董，为了获得连任，他在第一个任期通常很少向董事会议案说"不"，而到第二个任期会说"不"的情况比第一个任期要多 1.44 倍。另外，现有经验证据表明，一个独董如果对董事会议案说"不"，在未来一年内，他离职的可能性是其他人的 1.36 倍。这意味着中国上市公司存在逆淘汰说"不"的独董的现象。所有这些都构成上市公司存在任人唯亲的董事会文化的证据。而在这样的文化下，董事自然对决定其职场命运的董事长言听计从，唯命是从。因此，除了制度因素，任人唯亲的董事会文化同样为形成以董事长为中心的中国式内部人控制格局提供了肥沃的土壤。

这里需要说明的是，虽然我们认为任人唯亲的董事会文化对中国式内部人控制问题的最终形成不容忽视，但我们始终更加强调其背后制度根源的重要性。欧洲问题专家陈乐民先生曾经说过，他研究的是欧洲，心里想的却是中国。借鉴陈先生的表达方式，我们在这里想说的是，我们眼中看到的是文化，但思考的是其背后的制度根源。

从 2015 年到当下的中国资本市场控股权之争表现如此血腥，对抗如此激烈，对于这一中国公司治理现实困境，我们可以从图 3-1 所示三条逻辑发展主线来加以解读，它们共同构成理解我国公司治理现实困境的一个可能逻辑分析框架。

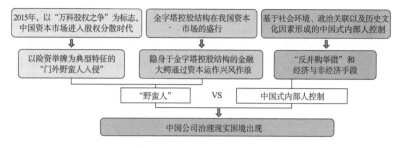

图 3-1 中国公司治理困境的三条逻辑主线

第一条逻辑主线是资本市场进入分散股权时代，以"险资举牌"为典型特征的"门外野蛮人入侵"进入常态；第二条逻辑主线是我们有各种各样隐身在金字塔控股结构下的金融大鳄忙于市场炒作，兴风作浪。因为是隐身在金字塔控股结构下的金融大鳄在英美等国并不多见，它才构成中国制度背景下身份独特的外部人。我们把上述两方面因素综合起来，便可看出中国资本市场当下的外部人变得尤其"凶残""野蛮"。而面对尤其"凶残"、尤其"野蛮"的外部人，上市公司特殊的制度和文化形成的中国式内部人却自以为是，意气用事。这构成我们理解中国公司治理现实困境的第三条逻辑主线。

当举牌险资和金融大鳄以"野蛮人"面貌与中国式内部人遭遇时，中国公司治理现实困境自然就出现了。

由于体制原因，一些企业家的历史贡献并没有得到股权方式的认同，所以，面对险资举牌和金融大鳄的"野蛮"闯入，自以为是的董事长们往往心怀怨气、意气用事。这使得双方的对抗尤其激烈和血腥。事实上，我们始终对被标上"妖精""害人精"

标签的举牌险资抱有深深的同情。原因是，他们在"野蛮人"和金融大鳄与中国式内部人遭遇的当下被推上历史舞台，命中注定将扮演一个不光彩的角色。这一期间发生的诸如血洗董事会式的控制权转让等公司治理困境的种种表现，是中国资本市场在仓促进入分散股权时代没有做好相应准备而不得不付出的制度成本。

3.4

分散股权时代公司控制权加强的实现方式[*]

控制权无疑是重要的。正是由于投资者相信通过包括控制权安排在内的公司治理制度可以确保他们"收回投资，并取得合理的回报"（Shleifer 语），他们才愿意成为股东。因此，作为公司治理的"权威"，股东一方面对公司并购重组、战略调整等重大事项以投票表决的方式在股东大会上进行最后裁决，另一方面则需要以出资额为限为可能做出的错误决策承担（有限）责任。股东之所以有权对公司重大事项进行最后裁决，说得神圣点儿，那是它们的权力；说得直白点儿，公司如果不对股东的所有者权益

---

　　* 本文根据 2019 年 7 月 20 日在南开大学举行的第十届公司治理国际研讨会上作者的发言整理，以《分散股权时代公司控制权加强的实现方式》为题发表在《清华金融评论》2019 年 9 月刊。

做出制度性承诺，就没有人愿意进行投资，成为股东。

然而，一方面，控制权是重要的，另一方面，控制权的实现形式却是复杂的。

那么，传统上公司控制权有哪些实现方式呢？概括而言，主要有三种方式。其一，最基本当然也最重要的是，持股比例所反映的股东在股东大会上的表决权。例如，在我国资本市场发展早期，我国国有上市公司大股东绝对控股形成的"一股独大"成为我国治理模式的典型特征之一。其二，采用实际控制人委派或直接兼任董事长的方式。作为只是董事会召集人的董事长，固然在董事会的表决中并不比其他董事多一票，但出于在企业文化中对权威的尊重，董事长无疑在相关议案的提出或撤销、通过或否决上具有其他董事所不具有的影响力。其三，采用近 20 年来公司治理方面学术界热烈关注和讨论的以金字塔控股结构、交叉持股等实现的现金流权与控制权的分离的方式。例如，李嘉诚家族仅有 2.5％的现金流权，通过中间不少于五个层级形成的金字塔控股链条，却拥有香港电力公司 34％的控制权。所谓的控制权，反映的是实际控制人在上市公司股东大会上以投票表决方式实现的对重大决策的影响力，而所谓的现金流权，则反映的是以实际投入上市公司出资额为表征的责任承担能力。

我们注意到，其实在涉及公司控制实现和加强方面的几乎所有制度安排中，我们总能或多或少看到"现金流权与控制权分离"的影子。也许，在公司治理实践中，我们需要更多关注和思考的是，能否把二者分离导致的消极因素更多地转变为积极因素。这就如同现代股份公司总是无法回避股东的所有权与职业经理人的经营权分离导致的代理冲突一样，但一个有效的治理安排应该考虑的不是如何从根本上消除代理冲突，而是如何利用二者分离形成的专业化分工（经理人职业化和资本分担风险社会化）所带来的效率提高，去平衡、抵消二者代理冲突所产生的代理成本。

从 2015 年开始，以宝万股权之争为标志，我国资本市场进入到一个特殊时代。我们注意到，从那一年开始，我国上市公司第一大股东平均持股比例低于标志"一票否决"的相对控股权的 33.3％。喧嚣一时的万科股权之争和血洗南玻 A 董事会等事件事实上就是在上述背景下爆发的。进入分散股权时代意味着未来在我国资本市场有更多的"野蛮人"出没，控制权纷争将成为常态。因此，在上述现实背景下，观察和思考我国上市公司控制权的实现和加强方式将具有特别重要的现实意义和紧迫性。那么，在我国资本市场进入分散股权时代后，我们应该如何实现和加强公司控制，我们又应该如何来看待伴随着公司控制的实现和加强可能带来的"现金流权与控制权的分离"呢？

带着上述问题，我和我的研究团队从我国资本市场进入分散股权时代这一现实制度背景出发，围绕在中国公司治理实践中出现的实现和加强公司控制的新形式进行了积极的思考。多年来我和我的研究团队逐步形成了从案例研究到经济评论，然后再到实证研究的"三步走"的研究传统。案例研究的目的是通过"解剖麻雀"发现公司治理的真问题；经济评论文章的撰写是寻求业界的反馈以确定这是不是真问题；最后的实证研究才是提供基于大样本的系统经验证据。这里分享的就是我们围绕这一课题完成的阶段性成果：三个来自我国公司治理实践的关于实施和加强公司控制的故事。

第一个故事是"实际控制人超额委派董事"。在南玻 A（000012）于 2016 年 11 月 14 日举行的第 7 届董事会临时会议上，三名由第一大股东宝能系委派的董事陈琳、叶伟青和程细宝在会议现场临时提出了《关于由陈琳董事代为履行董事长职责》的提案，并最终以 6 票同意、1 票反对和 2 票弃权的结果通过。包括公司董事长曾南在内的多名高管随后集体辞职。这一事件被媒体称为是"血洗南玻 A 董事会"。从南玻 A 当时董事会的构成来看，9 名董事会成员中，除了 3 名独立董事，持股总计 26.36％的宝能系委派了 6 名非独立董事中的 3 名，占到全部非独立董事的 50％。而万科于 2017 年 6 月 30 日举行的董事会换届选举产生的 11 名成员中，除了 5 名独立（或外部）董事外，持股比例为 29.38％的第一大股东深圳市地铁集团有限公司提名了 6 名内部董事中的 3 名董事，同样占到全部非独立董事的 50％。我们看到，无论宝能系还是深圳地铁，作为实际控制人，其委派非独立董事的比例都远远超过了其所持有的股份比例，形成了所谓的"实际控制人超额委派董事"的现象。

我们知道，在英美上市公司股权高度分散的治理模式下，董事会组织以除 CEO 外其余全部为外部（独立）董事为流行实践，超额委派董事问题并不典型。而拥有绝对控股地位的亚欧家族企业则往往会大量引进职业经理人，以弥补家族成员管理才能的不足，超额委派董事问题同样不突出。然而，我们的研究发现，在2003—2015年样本观察期间，我国A股17％的上市公司中存在不同程度的实际控制人超额委派董事现象。因而，实际控制人超额委派董事成为我国资本市场制度背景下十分独特的公司治理故事。

　　需要指出的是，实际控制人超额委派董事与金字塔控股结构构建以及实际控制人委派或兼任董事长一样，在有助于实际控制人实现和加强公司控制的同时，同样形成了"现金流权与控制权的分离"。只不过金字塔控股结构构建是利用控制链条层层控制实现的"现金流权和控制权的分离"，而超额委派董事则是实际控制人利用董事会组织提名更多董事，形成董事会重大决策的实际影响力与其持股比例所反映的责任承担能力的分离而实现的。但无论是金字塔控股结构构建或者是超额委派董事，都意味着实际控制人所承担责任与所享有权力的不对称，这为其挖掘、掏空公司资源，损害外部分散股东的利益提供了可能。

　　那么，作为与构建金字塔控股结构一样的加强公司控制的实现方式，哪些公司治理特征和因素会导致实际控制人超额委派董事呢？超额委派董事与金字塔控股结构构建、实际控制人委派或兼任董事长等传统公司控制加强实现方式有怎样的关系？实际控制人超额委派董事给上市公司究竟带来哪些经济后果？我们应该如何评价这一现象？

　　我们的研究表明，当实际控制人的持股比例较低（没有达到相对控股）以及在实际控制人委派或兼任董事长等情形下，金字塔控股结构构建实现的现金流权与控制权两权分离程度越高，实际控制人超额委派董事的可能性越大，超额委派董事比例越高。因而超额委派董事，委派或兼任董事长，以及构建金字塔控股结构，成为实际控制人实现和加强公司控制的三种力量。三者共同帮助尚未相对控股的实际控制人加强对公司的控制。

　　作为导致"现金流权与控制权分离"的加强公司控制的实现形式，我们当然需要检验超额委派董事是否会带来使中小股东利益受到损害的实际控制人挖掘、掏空上市公司的行为。以往的研究表明，在金字塔控股结构下，现金流权与控制权的分离导致实际控制人以资金占用、资产转移和关联交易等方式转移、掏空上市公司资源。我们的研究发现，在超额委派董事比例越高的企业，实际控制人以关联交易等方式进行的隧道挖掘行为会越严重，企业未来的经济绩效表现也越差。而在非国有企业中、不稳定的金字塔控股结构下和实际控制人持股比例较低时，实际控制人超额委派董事伴随着更加严重的隧道挖掘行为和更差的经济绩效表现。我们为此提出的政策建议是，在董事会的组织结构安排上应该合理地设置主要股东提名董事的上限，以确保其责任承担能力与控制能力的对称。

　　第二个故事是"主动防御型员工持股计划的实施"。长期以来，员工持股计划一直被认为是协调员工与股东利益、激励员工的重要手段。然而，在我国资本市场进入分散股权时代后，我们观察到，员工持股计划有时也会被实际控制人用来充当实现和加强公司控制的手段，以防范"野蛮人的入侵"。

面对陡然增加的被收购风险，安利股份于 2017 年推出员工持股计划。在其所拟筹集的总额达 6 000 万元的资金中，员工自筹资金金额不超过 800 万元，控股股东安利投资向员工借款达 5 200 万元，同时安利投资对员工自筹资金年化收益率提供保底承诺。这一操作被多家媒体评价为作为实际控制人的控股股东安利投资抵御"野蛮人入侵"的"连珠弹"之一。

我们注意到，同期很多公司推出的员工持股计划都具有高融资杠杆比例和实际控制人提供担保等这些使被激励员工持股成本显著降低的设计特征。与直接增持和引入白衣骑士相比，实际控制人推出初衷为激励员工的员工持股计划，往往更容易获得监管当局的认同和其他股东的背书。这一点很容易理解，因而，面对外部"野蛮人入侵"的威胁，我们并不能排除这些公司打着推行激励员工的员工持股计划的幌子，以不太为市场和监管当局所关注的"隐蔽"和"间接"的方式，增持了本公司股票，构筑了防御"野蛮人入侵"壁垒的可能性。

围绕我国上市公司推行的员工持股计划，我们研究团队的研究发现，上市公司股权结构越分散，实际控制人持股比例越低，面临被收购风险的可能性越高，则该公司推出员工持股计划的动机越强。而上述员工持股计划的实施一方面将降低上市公司未来被收购的可能性，延长了董事长任期，由此巩固了内部人控制格局；另一方面，随着员工持股计划的实施，实际控制人未来转移掏空上市公司的隧道挖掘行为会加剧，公司绩效依然不尽如人意，员工持股计划的推出并没有很好实现预期的协调员工与股东利益、激励员工的目的。而在具有高的融资杠杆比例和存在实际控制人担保行为等设计特征的员工持股计划中，上述加强公司控制的色彩更加浓郁。我们把具有上述特征的员工持股计划称为"主动防御型员工持股计划"。上述研究提醒我们，员工持股计划除了具有激励员工的功能，有时还会与实际控制人的自利动机联系在一起，成为在分散股权时代面对"野蛮人入侵"，实际控制人加强公司控制重要的隐蔽实现方式。

第三个故事来自一些公司在 IPO 时创业团队所签订的一致行动协议。2011 年通信信息领域的佳讯飞鸿公司在我国 A 股上市。主要股东和创业团队林菁、郑贵祥、王翊、刘文红、韩江春等签署了一致行动协议书，约定在行使召集权、提案权、表决权时，采取一致行动共同行使公司股东权利。通过签署上述一致行动协议，持股仅 20.7％的第一大股东，同时兼任董事长和总经理的林菁获得了全体协议参与人合计持有的 66.1％的表决权，这使她在董事会和股东大会上相关表决中的影响力变得举足轻重。我们的观察发现，从 2007 年到 2017 年底，1 590 家非国有上市公司招股说明书中披露实际控制人签订一致行动协议的公司有 263 家，占到 16.5％，其中将近一半来自高科技企业。或者由于经济影响之外的政治影响的存在，或者由于本身是国有控股，实际控制人签订一致行动协议行为在国有上市公司中并不典型。

我们注意到，与金字塔控股结构的构建、董事会组织中超额委派董事以及 AB 双重股权结构股票发行等一样，实际控制人通过签署一致行动协议同样实现了反映责任承担能力的现金流权与反映实际影响力的控制权的分离。一个自然的担心是，一致行动协议是否会像金字塔控股结构的构建等一样成为实际控制人加强内部人控制的手段？

需要说明的是，不同于在董事会组织中超额委派董事是在公司完成 IPO 后所进行的公司控制权设计，一致行动协议签订是在公司 IPO 前进行的公司控制权设计。董事会组织中超额委派董事是在公司完成 IPO 已经实现外部融资后，迫于外部紧张形势（例如，面临接管威胁甚至"野蛮人入侵"）下所采取的具有事后道德风险倾向的加强公司控制的手段，因而是事后的公司控制权安排。而一个公司在上市 IPO 时选择一致行动协议需要在招股说明书中予以充分的信息披露。投资者购买该公司发行股票的决定是在充分评估控制权倾斜配置可能对自己投资收益和安全造成的影响的基础上，对实际控制人权力大于责任具有充分预期，甚至安排了相应防范和救济措施下做出的。因而一致行动协议属于事前的公司控制权安排。

作为事前的公司控制权安排，我们看到，一致行动协议的签订更多用来向市场传递创业团队对业务模式充满自信的信号和保护、鼓励创业团队进行人力资本投资。在互联网时代，高科技公司的创新业务模式对外部投资者的专业知识和分析能力形成极大挑战。面对创业团队与外部投资者围绕业务模式创新加剧的信息不对称，一方面需要资金支持的公司无法实现外部融资，另一方面投资者无法找到具有潜在投资价值的公司，导致逆向选择问题产生。而一致行动协议的签订表明，该公司独特的业务模式不是头脑发热的少数人的"一意孤行"，而是同样可以称得上是该领域专家的一群人的共同认同和集体背书。这一可观测和可证实的信号在公司 IPO 时将在招股说明书进行严格信息披露。一致行动协议的签订由此向外部投资者传递了创业团队对业务模式未来发展充满信心的积极信号，有助于解决信息不对称导致的逆向选择问题。与此同时，公司在 IPO 前签订一致行动协议将一定程度上避免其成为公众公司后，一些接管商通过二级市场染指公司控制权，甚至以极端的"野蛮人"方式入侵。由于对未来的控制权安排形成稳定的预期，一致行动协议的签订将有助于保护和鼓励创业团队人力资本的持续投入。一致行动协议的签订因而高度契合了互联网时代对创新导向的组织架构的内在需求，成为鼓励和保护创业团队的人力资本投资的有效制度安排之一。我们对此做出的一个猜测是，一个有效的资本市场将对这一高科技公司在 IPO 时所发送的创业团队对未来业务模式充满自信的信号和所推出的鼓励和保护创业团队对人力资本持续投入的举措做出积极反应，投资者愿意为该企业创业团队签订一致行动协议行为支付高的溢价。这集中体现在一家创业团队签订一致行动协议的公司在其 IPO 时，其折价率将显著降低。

围绕一致行动协议，我和我的研究团队的研究表明，当创业团队核心成员持股比例较低时，高科技企业在 IPO 时更可能签订一致行动协议；从短期经济影响来看，高科技行业创业团队签订一致行动协议能有效降低 IPO 折价率，因而市场愿意为创业团队签订一致行动协议的高科技企业支付高的溢价；而从长期经济影响来看，签订一致行动协议的高科技企业在研发队伍建设投入占比保持高位的同时，并未发现实际控制人隧道挖掘上市公司资源行为显著增加的迹象，企业未来绩效反而表现良好。

我们看到，尽管签订一致行动协议在形式上同样呈现了实际控制人承担责任与享有权力不一致的"现金流权与控制权相分离"的特点，但作为事前的公司控制权安排，其经济后果与金字塔控股结构构建、实际控制人超额委派董事等事后控制权安排的经济后果显著不同。在鼓励创业团队人力资本持续投入方面，一致行动协议的签订有点类似于专利制度：看起来采用排他性条款限制了专利的自然外溢，但专利保护却鼓励了专利发明者的研发投入，最终导致社会更多专利的涌现。因而，在上述意义上，我们倾向于认为，一致行动协议的签订在一定程度上演变为高科技企业快速发展可资凭借的一种"资本市场上的专利制度"。

简单总结一下本章的讨论。我们看到，从我国资本市场进入分散股权时代的现实制度背景出发，主要围绕加强公司控制的现实和隐蔽的新的实现形式，本章讲述了实际控制人超额委派董事、主动防御员工持股计划的推出和一致行动协议的签订等三个有助于实现和加强公司控制的中国公司治理故事。上述三个故事带给我国公司治理理论与实务界的思考和启发体现在以下几个方面。

第一，在我国资本市场进入分散股权时代后，面对频繁出没的"野蛮人"，加强公司控制的理论研究和实践应对变得重要而紧迫。急剧变化的我国资本市场时代背景也为我们讲述中国公司治理故事带来了丰富的研究素材。

第二，除了（相对或绝对）控股、金字塔控股结构构建、实际控制人委派或兼任董事长等传统实现方式，面对监管的加强和资本市场的成熟，实际控制人为了实现和加强公司控制，倾向于采取更加复杂隐蔽的控制权加强方式。其中，超额委派董事和主动防御型员工持股计划的推出是已被证明的实际控制人采用的加强公司控制的重要实现方式。

第三，我们的研究区分了从形式上看都会导致"现金流权与控制权分离"的两种不同的加强公司控制的实现类型。金字塔控股结构的构建、实际控制人超额委派董事和主动防御型员工持股计划的推出等，是在 IPO 完成后，已经实现外部融资的公司迫于外部接管威胁等外部治理环境的变化，所主动或被动进行的事后公司控制权安排，此类安排往往具有严重的道德风险倾向。而一致行动协议签订与 AB 双重股权结构股票的发行则是在 IPO 前进行的事前公司控制权安排。投资者购买该公司发行股票的决定是基于在招股说明书中予以充分披露的相关信息，在已经形成对实际控制人权力大于责任的预期下，充分评估控制权倾斜配置可能对自己投资收益和安全造成的影响，甚至是在安排了相应防范和救济措施的情况下做出的。因而，相对于事后的加强公司控制的实现方式，建立在透明规则和理性预期上的事前的控制权安排的道德风险倾向相对较小。而区分控制权安排是事后还是事前的关键是外部投资者集体决定是否购买一家公司股票并成为其股东的 IPO。

第四，作为事前的公司控制权安排，一致行动协议的签订有助于向外部投资者传递创业团队对业务模式充满信心的信号，保护和鼓励创业团队的人力资本进行持续投入，成为"资本市场的专利制度"。

第 4 章

"中国式内部人控制" 问题

所谓内部人控制问题通常指的是高管或执行董事利用对公司的实际控制权谋求私人收益,使股东利益受到损害的行为。与英美公司由于股权高度分散和经理人股权激励计划的实施等导致内部人控制问题不同,在我国一些上市公司中,基于金字塔控股结构的金融生态、政治关联、社会连接等制度因素和任人唯亲的董事会文化等文化因素形成了以董事长而非 CEO 为核心的内部人控制格局,我们称之为"中国式内部人控制"。

哈佛大学 Shleifer 教授曾经断言,"全球大企业中最重要的代理问题已经转为如何限制控股股东剥削小股东利益的问题"。然而,我们看到,困扰中国公司治理的问题与其说是控股股东的隧道挖掘行为,不如说所有者缺位下的中国式内部人控制问题更为典型。在金字塔控股结构的掩护下,我国公司的中国式内部人控制问题显得更加隐蔽和复杂。在我国一些上市公司中出现的诸如"独董换届未连任""独董返聘"等董事制度安排中的异常行为都可以从中国式内部人控制的视角中得到解释。

上市公司董事制度中的 "中国故事" *

作为我国公司治理实践的观察者和研究者, 长期以来, 我和我的团队一直致力于讲述在中国资本市场制度背景下发生的独特公司治理故事。本节分享的是在作为我国上市公司治理制度重要方面的董事制度运行过程中我们所观察到的具有中国文化和制度元素的故事。之所以把其称为 "中国故事", 当然并不意味着这些故事只会在中国发生, 更不意味着我们需要发展别具一格的中国公司治理理论去解释它。这里只是强调这些公司治理故事中有深深的中国文化和制度元素的烙印。只有很好地理解了中国文化和制度特色, 才能很好地理解这些故事发生背后所包含的一般公司治理逻辑。

这四个公司治理故事分别围绕董事如何产生, 如何更迭, 以及如何履职等环节展开。有些故事和全体董事有关, 而有些则与董事会组成中十分重要的独立董事有关。第一个故事与董事如何产生有关, 讲述董事会组织中实际控制人超额委派董事的故事。第二个故事与独董的更迭有关, 讲述独董换届了但未连任的故

＊ 本文根据 2019 年中外董事对话（闭门会）上作者的演讲整理, 以《上市公司董事制度中的 "中国故事"》为题于 2019 年 5 月 29 日发表在 FT 中文网。

事。第三个故事同样与独董的更迭有关，讲述一些独董在任期结束间隔几年后重新被返聘为新一届董事会的独董的故事。第四个故事则与独董的履职有关，讲述独董对董事会相关议案说"不"，出具否定意见的任期阶段特征的故事。这些故事虽然并不一定在每一家上市公司发生，但在我国上市公司中，为数不少的公司或者曾经发生过其中的一个类似故事，或者甚至发生过几个类似故事。因此，我把它们概括为上市公司董事制度中的"中国故事"并不为过。

我们首先来看第一个故事：董事会组织中的超额委派董事。按照我和我的团队的研究习惯和传统，首先从案例剖析开始，然后介绍基于大样本数据开展的经验证据观察。为了避免对相关公司产生不必要的影响，使读者更加关注我们讲述的故事背后的学术规律和内在逻辑，下文中对故事所涉及的具体公司和董事进行了匿名处理。

2017年6月，W公司完成了新一届董事会换届。在由11名成员组成的新一届董事会中，除了5名独立董事，6名为内部董事。而持股比例仅为29%的大股东T推荐了其中的3名，占到全部内部董事的50%，远远高于其持股比例，从而形成所谓的"超额（比例）委派董事"。我们看到，超额委派董事在实现董事会组织这一基本目的的同时，很好地体现了实际控制人加强公司控制的意图，成为实际控制人控制权安排的一种重要实现形式。公司名义上属于全体股东，但部分主要股东通过在董事会中委派超过自己持股比例的代表，可以在董事会相关议案的表决中发挥更大的影响力，使其意志得到很好的贯彻和实施，由此成为实际控制人。

那么，为什么说上市公司超额委派董事现象在我国资本市场制度背景下更为典型呢？我们知道，在亚洲和欧洲有很多家族企业，这些家族企业也会委派董事。但是请不要忘记，这些家族企业在股权层面往往相对或绝对控股，并不担心控制权旁落，在董事会组织中往往倾向于引入专业技能突出的职业经理人作为董事，以弥补家族成员管理才能的匮乏和不足。因而，超额委派董事并非这些看似需要加强公司控制的亚欧家族企业的典型做法。而对于大家更为熟悉的股权高度分散的英美公司治理模式而言，其流行的董事会组织实践是，除 CEO 外其余全部为外部（独立）董事，因而也鲜有大股东超额委派董事的现象发生。而从 2003 年至 2015 年，我国约有 17% 的上市公司存在不同程度的超额委派董事现象，最大的超额委派董事比例高达 50%。这一现象的出现在一定程度上与我国无论是国有还是非国有控股公司流行的"一股独大"的股权结构和大股东对董事会组织的大包大揽的传统有关。这一点很容易理解。在上述意义上，超额委派董事成为在我国资本市场制度背景下围绕董事产生的十分独特的中国公司治理故事。

那么，我们应该如何解读董事会组织的实际控制人超额委派董事的现象呢？鉴于对其相关机理的认识，我们事实上可以从实际控制人如何借助金字塔控股结构实现公司控制的分析中得到启发。假设有一家由母公司持有子公司 50% 股份，而子公司持有孙公司 50% 股份的金字塔控股结构所形成的企业集团。虽然母公司对孙公司现金流权只有25％（50％×50％，由母公司出资占孙公司全部资本比例所体现），但其（通过50％控股子公司）对孙公司的控制权却是50％（由子公司对孙公司拥有50％投票表决权所体现）。借助金字塔控股结构，只有孙公司25％现金流权的母公司，实现了对孙公司50％以上的控制，导致了所谓"控制权和现金流权的分离"。这里所谓的控制权反映的是实际控制人在上市公司股东大会上以投票表决方式实现的对重大决策的影响力，而现金流权则反映的是以实际投入上市公司出资额为表征的责任承担能力。二者的分离则意味着承担责任与享有权力的不对称，形成一种经济学意义上的"负外部性"。实际控制人由此可以利用上述控制权与现金流权的分离机制，通过关联交易、资金占用等对子公司、孙公司的资源进行隧道挖掘，使子公司、孙公司外部分散股东的利益受到损害。

我们看到，在形成控制权与现金流权分离，产生经济学意义上的"负外部性"上，我们这里所观察到的W公司的T股东超额委派董事的行为，与实际控制人通过金字塔结构加强控制的经济后果是一致的。只不过金字塔控股结构是利用控制链条实现控制权和现金流权的分离，而超额委派董事则是作为实际控制人的主要股东利用董事会组织提名更多董事，从而形成董事会重大决策的实际影响力与其持股比例所反映的责任承担能力的分离来实现的。但无论是金字塔控股结构或者是超额委派董事都意味着承担责任与享有权力的不对称，使实际控制人隧道挖掘，损害外部分散股东的利益成为可能。

我和我研究团队进行的一个关于实际控制人超额委派董事的经验研究表明，实际控制人超额委派董事越多，未来以关联交易方式进行的隧道挖掘行为就越严重，企业未来经济绩效的表现就越差；而当企业为非国有性质、两权分离程度高和实际控制人持股比例较低时，在实际控制人超额委派董事的企业当中，隧道挖掘行为会更加严重，相应的经济绩效表现会更差。因此，我们提出的政策建议是，在董事会的组织结构安排上应该合理地设置主要股东提名董事的上限，以确保其责任承担能力与控制能力对等。

接下来的两个故事都与独董的更迭有关。我们首先讲独董换届未连任的故事。在英美的上市公司中，如果一个独董需要离职，往往会选择公开辞职的方式，该信息将同时出现在上市公司作为公众公司需要履行的信息披露义务发布的公告中。而独董的中途离职往往向投资者传递了公司负面的信息，容易引起股价波动，有时甚至会使独董自身的声誉受损。

然而，同样是独董更迭，我们在中国资本市场中观察到一种体现中国文化和制度元素的特殊更迭方式——独董换届未连任。其中的制度元素来自在我国上市公司董事会中成员人数不能少于1/3的独董有两个任期，每个任期不超过三年的相关规定。一个独董在两个任期之间可以选择或被选择是否连任。其中的文化元素则来自在中国长期盛行的"和为贵"的商业文化，彼此不希望打破业已形成的人际关系的文化传统。一些需要离职的独董选择在上一届任期届满，新一届尚未开始时，以换届未连任的方式，

"静悄悄地离开，不带走一片云彩"。由于与换届的信息混杂在一起，独董以上述方式离职弱化了独董更迭通常伴随的负面效应，避免了股价剧烈波动。因而独董换届未连任成为深深刻有制度和文化元素印记的我国资本市场制度背景下十分独特的独董更迭故事。

我们对这一现象的观察和思考同样从一个案例解剖开始。K公司第六届董事会的独董L在2012年换届时出人意料地没有继任第七届独董；在2013年，K公司即由于在2009—2012年在公司治理、信息披露、财务会计等方面的违规行为而被监管机构责令限期改正。上述案例给我们的启发是，除了独董公开辞职外，外部投资者也许还可以通过观察独董换届时是否连任这一特殊途径来解读其可能传递的公司治理状况信息。

我和我的团队围绕这一问题的经验研究表明，如果一个独董在上一届任期届满以后选择以换届未连任的方式悄悄地离职，那么，这样的公司未来出现违规行为的概率相比于没有上述现象的公司会显著增加。如果这一离职独董是会计背景，那么，这个公司未来出现违规行为的概率将更高，情节将更加严重。因此，我们不要认为独董换届未连任，以和平的方式解决了争端就平安无事，因为平静的背后恰恰潜藏着更大的危机。"此时无声胜有声"。这事实上也为我们观察和解读一个公司的治理状况和未来潜在违规风险提供了特殊的途径。如果我们正在考虑投资，甚至并购一个公司，而这家公司曾经有独董换届未连任，那么，在决策时要倍加谨慎。

围绕独董的更迭,这里还有另外一个故事与大家分享。那就是我们观察到的一些公司的独董在任满两期以后,经过短暂的离开,又重新被聘请回公司继续出任独董的所谓"独董返聘"现象。例如,在深交所上市的 Y 公司在 2011 年聘任 A 和 B 担任第七届独董,而 A 和 B 都曾在 2002—2008 年担任该公司第四、五届独董;在上交所上市的 Z 公司把曾在 2000—2008 年任职第一、二、三届独董的 W 在其离任两年后于 2010 年重新返聘,由其担任第四届独董。简单的统计表明,在 2009—2014 年,在我国上市公司中,存在返聘独董现象的公司占当年换届公司的比例从 2009 年的 1.36% 上升到 2014 年的 9.67%。

我们看到,独董返聘现象的发生一方面离不开我们前面提及的我国上市公司每位独董只有两个任期,每个任期为期三年的制度背景;另一方面还与文化因素有关。如果说,是否允许选择不独立的候选人作为独董是制度问题,那么,在满足独董基本任职资格的前提下,选择任人唯亲还是任人唯贤则显然是一个文化问题。毕竟,至少在形式上这些返聘的独董并没有违反监管当局关于独董任期不得超过两届的规定。作为对照,我们注意到一些国家上市公司虽然没有对董事的任期进行限制,但董事任期超过一定年限(10 年)则不再被认为是独立董事。因而,独董返聘现象同样是在我国资本市场制度背景下发生的十分独特的中国公司治理故事。

我们的问题是,这样返聘回来的独董还是真正的"独立"的董事吗?这与在公司治理实践中设置利益中性,主要依靠声誉激励的独董的初衷还一致吗？我们担心，独董返聘现象会在一定程度上削弱独董的独立性与监督职能的有效履行。带着这样的疑问，我和我的研究团队实证检验了独董返聘现象的影响因素和经济后果。我们的研究表明，董事长近年未发生变更、董事长来源于内部晋升、董事长在上市公司领薪以及独立董事从未发表否定意见的公司更可能返聘独董，因而，这些因素成为鉴定和识别一个公司是否具有任人唯亲董事会文化的重要标识。从独董返聘带来的经济后果来看，与不存在独董返聘现象的对照组相比，存在独董返聘现象的公司未来发生关联交易的可能性更大，代理成本更高，企业绩效表现更差。而对于被返聘回来的独董本人，我们观察到，一方面，相比于那些首次聘任的独董，这些返聘回来的独董更少对董事会议案说"不"，而出具否定意见往往被认为是独董履职的重要表现；另一方面，这些返聘的独董更倾向于支持董事会向管理层发放高的薪酬，但用来反映激励增强的管理层薪酬绩效敏感性却没有发生显著变化，因而增加的薪酬损害了股东的利益，也就是所谓的"经理人超额薪酬"。

最后一个故事与刚刚提到的独董的履职有关。我们刚才提及，对董事会议案说"不"本身是独董履行监督职能的一种真实、直接而重要的表现。从2004年12月开始，我国沪、深交易所要求上市公司披露独董针对董事会提案发表的具体意见，包括提案内容、董事会表决结果、投反对票或弃权票的董事姓名和理由等信息。这为我们观察独董履职状况带来了便利。理论上，独董对董事会提案发表的意见类型可以包括"赞成""反对""弃

权""保留意见""无法发表意见""提出异议""其他"等。但一
方面,受中国传统文化的影响,独董较少采取极端的"反对"票
形式来表达自己的反对意见,而是采取其他更为缓和的方式提出
异议;另一方面,有研究表明,我国上市公司对董事会中说
"不"的独董存在逆淘汰机制。相比于未对董事会说"不"的独
董,说"不"的独董未来一年内离任现职的可能性要高出 1.36
倍。我们看到,至少由于上述两个方面的原因,从 2005 年到
2013 年,全部 A 股上市公司的超过 11 072 件董事会提案仅有
0.98%的提案被独董出具了非"赞成"类型的意见,不能不说,
说"不"的独董少之又少。

特别有趣的是,你会发现,在同一独董的两个任期内他说
"不"的行为也会有差异。由于大家所熟知的独董任期限制等制
度因素,我们看到独董说"不"的任期阶段的特征同样成为我国
资本市场制度背景下十分独特的公司治理故事。我和我的研究团
队完成的一个围绕独董在任期不同阶段说"不"的实证研究表
明,我国上市公司独董在其首个任期和第二任期中监督行为会存
在显著差异。通常而言,在第二个任期,独董对董事会提案出具
否定意见的可能性是首个任期的 1.41 倍。

那么,我们应该如何解释这种有趣的现象呢?这一现象让我
想起了一句古语:"人之将死,其言也善。"对于一个在任期第一
阶段谋求连任的独董,面对可能存在的逆淘汰说"不"独董的机
制和任人唯亲的董事会文化,选择沉默闭嘴将是该独董的明智之
举;只有在不得不离开,从此成为路人的第二个任期,维护独董

声誉和职业发展的考量才可能超过逆淘汰机制和文化的效应，上升为占据主导的效应。

同样有趣的是，我们观察发现，在那些曾经发生过逆淘汰说"不"独董事件的公司中，独董在第一阶段将更加倾向于选择沉默和顺从。逆淘汰说"不"独董因而不仅短期，甚至长期影响独董未来监督的有效性，成为我国上市公司独董并未发挥预期的监督作用的重要原因之一。基于上述观察，我们倾向于建议，我国上市公司董事会组织可以考虑积极推行独董任期交错制度，即董事会成员分批进行更迭。除了有助于保持董事会运行的稳定和政策的持续外，我们看到，上述制度对于我国目前施行的两个任期的独董制度的特别好处在于，这将使得每届董事会自然存在处于不同任期阶段的独董，由此使独董说"不"的可能性增加，从而提高独董监督的有效性。

从万科董事会组织看超额委派董事现象 *

作为我国资本市场发展历程中重要的公司治理事件，持续近两年的"万科股权之争"给我国学术界与实务界留下了太多的观

---

　　* 本文以《从万科董事会看超额委派董事现象》为题于 2017 年 7 月 18 日发表在 FT 中文网。

察和思考。即使是 2017 年 6 月 30 日刚刚完成的新一届董事会换届也不例外。

在万科由 11 名成员组成的新一届董事会中,除了 5 名独立(或外部)董事(其中 1 名为外部董事),其余 6 名为内部董事。我们观察到,持股比例 29% 的深圳地铁推荐了其中的 3 名,占到全部内部董事的 50%。深圳地铁从而形成事实上的"超额(比例)委派董事"。需要说明的是,这一现象并非万科新一届董事会所独有。统计表明,从 2008 年到 2015 年我国不少于 20% 的上市公司曾出现不同程度的超额委派董事现象。然而,像万科新一届董事会组成中的这种超额委派董事比例不仅远超平均水平,而且持股比例相差不大的第二大股东和第三大股东没有委派董事的现象,则十分罕见。

那么,我们应该如何理解这次万科董事会换届再次凸显的超额委派董事现象呢?

从公司法的立法理念出发,一些法学学者特别强调董事会的"会"(board),与股东大会的"会"(meeting)的区别。他们认为,在法理层面上,董事虽然可能是由其中某一(按照我国公司法的规定,持股比例超过 3% 的)股东推荐,但一经股东大会表决通过后,这些董事就应该对全体股东负责,而不是只对部分(推荐他们成为董事的)股东负责。否则,股东可以向法庭起诉相关董事违反诚信义务。他们给出的一个来自美国总统选举的极端例子是,特朗普虽然是由共和党推荐的,但在成为美国总统后,他应该向全体美国人民负责,而并非只向共和党负责。如果按照上述法学学者的视角，这次万科董事会换届中出现的超额委派董事现象显然并非公司治理理论界与实务界应该特别关注的问题。

然而，十分遗憾的是，上述视角仅仅反映了法理层面讨论中洋溢的学者的理想主义和美好愿景，而并非公司治理实践的现实状况。我们做出上述判断的理由主要来自以下三个方面。

其一，与美国总统选举党派竞争的虚拟利益诉求不同，公司治理实践中股东的利益诉求是真实具体的，因而需要利益诉求各方在重大事项决策上尽力保持力量对比的均衡，以兼顾各方的利益。推荐总统候选人的政党利益诉求是美国总统选举制度设计中体现程序正义的重要环节，更多的是为了践行轮流执政的政治竞争理念。我们甚至经常听到一些美国公民这次选举是以民主党身份、下次选举是以共和党身份参加选举活动的说法。上述事实决定了无论民主党还是共和党，其利益诉求往往是虚拟的和定向的（在野党与执政党的政策方向注定相左），公民个体真实具体的利益诉求则往往需要通过国会代表的选举和公民言论自由的宪法保护以及独立的司法体系裁决等一系列制度安排来保障。

不同于美国总统选举，在公司治理实践中，股东的利益诉求是真实而具体的，而且在不同的股东之间往往存在严重的利益冲突。一个同样来自美国国会参议员选举制度的有趣启发是，无论各州人口数量多少和面积大小，每州选举产生的参议员都是两名。同样的选举，总统需要向全体公民负责，而参议员选举严格遵守各州代表权平等原则，这在很大程度上与政党的利益诉求是虚拟的，而各州的利益诉求是具体甚至冲突的有关。更加有趣的是，为了避免地缘政治可能带来的负面影响，选举办法甚至取消首都华盛顿所在的哥伦比亚特区选举代表特区的参议员的权利。我们看到这些制度设计体现了真实具体利益分配的原则：避免打破代表不同利益诉求力量之间的平衡，尽可能实现各方利益的兼顾。而美国总统在选举产生后需要向全体公民负责，不是由于是否具有这样的浓郁理想主义色彩理念，而是由一系列完备的现实制度"将权力关在笼子里"所致。

其二，在公司治理实践中，我们所观察到的董事意见的分歧往往来自推荐董事的股东之间的利益分歧。我们以充满争议的万科引入深圳地铁重组预案的董事会表决为例。在 2016 年 6 月 17 日围绕引入深圳地铁重组预案的万科董事会 11 名成员的表决中，7 票同意，1 票回避，3 票反对。其中 3 张反对票来自华润委派的3 名董事，以至于一些媒体以"华润投出了反对票"为题报道万科这次重组预案的董事会表决情况。我们看到，董事会围绕很多具体事项的表决远不是这些董事应不应该代表全体股东的问题，而是他们能不能代表全体股东的问题。在引入深圳地铁重组预案的万科董事会表决中，与其说这些董事代表的是全体股东的利益诉求，不如说他们代表的更多是推荐他们成为董事的股东的利益诉求。事实上，在公司治理实践中，一个由某大股东推荐的董事在董事会表决中反映该大股东的利益诉求有时被认为是天经地义的事，即使那些利益可能由此受到损害的外部分散股东也不得不认同这一事实；某小股东即使由此起诉该董事违反了诚信义务，这对一些为董事购买了董事责任险的公司而言同样无法形成对该董事的实质性惩罚。反过来，你如果告诉一个小股东，他的利益诉求将由某大股东推荐的一名董事反映，反而会被其认为是天方夜谭。我们看到，这事实上也是很多国家公司法允许推选董事采用累积投票制以保证有代表小股东利益的董事胜出的现实原因。这里需要提醒法学学者的是，目前的董事产生机制和董事向股东所负的法律上诚信责任的司法界定和相应法律救济困难，决定了即使在未来很长的时期，董事也很难摆脱所推荐股东利益诉求的影响。

其三，事实上，对董事一经产生应该代表全体股东的最大悖论和事实反驳来自各国公司治理实践中独立董事制度的推行。在逻辑上，如果董事一经产生就应该代表全体股东，那显然并不需要什么独立董事。独立董事之所以在各国公司治理实践中引起广泛重视，恰恰是由于来自外部的、利益中性的，同时受到市场声誉约束的独董挑战管理层决策付出的成本要低于内部董事，因而能够代表分散股东利益在监督经理人中扮演重要角色。这使得除了 CEO 外其余全部为独立董事的董事会组织模式在英美等国公司治理实践中受到广泛推崇。

让我们再回到万科引入深圳地铁重组预案的董事会表决这一案例。其中回避表决的 1 票来自被认为与万科存在潜在关联关系的独立董事张利平。按照媒体的报道，当时的万科管理层和华润由此陷入投票表决结果是 7∶10 还是 7∶11 的"算术题"

之争。万科管理层认为张利平与华润存在潜在关联关系，回避表决使实际参与董事会表决的董事只有 10 名，因而董事会以 7：10 通过该重组预案；而华润则认为该独董的回避表决使得董事会的表决结果成为 7：11，因而该重组预案表决票未能达到通过董事会表决所需要的 2/3。我们从这一案例看到，独立董事尚不能完全摆脱所推荐股东的利益纠葛，更何况是不同股东推荐的内部董事本身。上述事实在一定程度上表明，希望每位董事代表的是全体股东而非推荐股东的利益诉求，只是一些法学学者从法理理想主义出发的一厢情愿和美好愿景，远非公司治理实践的现实。

那么，我们如何从经济学视角来理解公司治理实践中出现的超额委派董事现象呢？

理论上，最终所有者可以借助金字塔控股结构，实现"控制权和现金流权的分离"，为其对所控制的子公司和孙公司的外部分散股东进行隧道挖掘创造条件。我们假设有一家由母公司持有子公司 50％股份，而子公司持有孙公司 50％股份的金字塔控股结构所形成的企业集团。母公司虽然对孙公司现金流权只有 25％（50％×50％，由母公司出资占孙公司全部资本比例所体现），但其（通过 50％控股子公司）对孙公司的控制权却是 50％（由子公司对孙公司 50％投票表决权所体现）。借助金字塔控股结构，现金流权只有孙公司 25％的母公司，实现了对孙公司 50％的控制，导致了所谓"控制权和现金流权的分离"。这里的控制权反映实际控制人对重大决策的影响力，而现金流权则反映责任承担能力。二者的分离意味着承担责任与享有权力的不对称，形成一种经济学意义上的"负外部性"。最终所有者由此可以利用上述控制权与现金流权的分离机制通过关联交易、资金占用等对孙公司的资源进行隧道挖掘。例如，利用（通过50％控股子公司）对孙公司50％的控制权，母公司迫使孙公司与子公司进行关联交易，把孙公司的部分资源输送到子公司。对孙公司现金流权只有25％的母公司，以每单位25％的损失，换来子公司每单位50％的收益（母公司对子公司现金流权为50％），使孙公司外部分散股东的利益受到损害。这是在各国公司治理实践中，与大股东相关的资金占用、资金担保、关联交易不仅是监管的重点，而且需要独董围绕上述事项出具独立意见背后的重要原因。

我们容易理解，超额委派董事与金字塔控股结构以及由家族成员出任董事长一样，是第一大股东实现控制的重要途径。只不过金字塔控股结构是通过控制权与现金流权的分离实现的，而超额委派董事是第一大股东利用在董事会中提名更多董事从而形成对董事会重大决策的实际影响力与其持股比例所反映的责任承担能力的分离实现的。但无论是金字塔控股结构还是超额委派董事，都意味着承担责任与享有权力的不对称，形成一种经济学意义上的"负外部性"。在出现超额委派董事的公司中，我们并不能排除第一大股东对外部分散股东进行资金占用、关联交易等隧道挖掘行为的可能性。在广受批评的2016年南玻A"血洗董事会"事件中，持股比例仅25.77％的宝能系提名3名董事，占到全部非独立董事的 50%。

需要强调的是，根据我们的观察，在第一大股东持股比例不足 1/3 的我国上市公司中，甚至有超过 25% 的公司曾出现超额委派董事现象，高于 20% 这一所有上市公司的平均值。这意味着那些并没有拥有相对控制权的第一大股东更可能借助超额委派董事来加强对上市公司的控制。在上述意义上，超额委派董事和借助金字塔控股结构实现控制权与现金流权分离不仅存在战略补充的可能，还在一定程度上存在战略替代关系。

超额委派董事虽然仅仅使第一大股东具备借助资金占用和关联交易对外部分散小股东进行隧道挖掘的可能性，但作为潜在的公司治理问题，公司治理在理论和实务上都不得不对此加以防范。一个短期政策建议也许是，一方面，可以考虑为第一大股东未来提名董事的比例以其持股比例设定上限；另一方面，通过完善累积投票制，使更多代表中小股东利益诉求的董事在选举中胜出。在董事会组织的长远目标上，我们需要更多借鉴英美公司治理实践，以引入独立董事为主，使代表不同真实且冲突的利益诉求各方形成合理的制衡。

从万科新一届董事会组织存在的超额委派董事现象中，我们看到，虽然我国资本市场已经进入分散股权时代，但很多上市公司的董事会组织理念仍然停留在资本市场发展早期"一股独大"的公司治理模式下由控股股东来对董事会组织大包大揽的阶段。在上述意义上，我国上市公司董事会组织理念仍然需要经历漫长而痛苦的转型。

恒丰银行:"中国式内部人控制"问题[*]

　　2017 年 11 月 28 日晚间,各大主流媒体纷纷报道恒丰银行原董事长蔡国华被查一案。事实上,早在去年,《财新周刊》和《21 世纪经济报道》就分别以《恒丰银行股权控制术》和《谁的恒丰银行?》为题报道了位于山东烟台的股份制商业银行恒丰银行的员工持股计划丑闻和"高管涉嫌私分公款案"。根据当时公开披露的信息,烟台国资委独资的烟台蓝天投资控股有限公司持有该行 19.4% 的股份,是该行的第一大股东。在恒丰的股东中,不仅有来自江苏、上海、北京、厦门的机构投资者,而且还有来自新加坡大华银行这样的国际战略合作伙伴。从恒丰的股权结构安排来看,无论是股权多元化程度、国际开放程度,还是股权制衡程度,都堪称股份制商业银行中的典范。但为什么在股权结构堪称完美的恒丰依然让媒体发出了"谁的恒丰银行"的质疑呢?

　　从目前媒体的公开报道看,发生在恒丰银行的"高管私分公款案"、员工持股计划丑闻以及股权谜踪等都是典型的"内部

---

　　* 本文以《恒丰银行的"中国式"内部人控制问题》为题于 2017 年 12 月 4 日发表在 FT 中文网。

人控制"问题。公司法常识告诉我们，涉及股权变动事项当然需要征得现有股东的同意，何况员工持股计划这种增发意味着现有股东股权的稀释。恒丰有多位前高管分到 800 万元、2 100 万元人民币等不等的金额，而蔡国华本人从中分到 3 850 万元人民币。这如果是高管正常的薪酬补偿，那不仅要以薪酬合约作为依据，而且需要经过董事会讨论，甚至股东会通过。

这里所谓内部人控制问题指的是高管或执行董事，利用对公司的实际控制力所做出的损害股东所有者权益，挑战股东公司治理权威的行为。内部人控制问题最早爆发在英美等国的公司治理实践中，一方面是由于英美公司股权高度分散，另一方面是公司希望通过股权激励来协调经理人和股东之间利益冲突从而不断给予经理人股权激励。两方面因素共同作用的结果是经理人持股的比例越来越高，如同在经理人实际控制地位周围形成一个深挖的壕沟，以至于外部接管威胁都很难冲击和撼动。于是，被深深的壕沟所保护的经理人可以通过谋求控制权私人收益，甚至自己为自己发超额薪酬，使股东的利益受到损害。作为经理人代理问题的重要表现形式，内部人控制问题由此受到英美等国公司治理理论和实践的重视。

如果仔细对照发生在恒丰的内部控制人行为和英美等国传统意义上的内部控制人行为，我们会发现二者之间存在以下明显的差异。其一，形成恒丰银行内部人控制局面并非由于股权高度分散。除了前面提及的持股达 19.4% 的第一大股东烟台蓝天投资，尚未公开上市的恒丰第二大股东新加坡大华银行持股比例也高达

12.4％，甚至第三到第五大股东持股比例也均在 10％左右。按照经验研究中通常采用的股权制衡计算方法，第一大股东持股比例低于第二到第五大股东持股比例和的恒丰恰恰属于股权制衡度较高的股权结构类型。因而，这样的股权结构远谈不上股权高度分散，进而导致内部人控制。其二，在恒丰，是董事长而不是 CEO（行长）是内部人控制格局的核心。在英美公司治理实践中，董事长往往只是董事会的召集人，他在履行董事职责上并没有与其他董事相比更为特殊的权力。被称为首席执行官的 CEO 由于受到高的股权激励形成壕沟效应，成为英美等国家股权分散公司内部人控制的核心。而在恒丰，受第一大股东委派，代表国资委来履行国有资产监督职责的董事长才是我国制度背景下公司内部人控制格局的核心。在职能设定上和称谓上更类似于国外公司 CEO 的经理人则退化为董事长的执行助理。在围绕我国上市公司开展的实证研究中，董事长而不是经理人是公司治理需要关注的重点对象已经成为普遍的做法。其三，内部人控制地位的形成并非由于推行股权激励计划而使董事长形成壕沟效应，致使董事长的控制权地位由此无人撼动。熟悉我国资本市场相关规定的读者不难发现，我国对于国有性质的上级持股公司所委派的董事授予股权激励具有严格的限制。从目前披露的数据看，我们并不能观察到原董事长蔡国华个人直接持股。

由于上述三方面的原因，我们看到出现在恒丰的内部人控制问题并非英美等国传统意义上的内部人控制问题。因而我们并不能从这些国家公司治理实践经验中找到解决上述问题的现成答案。为了区分两种不同类型的内部人控制,我们借鉴现在媒体流行的语言,把发生在恒丰银行的具有典型中国制度背景特色的内部人控制概括为"中国式内部人控制"。

哈佛 Shleifer 教授的研究团队观察到,在全球 27 个主要大国中,大企业的股权都集中在大股东手里。他们由此认为,经理人和股东之间传统的代理冲突的重要性在一定程度上已经被控股股东如何剥削小股东这一新的公司治理问题所代替。我们虽然认同 Shleifer 教授所谓股东之间的代理冲突不容忽视的观点,但基于对中国公司治理现实的理解,需要强调,在中国资本市场,传统的经理人和股东之间的代理冲突问题依然严重,甚至在复杂金字塔式控股结构掩护下,经理人和股东之间的代理冲突引发的内部人控制问题变得更加复杂。而这是在我国资本市场特定制度背景下,所面临的公司治理"真"问题,它需要我国公司治理理论和实务界未来予以特别关注。

那么,引起恒丰银行"中国式内部人控制"的真正原因究竟是什么呢?从恒丰的案例看,至少来自以下两方面。

其一是董事长的产生机制和由此形成的董事长独特身份。在我国的公司治理实践中,对于第一大股东具有国有性质的企业,其党委书记、董事长、总经理等关键岗位往往是由该企业的中国共产党的上级组织部门按照干部考察程序任命的,尽管在形式上需要经过董事会提名和股东大会表决的程序。由于上述自上而下的特殊人事任命途径,任命者往往具有特殊身份。我们以恒丰银行为例。恒丰发布的相关公告这样宣称:"2013 年 12 月 19 日召开董事会会议，根据烟台市委、市政府有关任免推荐决定以及本行主要股东的提议，经董事会提名委员会资格审查通过，选举蔡国华先生为公司董事、董事长"。我们进一步考察蔡国华任职恒丰董事长之前的身份时发现，空降恒丰银行的蔡国华之前是烟台市委常委、副市长兼国资委党委书记。我们认为，对于蔡国华出任恒丰董事长的任命仅仅是烟台主要党政领导干部统筹安排中的一个环节。在一定程度上，这一任命甚至不是在烟台市范围内所能决定的。

其二是国有性质的第一大股东的所有者缺位。理论上，盈利动机强烈的股东将有动力阻止作为股东代理人的董事会任何侵害股东利益的行为，集中表现在第一大股东通常会在股东大会上对可能损害股东利益的相关决议投反对票，甚至提议及时更换损害股东利益的不称职董事会成员。但我们不难理解，无论是作为恒丰上级持股公司的蓝天投资还是全资控股蓝天投资的烟台国资委，对于曾经担任烟台市委常委、副市长兼国资委党委书记的蔡国华制衡力量十分有限。而作为恒丰第一大股东的蓝天投资，此时不仅不会形成对以原董事长蔡国华为首的董事会内部人控制行为的有效制约，反而成为其抗衡其他股东可能提出否定议案的可资利用的力量，甚至向其他股东传递出"想反对也没有用，因为我是第一大股东"的相反信号。恒丰案例在一定程度上表明，大股东由于真正所有者缺位，并不能很好地履行监督经理人职能，进而形成公司治理真空，为内部人控制大开方便之门，由此不可避免地导致"中国式内部人控制"问题出现。在上述"中国式内部人控制"格局形成后，恒丰接下来发生的员工持股计划丑闻、"高管涉嫌私分公款案"和"股权谜踪"不仅在预料之内，而且在"情理"之中。

那么，如何消除"中国式内部人控制"这一我国公司治理实践中的痼疾呢？事实上，一段时期以来作为国有企业改革的重要举措，从原来的"管企业"变革为现在的"管资本"就是解决发生在恒丰的"中国式内部人控制"问题的关键。通过上述根本性的变革，股东真正成为公司治理的权威，以避免由于所有者缺位形成的公司治理真空。这样，像如今发生在恒丰银行的内部人控制现象将在一定程度减少，而员工持股计划丑闻、"高管涉嫌私分公款案"和"股权谜踪"等乱象才能从根本上杜绝。

从 2015 年开始，我国上市公司第一大股东平均持股比例低于标志相对控制权的 33.3%，我国资本市场开始进入分散股权时代。进入分散股权时代的我国资本市场未来需要更加树立股东是公司治理真正权威的意识，使股东大会围绕重要事项的投票表决成为体现不同股东意愿诉求，保护股东权益的重要平台。同时，我国资本市场应该鼓励公司聘请比例更高的来自外部的利益中性的独立董事来从专业角度提出防止中小股东利益受到损害的意见和建议；必要时，甚至鼓励包括险资养老金等在内的机构投资者发起的接管威胁，使其成为完善公司治理的重要外部治理力量。

任人唯亲的董事会文化与公司治理[*]

(一) 引言：从制度到文化的公司治理研究

与企业管理实践规章制度确立和企业文化建设并重不同，传统上，公司治理更加关注企业层面的制度建设。这集中体现在，公司治理更多依赖各种内部和外部公司治理机制的引入和完善，来实现"使资金的提供者按时收回投资并取得合理回报"的公司治理目的。然而，近年来一些文献表明，文化在各国不同公司治理模式的形成和促进各国金融发展中扮演重要角色。例如，公司治理模式比较研究通常把股权集中与否作为区分银行中心的日德公司治理模式与市场中心的英美公司治理模式的关键。而LLSV[①] 以来的法与金融相关文献则表明，法律对投资者权利保护是与股权集中程度相比影响一国金融发展水平更为根本的因素，股权集中在一定程度上只是法律对投资者权利保护不足下投资者为了

＊ 本文以《任人唯亲的董事会文化与公司治理》为题发表在《金融评论》2016 年第 5 期（与郑建强和李俊强合著）。

① LA PORTA, RAFAEL, LOPEZ-DE-SILANES F, et al. Law and finance. Journal of Political Economy, 1998, 106：1113-1155.

减缓经理人盘剥的一种自然应对。Stulz 和 Williamson[①] 的研究则进一步发现,一国法律对投资者权利保护程度受到宗教与语言所代表的文化的影响。Dyck 和 Zingales[②] 进一步提供了良好的文化可以通过降低控制权私人收益来促进一国金融发展的证据。

当越来越多的文献认识到文化和制度建设一样是影响公司治理机制有效性的重要因素时,除了 Stulz 和 Williamson、Dyck 和 Zingales 等用宗教和语言来作为文化的代理变量的少数基于国家层面的国际经验比较研究外,围绕文化的公司治理角色的公司层面的实证研究却并不多见。一个很重要的原因是,"不可言传只可意会"的文化在公司层面往往难以识别和度量。我们以无论是公司治理理论还是实务界都十分关注的经理人超额薪酬现象为例加以说明。对于经验上观察到的经理人超额薪酬现象,我们往往无法识别其原因究竟是经理人权力等制度因素还是由于任人唯亲的董事会文化因素。特别是,经理人权力的制度设计往往有助于任人唯亲的董事会文化的形成,而任人唯亲的董事会文化则反过来会加强经理人的实际权力。制度和文化因素的相互交织、相互影响使我们更加难以从中识别文化在经理人超额薪酬现象上所扮演的角色。

因此,围绕文化的公司治理效应层面的经验研究,我们首先

① STULZ R M, WILLIAMSON R. Culture, openness, and finance. Journal of Financial Economics, 2003, 70: 313-349.

② DYCK A, ZINGALES L. Private Benefits of Control: An international comparison. The Journal of Finance, 2004, 59: 537-600.

需要能够在一定程度上识别文化与制度设计作用的边界，从而"把属于文化的归文化，把属于制度的归制度"。对于这一问题，一个有启发性的讨论来自秦晖2015年出版的著作①。该书对文化与制度的简单划分是，"选择什么"是文化，而"能否选择"则是制度。该书进一步举例，爱吃中餐和爱吃西餐是文化之别，但饮食自由和饮食管制是制度之别；信基督和信孔子是文化之别，但信仰自由与神权专制是制度之别；拥戴圣贤和拥戴能人是文化之别，但是否有权选择拥戴者（是否民主），则是制度之别。

对照秦晖对文化和制度的上述讨论，我们以上市公司遴选独董为例来说明如何在公司治理实证研究中区分文化与制度作用的边界。相关法律法规通常会对具备什么资质的候选人可以成为上市公司独董做出严格规定，以确保来自"外部"和"独立"的独董监督的有效。然而，在符合任职条件的独董候选人中，相关法律法规却并没有明确排斥和严格限定董事长或总经理的"朋友"或"朋友的朋友"不能成为独董。这意味着，上市公司在独董基本任职资格得到满足的前提下，既可以任人唯贤，也可以任人唯亲。套用秦晖的说法，是否允许选择"不独立"的候选人作为独董是制度问题，而在候选人满足独董基本任职资格的前提下，选择任人唯亲还是任人唯贤则是一个文化问题。

受上述讨论的启发，本部分在开展文化的公司治理效应的实

---

① 秦晖．走出帝制：从晚清到民国的历史回望．北京：群言出版社，2015.

证研究中，最终以相关法律法规、公司章程、内部治理规范以及治理实践是否明确做出限定来识别制度与文化的作用边界。因为董事会被认为是现代公司治理的核心①，而一些最终使股东利益受损的不良公司治理文化的形成往往和董事会组成与更迭的任人唯亲相联系，因而我们习惯上把上述文化称为任人唯亲的董事会文化。我们看到，与企业管理实践中企业文化通常具有褒义色彩不同，在公司治理实践中董事会文化由于往往与任人唯亲问题联系在一起，而更多带有贬义色彩。

对于上述在公司治理实证研究中可供选择的判断文化与制度作用边界的标准，有以下三方面的提醒和说明。

第一，虽然我们可以利用上述标准在一定范围内和一定程度上识别文化与制度作用的边界，但这并不意味着文化和制度对公司治理的实际效应总是泾渭分明。在公司治理实践中，文化与制度的作用往往是你中有我，我中有你，既相互交织，又相互依存。回到上市公司遴选独董的例子。按照上述判断文化与制度作用边界的标准，如果相关规范和实践并没有对独董候选人不得是董事长或总经理的朋友或朋友的朋友任职做出明确限定，那么，独董遴选过程中实际发生的任人唯亲倾向在一定程度上是一个文化问题。然而，一个毋庸置疑的事实是，上市公司之所以可以在独董更迭中任人唯亲，离不开内部人控制格局所导致的对独董产

---

① HERMALIN B E, WEISBACH M S. Boards of directors as an endogenously determined institution: a survey of the economic literature. National Bureau of Economic Research, 2001, 73: 7-26.

生过程（提名、面试）的实质影响和逆淘汰出具否定意见的独董背后的"经理人权力"这一制度安排；而任人唯亲的董事会文化在形成后反过来会成为阻挠出台阻止内部人谋求控制权私人收益的制度建设和革新措施的力量。我们知道，作为维持企业正常运行的基本制度之一，公司治理长期以来形成关注制度建设的传统。而这里强调的是，对于公司治理，我们除了关注制度层面的建设，还应该同时从文化，特别是任人唯亲的董事会文化的视角来理解公司治理现象。对文化视角的强调并不意味着我们对更为根本的制度建设的忽视。因此，我们的很多研究虽然强调的是任人唯亲的董事会文化，但始终没有忽视对制度建设本身的关注。用类似于陈乐民先生"眼中看的是欧洲，但心里想的是中国"的表述，我们这里眼中观察的是文化的潜在影响，心中想的却是其背后的制度根源①。

第二，作为新兴市场国家，我国无论是在法律对投资者权利保护上还是在法律实施质量上都有待提高，制度为文化发挥潜在的影响力留有较大的空间。对我国上市公司章程的考察发现，很多公司把公司章程这一"公司的宪法"制定仅仅理解为对上市监管要求的满足，致使很多公司章程看上去大同小异，千篇一律，趋同性严重。既然连被认为是"公司的宪法"的公司章程都形同虚设，那么，在公司营运过程中实际发挥作用的自然离不开各种看得见的明规则和看不见的潜规则，其中文化的重要性不言而

---

① 陈乐民. 在中西之间：自述与回忆. 北京：生活·读书·新知三联书店，2014.

喻。因而从文化的视角来开展公司治理研究对于我国上市公司具有特别重要和更加现实的意义。

第三，我国上市公司在股权结构上的"一股独大"是任人唯亲的董事会文化形成的特殊制度根源之一。在成熟市场经济国家上市公司股权高度分散的股权结构下，董事出于对作为管理权威的经理人的尊重，会表现出一种"优雅殷勤般的礼貌"。他即使提出不同意见，也是"隔靴搔痒式的批评"。因而"优雅殷勤般的礼貌"和"隔靴搔痒式的批评"被认为是上述股权结构下上市公司董事会文化的典型特征。Jensen① 指出，"以真理和坦率为代价的优雅殷勤般的礼貌"的董事会文化抑制冲突，是导致董事会治理失败的部分原因。

与上述成熟市场经济国家上市公司股权结构不同，在我国上市公司中，无论是国有企业还是民营公司大都选择了"一股独大"的股权结构。它们虽然都是一股独大的股权结构，但由于控股股东国有性质和民营性质的差异，任人唯亲董事会文化的中心在民营与国有上市公司存在差异。民营企业往往是家族企业，因而家族成为上市公司治理的核心。不仅董事长由家族成员出任，甚至总经理和主要的董事也来自家族成员。在平衡家族成员的信任和外部职业经理人能力的基础上，在民营上市公司形成以家族为中心的任人唯亲董事会文化自不待言。

由于真正所有者缺位和依赖长的委托代理链条来实现对公司

---

① JENSEN M C. The modern industrial revolution, exit, and the failure of internal control systems. Journal of Finance, 1993, 48(3): 831-880.

的控制，在我国国有上市公司逐步形成以董事长这一公司实际控制人为中心的内部人控制格局和相应的任人唯亲的董事会文化。这与民营上市公司以家族为中心形成任人唯亲的董事会文化略有不同。这些作为公司实际控制人的董事长对包括独董提名和高管推荐等在内的公司决策具有举足轻重的影响力。这是因为，一方面，在国有控股的格局下，作为法人代表的董事长的任何行为都会被解读为体现控股股东的意志，董事长主导下的各项议案在经过一些必要流程后通过成为必然，即使外部分散股东对某些议案存在异议。因而，一方面，在"一股独大"格局下董事长提出并最终通过的议案在法理上不仅看起来程序合法，而且内容合理；另一方面，国有控股股权结构下的控股股东并非具有明确盈利动机和独立判断能力的具体投资者，而是作为长委托代理链条中一环的代理人，对于上市公司实际业务开展和经营管理活动正当性的判断显得力不从心。由于上述两方面的原因，在国有上市公司中，作为实际控制人的董事长逐步成为内部人控制格局的核心和任人唯亲董事会文化的中心。在那些董事长长期任职甚至兼任总经理的国有上市公司中，内部人控制问题和相应的任人唯亲的董事会文化尤为严重。只不过这里的"亲"并非民营上市公司中的家族成员，而是董事长认同和信赖的"朋友"或"朋友的朋友"。即使退休后，董事长也能通过安排所信赖的部下成为继任者的方式持续保持对公司经营管理重大决策的影响力。我们看到，由于上述股权结构的差异，我国上市公司"一股独大"的股权结构下的董事长实际上在扮演成熟市场经济国家上市公司股权高度分散的股权结构下 CEO 的角色。这事实上是从我国制度背景出发研究我国上市公司治理问题的文献所关注的代理问题的核心往往不是和成熟市场经济国家上市公司权力构架 CEO 对应的总经理,而是作为公司实际控制人的董事长背后的原因。

上述分析表明,虽然公司治理模式作为董事会文化的中心存在差异,但无论在国有还是民营上市公司,伴随"一股独大"出现的内部人控制格局使得任人唯亲的董事会文化形成成为可能。因而,"一股独大"的股权结构成为我国上市公司任人唯亲董事会文化出现的特殊制度根源。只不过,国有上市公司最终形成以实际控制人——在任(有时甚至是前任)董事长为中心的任人唯亲董事会文化,而在民营上市公司通常形成的是以家族为中心的任人唯亲的文化。对于民营企业,虽然很多重要战略决策是由某种特定形式的家庭会议做出的,但家族有时会推选一名成员代表家族成为董事长。在很多时候,成为董事长的家族代表往往是家族中最有影响力的成员。以下为了讨论和表述的方便,我们不再区分作为国有上市公司任人唯亲董事会文化中心、公司实际控制人的在位(或前任)董事长与作为民营上市公司相应文化中心的家族(代表)的董事长,而统一用"董事长"来概括"我国制度背景下上市公司任人唯亲的董事会文化的中心"。

我们看到,与成熟市场经济国家上市公司"优雅殷勤般的礼貌"和"隔靴搔痒式的批评"的董事会文化不同,建立在"一股独大"股权结构这一制度根源上的任人唯亲董事会文化使得董事会成员对于董事长的"人身依附"色彩更加浓郁。董事的行为标准不再依据是否违反向股东所负有的诚信义务，而是演变为对董事长个人的忠诚程度。正如 Khatri 和 Tsang[①] 所描述的，"上级对下级基于关系而非能力的偏袒，其获得的是下级对上级的个人义气或忠诚"。这使得董事会许多重要决策的制定不是依据商业规则和基于商议性民主集思广益、充分酝酿形成最终决策，而是受到董事长个人好恶，以及董事会成员之间亲疏关系的影响。在存在任人唯亲董事会文化的公司中，董事长个人的知识、能力和眼界由此成为决定企业是否成功十分重要的因素。一个远见卓识、坚毅果敢的董事长将率领企业克服困难，走向辉煌；而一个目光短浅、刚愎自用的董事长则会使企业举步维艰，陷入困境。即使一个董事长早年有过带领企业走向辉煌的经历，但随着董事长年龄的增长以及健康状况恶化，甚至任职年限的限制，早年的辉煌往往难以为继。特别是对于家族企业，信任和能力两难的传承问题始终是绕不过去的一道坎。因而，在存在任人唯亲董事会文化的公司中，往往"成也董事长，败也董事长"。而在并不存在严重的任人唯亲董事会文化的公司中，由董事长个人特征所带来经营管理的波动与不确定性往往要小得多。

我们看到，由于在任人唯亲董事会文化中董事会成员的附和、纵容，具有举足轻重影响力的董事长往往难以受到制约，盲目扩张，不仅使公司代理成本居高不下，而且会以隧道挖掘等方式谋取（实际）控制权的私人收益，最终损害外部分散股东的利

---

① KHATRI N，TSANG E W K. Antecedents and consequences of cronyism in organizations. Journal of Business Ethics，2003，43(4)：289-303.

益。因此，对于公司治理机制有效性的提高，除了从制度设计本身寻找对策外，我们还可以从文化改良来寻求出路。这一点对于正式制度建设和实施质量均有待提高的包括我国在内的新兴市场国家尤为重要。当然，正如我们前面所讨论的，制度的确立和文化的形成相辅相成，任人唯亲的董事会文化背后有其深厚的制度根源。这看起来是一个文化问题，但我们可能需要从文化改良和制度设计两个方面同时着手，双管齐下。

以下部分的内容组织如下。第二部分从基于社会连接对董事会成员的聘任、经理人（董事）超额薪酬问题、独董否定意见发表的阶段特征、独董返聘现象、独董换届未连任现象等方面讨论我国上市公司任人唯亲董事会文化的可能表征。第三部分，进一步从董事长权力和内部人控制、逆淘汰说"不"独董的机制、任期限制、通过返聘实现的变相的任期延长、外部法律市场制度环境等视角来探讨我国上市公司任人唯亲董事会文化形成背后的制度因素。第四部分从股权结构多元化、董事会成为公司治理的权威、独董职业关注、对独董任期的相关规定、独董自身的激励问题等方面讨论打破任人唯亲董事会文化的可能实现路径。

（二）任人唯亲董事会文化的表征

对于我国上市公司可能存在的任人唯亲的董事会文化，我们可以通过以下发生在我国资本市场制度背景下独特的故事和现象加以识别。

第一，基于社会连接对董事会成员的聘任。在董事会成员的聘任（包括新聘、留任乃至返聘）问题上，社会连接（所谓的"人际关系"）发挥了重要作用。这是形成任人唯亲的董事会文化的开始。同学、同事、同乡、校（战）友等在个人经历上有过的交集或人际社会网络的节点使彼此之间建立与陌生人相比更为"熟悉"和"亲密"的关系。上述交集与节点的出现，使得董事会成员之间出现某种趋同性。从朴素和良好的愿望出发，我们看到，董事会成员之间能够基于同质性（homophily）建立一种价值认同感，实现所谓"物以类聚，人以群分（birds of a feather flock together）"[1]。例如，Zajac and Westphal[2] 的研究发现，在董事会力量较强的公司，往往选择与董事会具有类似特征的候选人作为新的 CEO。Volonte[3] 的研究则发现，在多语言、多宗教的瑞士，语言和信仰因素会显著地影响董事会的组成。董事会成员倾向于使用相同的语言与其他成员进行交流，同时在同等条件下，优先聘请具有相同信仰的候选人。

应该说，仅仅在董事会中形成一定程度的同质，并不必然导致任人唯亲的董事会文化的出现。Subrahmanyam[4] 的研究发现，

① MCPHERSON M，SMITH-LOVIN L，COOK J M. Birds of a feather：homophily in social networks. Annual Review of Sociology，2001，27：415-444.

② ZAJAC E J，WESTPHAL J D. Director reputation，CEO-board power，and the dynamics of board interlocks. Administrative Science Quarterly，1996，41：507-529.

③ VOLONTE C. Culture and Corporate Governance：The influence of language and religion in Switzerland. Management International Review，2015，55：77-118.

④ SUBRAHMANYAM A. Social networks and corporate governance. European Financial Management，2008，14(4)：633-662.

一方面，社会网络的存在有助于董事会对拟聘任的 CEO 获得相关信息，在一定程度上减少在聘任过程中的信息不对称，因而具有信息效应。但另一方面，当 CEO 追求私人收益，社会网络关系的存在会使得与 CEO 具有网络关系的董事的监督作用减弱，因为监督职能的履行将在一定程度上破坏董事会成员之前业已形成的良好关系。Subrahmanyam 基于美国的实证研究表明，董事会与 CEO 存在社会网络连接时，用以衡量公司治理状况构建的指标较差，企业价值较低，同时高管的薪酬高于预期。当社会网络同时存在两种方向相反的效应时，公司将在选择出有能力的 CEO 的信息优势与削弱监督之间进行权衡。

基于社会连接聘任的董事会成员的监督效果由此引起了理论界的关注。Hwang 与 Kim[1] 基于美国《财富》100 公司的数据，实证考察了与 CEO 有社会连接的独董的监督效果。他们的研究发现，只有将与 CEO 存在社会关联的独董剔除，用剩余的独董作为董事会独立性新的定义，才能得到伴随着董事会独立性的提高，CEO 薪酬业绩敏感性和更迭业绩敏感性更强的结论。该研究表明，社会连接的确影响了独董监督和约束 CEO 的有效性，使得基于社会连接产生的"独立"董事事实上根本不独立。因而，公司治理的理论研究需要对独立董事，以及董事会独立性等传统概念进行重新定义。Fracassi 与 Tate[2] 则利用董事的退休或者突

---

① HWANG B-H，KIM S. It pays to have friends. Journal of Financial Economics，2009，93(1)：138-158.

② FRACASSI C，TATE G. External networking and internal firm governance. Journal of Finance，2012，67(1)：153-194.

然死亡事件，采用事件研究法得到近似的结论。上述文献共同表明，基于社会连接进入董事会的独董事实上一定程度丧失独立性，不仅使其未能很好履行监督职能，在一定程度上还导致公司会计盈余管理、财务欺诈、毒丸防卫计划的频繁出现，而且上述风气在不同公司间相互转染，不利于企业价值的增加和外部股东利益的保护。

刘诚、杨继东[1]利用我国上市公司的数据，针对与 CEO 存在社会连接的灰色董事的现状，将独立董事进一步区分为名义独立董事和实际独立董事。他们的研究表明，实际独立董事能够有效监督 CEO，而与 CEO 存在社会连接的名义独立董事却成为 CEO 履职不当的"保护伞"。宁向东、张颖[2]的研究发现，独董与控股股东存在私人关系，会使独董监督的诚信度与勤勉度大打折扣。因而，看起来降低信息不对称的社会连接如果缺乏必要的制度设计加以防范，则很容易蜕化为形成任人唯亲董事会文化的温床。

第二，经理人超额薪酬。在公司治理文献中，最早与任人唯亲董事会文化连接在一起的是经理人超额薪酬。所谓经理人超额薪酬指的是指经理人利用手中的权力和影响寻租而获得的超过公平谈判所得的收入，其突出表现在，薪酬与业绩的不对应，获得报酬不是由于经理人的努力，而是由于他的运气以及与普通雇员收入的增长不成比例等。经理人攫取超额薪酬往往带来严重的社

---

① 刘诚，杨继东. 独立董事的社会关系与监督功能——基于 CEO 被迫离职的证据. 财经研究，2013(7).

② 宁向东，张颖. 独立董事能够勤勉和诚信地进行监督吗——独立董事行为决策模型的构建. 中国工业经济，2012(1).

会经济后果。其一，经理人利用权力和影响以薪酬这一社会伦理相对容易接受的方式进行掠夺，损害了外部投资者的利益，引起投资者对公司治理失败新的担心。其二，由于经理人超额薪酬成为经理人谋取控制权私人收益的新形式，随着这一新形式的出现，经理人的造假、会计操纵和盈余管理等行为比以往更加频繁和复杂，为加强公司的内部控制和监管带来了新的挑战。其三，经理人超额薪酬损害了全社会收入分配的公平性，扩大了社会的贫富差距，激起公众的强烈不满，甚至会演变为一个社会问题。Bebchuk 与 Fried[1][2] 认为，由于所有权与控制权的分离，经理人实际上可以通过俘获董事会和薪酬委员会为自己制定薪酬，因而经理人权力是导致经理人超额薪酬的重要原因。

Brick 等人[3]的研究则发现，一些公司存在董事与经理人互相为对方发放超额薪酬现象，这体现在经理人超额薪酬与董事超额薪酬存在显著的正相关关系。如果单纯是经理人权力在发挥作用，那我们更应该观察到的是经理人假借董事之手为自己发放超额薪酬，而没有必要同时为董事发放超额薪酬。那么，如何解释这一有趣的互相发放超额薪酬的现象呢？Brick 等人认为，"与企业业绩低劣相联系的经理人超额薪酬"显然并非由于经理人权

---

① BEBCHUK L A，FRIED J M. Executive compensation as an agency problem. Journal of Economic Perspectives，2003，17(3)：71-92.

② BEBCHUK L A，FRIED J M. Pay without Performance：The unfulfilled promise of executive compensation. Cambridge，MA：Harvard University Press，2004.

③ BRICK I E，PALMON O，WALD J K. CEO compensation，director compensation，and firm performance：evidence of cronyism?. Journal of Corporate Finance，2006，12：403-423.

力，而是"由任人唯亲的董事会文化导致的"。超额薪酬这里体现的是董事会与经理人之间"一人得道，鸡犬升天"的利益均沾，而非经理人与董事对企业真实贡献的合理回报，是任人唯亲董事会文化的真实体现。

这一视角对于注重人情关系的东方文化下我国上市公司的相关公司治理实践具有特殊的政策含义。由于我国并没有形成成熟的董事市场，依靠朋友的推荐在符合条件的朋友和朋友的朋友中选择董事在我国公司治理实践中十分流行。我们利用我国上市公司的数据，在经理人权力的潜在影响之外，发现任人唯亲的董事会文化是我国上市公司经理人超额薪酬的重要影响因素。

需要说明的是，由于任人唯亲董事会文化"只可意会，不可言传"引起的变量直接度量的困难，无论 Brick 等人还是其他学者，对任人唯亲董事会文化的度量是采用通过对经理人超额薪酬与董事超额薪酬的拟合以及相关关系的考察间接实现的。上述研究提供的间接证据表明，任人唯亲董事会文化在包括我国在内的很多国家可能存在，但我们需要提供更加直接的证据。

第三，独董否定意见发表的任期阶段特征。与美国等成熟市场经济国家对独董任期没有明确限制不同，按照相关规定，我国上市公司的独董在同一公司任职不能超过两个任期。上述规定意味着一位独董在一家公司任满两个任期后必须离任，独董只有在首个任期才涉及连任问题，因而同一位独董在任期的不同阶段连任动机不同。这一制度背景成为我国上市公司独董在不同任期阶段监督行为存在差异的特殊原因。上述任期限制也为我们从文化视角观察独董行为的垂直差异特征带来便利。

我们将独董任期阶段特征与独董履行监督职能的集中真实体现——否定性意见发表联系在一起,利用我国上市公司独特的数据和研究场景,实证考察了在不同任期阶段由于连任动机差异对独董发表否定性意见的行为的影响。研究发现,独董在首个任期和第二任期中监督行为存在显著差异,在第二个任期独董对董事会提案出具否定意见的可能性是首个任期的 1.41 倍。

以往研究表明,逆淘汰说"不"独董的机制和任人唯亲的董事会文化严重影响了我国上市公司独董监督行为履行的有效性。我们在已有文献的基础上进一步研究发现,在那些历史上存在逆淘汰独董现象的公司,独董在第一阶段更加倾向于选择沉默和顺从。因此,逆淘汰说"不"独董的机制和文化在短期内导致敢于说"不"的独董自身失去职位的同时,从长期看,抑制和打击了公司未来其他独董履行监督职能的积极性,成为我国上市公司独董并未发挥预期的监督作用的重要原因之一。

Jiang 等人[①]在利用我国上市公司数据考察独董声誉和职业关注是否构成独董说"不"的隐性激励时,同样观察到独董所处的任期会影响独董说"不"行为的现象[②]。需要说明的是,要想对

---

① WEL J,WAN H L,ZHAO S. Reputation concerns of independent directors:evidence from individual director voting. Review of Financial Studies,2016,29(3):655-696.

② Jiang et al.(2016)的研究发现,在我国上市公司中,年轻的独董和媒体曝光次数较多的独董更可能对董事会提案提出否定意见,因而独董的声誉和职业关注在我国上市公司中发挥重要的隐性激励作用。

独董监督行为任期阶段的特征进行完整诠释，在强调声誉和职业
关注等隐性激励的同时，也不能忽视我国资本市场存在的逆淘汰
说"不"独董的机制和文化的影响。对独董监督呈现任期阶段的
特征的一个完整解释是：对于在任期第一阶段谋求连任的独董而
言，逆淘汰说"不"独董的机制和文化对独董监督行为的影响超
过独董对声誉和未来职业发展的关注，成为占据主导的效应；在
第二个任期，由于临近任期的结束，维护独董声誉和职业关注的
因素超过逆淘汰机制和文化的效应成为占据主导的效应。上述两
种视角的完美结合才能最终合理解释中国资本市场独董说"不"
存在阶段特征的现象。

第四，独董返聘现象。为了保持独董的独立性，按照监管当
局的相关规定，我国上市公司独董"连任时间不得超过六年"。
然而，我国很多上市公司出现曾经已经任期届满的独董在短暂离
开公司后重新被返聘回原公司的现象。例如，在深交所上市的 Y
公司在 2011 年聘任 A 和 B 担任第 7 届独董，而 A 和 B 都曾在该
公司 2002 年至 2008 年担任第 4、5 届独董。类似地，在上交所上
市的 Z 公司，曾在 2000—2008 年任职第 1、2、3 届独董的 W，
离任两年后于 2010 年重新被返聘担任第 4 届独董。我们把上述现
象概括为"独董返聘"现象。"独董返聘"现象从形式上看，并
没有违反监管当局关于独董任职的相关规定。因而，我们并不能
从制度设计上对此现象得到全部解读，我们需要另辟蹊径从文化
角度来理解这一在我国资本市场制度背景下所发生的具有我国制
度和文化特质的上市公司独董更迭现象。

理论上,独董返聘既可能由于上市公司对独董监督和咨询能力的信任,也可能与任人唯亲的董事会文化联系在一起。例如,任期较长的董事更可能与管理层建立私人友谊,产生偏袒管理层的倾向,延长的任期将以监督职能的削弱和投资者利益的损害为代价。而独董通过返聘的方式变相实现了任期的延长。监管当局对独董任期加以限制的初衷同样是为了防止独董与上市公司高管因任期过长而关系变得过于紧密,影响独董的独立性和监督的有效性。

我们实证考察了我国上市公司存在的独特的独董返聘现象的影响因素及其经济后果。研究发现,存在独董返聘现象的公司与不存在独董返聘现象的公司相比,返聘独董后公司业绩显著降低。在董事长近年未发生变更、来源于内部晋升、在上市公司领薪以及独立董事从未发表否定意见的公司更可能返聘独董;任职期限更长的独董更容易被返聘。因而,在形式上看起来并没有违反监管当局关于独董任职期限与条件的相关规定的独董返聘现象在很大程度上削弱了独董的独立性与监督职能的有效履行,一定程度上成为我国上市公司存在任人唯亲董事会文化的一种特殊表征。如果我们确实需要在实证分析中引入反映董事会独立性的指标,应该至少将返聘独董剔除。

第五,独董换届未连任现象。在我国上市公司,属于兼职工作性质的独立董事,除由于个人健康和违规等原因提前辞职外,通常可以任满两届。然而,我们注意到一些上市公司的独董在任满一届换届时没有继续连任公司独董。例如,乐某于 2009 年开始担任上市公司 K 公司第 6 届董事会独董。在 2012 年公司董事会换届时，刚刚任满一届，并没有任何违规处罚且正年富力强的乐某却出人意料地没有继续连任公司第 7 届董事会独董。我们把并非由于健康、年龄和违规处罚等原因，刚刚任满一届的独董在董事会换届时没有继续出任新一届董事会独董的现象称为独董未连任现象。继续观察 K 公司在乐某未连任后的表现，我们发现，按照该公司在 2013 年 4 月 23 日发布的公告，该公司由于在 2009—2012 年间在公司治理、信息披露、财务会计等方面的违规行为被监管机构限期责令改正。我们看到，K 公司在 2013 年开始暴露的违规行为事实上可以从乐某在 2012 年换届中未连任得到某种警示。

需要说明的是，由于以下原因，我们并不能把独董未连任现象简单等同于独董辞职事件。独董未连任现象恰恰是发生在我国上市公司中具有典型的我国资本市场制度和文化特质的独特的独董更迭现象。其一，在美国等成熟市场经济国家上市公司，独董并无明确的任期限制。独董由于健康或履职不当等原因无法继续任职通常是以辞职的方式实现的。上市公司需要对独董辞职原因以发布公告的方式进行信息披露。因此，围绕上市公司独董辞职事件，外部投资者可以从独董辞职公告的市场反应中部分解读出相关公司经营状况变化的信息，学者则可以开展事件研究以考察独董辞职的市场反应，以及对后续可能发生的会计丑闻等进行预警。与美国等成熟市场经济国家的实践不同，我国上市公司独董存在明确的任期限定，这使得我国上市公司独董除了辞职，还可以选择任期届满未连任这一方式离职。其二,按照相关监管规定,我国上市公司并不需要对任期届满未连任独董离职原因进行公告性说明。同时,以上述方式离职的消息又与公司董事会换届、董事会讨论其他重要事项甚至股东大会召开等信息混杂在一起,因而无法围绕任期届满离职独董开展基于事件研究的考察。我们知道,为了减少外部投资者的猜测和由此引起的股价波动,无论是美国还是中国上市公司通常都会尽可能弱化独董辞职事件,甚至尽可能地隐藏"坏消息"。与已经十分中性的"忙碌""个人原因""健康原因"等辞职原因表述相比,任期届满离职看上去似乎再正常不过,向资本市场传递的信息量降到最低,从而可以有效避免股价剧烈波动。其三,为了配合公司的意图以及不打破业已形成的人际关系,独董有动机尽可能消除离职所带来的潜在影响。除非确实由于健康、违规等原因,独董通常并不情愿选择以辞职这样相对激烈的方式,而是以符合监管规定的换届这一相对自然,同时更加符合东方"和为贵"文化传统的方式,结束在一家公司独董的任职。由于以上三方面的原因,我们看到,相对于辞职而言,任期届满未连任成为无论是上市公司还是独董本人处理独董离职问题时都十分青睐的方式。独董未连任现象由此成为在我国上市公司中具有典型的制度和文化特质的独特的独董更迭现象。

然而,如果说一个独董任期届满离职也许确实没有太多信息可供解读,那么,作为兼职工作性质原本可以连任两期的独董却在任满一届换届时未连任则未必如此。从前述的案例中我们看到，独董换届未连任的背后往往预示着公司重要违规问题的发生。理论上，一方面，出于声誉和法律风险的考虑，在董事会决议的表决时独董选择与股东利益站在一起，毕竟经历了公司财务困境或差的业绩的外部董事在后续获得其他公司董事席位的可能性会减少。因此，当独董察觉到公司出现自己无力改变的公司治理和违规问题苗头，而这些违规行为将波及自己的声誉，甚至使自己承担可能的法律风险，独董将被迫选择以适当的方式离开公司。另一方面，独董对推荐他们出任独董的管理层心怀感激，愿意迎合。为了不伤及推荐自己出任独董的高管团队的知遇之恩，同时尽可能弱化独董辞职事件带来的股价剧烈波动，一个两全其美的决定是在公司董事会换届时独董以未连任的方式离开公司。这意味着，我国资本市场外部投资者除了独董辞职外，还可以通过观察独董换届时是否连任这一特殊途径来解读其背后可能包含的公司治理状况信息。因此，看上去信息量不大的独董换届未连任却成为我国制度和文化背景下外部资本市场投资者解读上市公司治理状况的特殊渠道和重要途径。我国上市公司独董看似通过换届未连任这一自然方式"无言"地离开，但往往能起到"此时无声胜有声"的效果。

我们实证考察了我国上市公司中独董未连任现象发生与之后公司发生关联交易、违规事件可能性的关系，为独董换届未连任成为我国资本市场投资者解读上市公司治理现状的特殊渠道和重要途径提供了系统的证据。研究发现，相对于其他公司，存在独董换届未连任现象的公司未来更可能发生掏空型关联交易和违规行为,因而独董换届未连任现象成为传递一个公司治理存在潜在问题的一种特殊信号。其中,存在只在一家公司兼任独董的所谓"专职"独董换届未连任的公司未来关联交易行为更为严重,而存在财务会计背景的独董换届未连任现象的公司未来发生违规行为的可能性更大,因而,"专职独董"和"会计背景独董"换届未连任的信息内涵更加丰富。研究表明,即使面临声誉和法律风险而被迫离开公司,但受到东方"和为贵"文化传统的影响,独董通常并不情愿选择辞职这样相对激烈的方式,而是宁愿选择制度所允许的换届这一相对自然的方式。由此来看,全面深入地理解我国上市公司治理现象除了制度设计的视角,同样离不开文化的视角。

(三)任人唯亲董事会文化形成背后的制度因素

上一部分的回顾表明,基于社会连接的董事会成员的聘任、经理人超额薪酬、独董发表否定意见的任期阶段特征、独董返聘和独董换届未连任等现象成为我国资本市场制度背景下上市公司任人唯亲董事会文化的特殊的表征。然而,这些看起来具有浓郁文化色彩的现象背后却有着制度设计深深的烙印。本部分回顾我国上市公司任人唯亲董事会文化形成背后的制度因素。

第一,董事长权力。第一部分的分析表明,我国上市公司在股权结构上的"一股独大"是任人唯亲的董事会文化形成的特殊制度根源之一。与股权高度分散的上市公司不同,我国"一股独大"的上市公司逐步形成以董事长这一公司实际控制人为中心的内部人控制格局。第二部分提及的从董事会成员基于社会连接的聘任（包括独董返聘）到经理人超额薪酬的出现，无不与董事长手中缺乏制衡的权力有关。

从独董的聘任来看，按照目前很多公司章程的相关规定，董事长并不能有效回避，甚至全程参与独董遴选、连任和薪酬制定过程。这使得作为监督者的独董未来履行监督职能时投鼠忌器、无的放矢。在一些公司，股东大会用来表决的独董提名名单是由董事长提交的，成为独董所带来的年薪、名誉和社会交往使每一位希望在下一届董事会换届中重新获得提名的独董有激励讨好董事长；董事长同时会参与独董的薪酬和津贴标准的制定；更重要的是，一名独董一旦形成"喜欢与董事长对抗"的"声誉"，将很难获得其他公司邀请加入董事会的机会。由于董事长的上述权力，不仅独董往往从董事长朋友，甚至朋友的朋友中产生，而且在成为独董后，独董在董事长主导的董事会议案表决中鲜有发表否定意见的情形。在 2005—2013 年全部 A 股上市公司超过11 072 件董事会提案中仅有 0.98％的提案被独董出具了非赞成类型的意见。

作为基于社会连接聘任董事会成员的特例，独董返聘现象发生事实上同样离不开董事长的权力。我们的研究发现，在董事长近年未发生变更的公司更可能发生返聘独董现象。这一方面从新的角度表明在我国"一股独大"的上市公司中作为实际控制人和内部人控制格局中心的董事长已成为任人唯亲董事会文化的中心，另一方面则表明独董返聘现象的发生依然是董事长手中的权力作祟。

而经理人超额薪酬表面上看来源于 CEO 和董事之间互相发放超额薪酬的任人唯亲的董事会文化,但从深层次来看依然离不开董事长(或经理人)在独董聘任与薪酬制定上的影响力。按照 Bebchuk 和 Fried 的观点,在一些成熟市场经济国家股权高度分散的公司中,由于所有权与控制权分离,管理层对自身的薪酬设计具有实质性影响,实际上,经理人通过俘获董事会和薪酬委员会能够为自己制定薪酬。这一定程度上解释了为什么在一些股权高度分散的公司会出现经理人超额薪酬现象。为了避免经理人权力导致的经理人超额薪酬现象出现,在公司治理实践中,一些公司往往规定提名委员会和薪酬委员会必须由独董组成,以减轻董事长(或经理人)权力对独董监督作用的反制和干扰。

事实上,对于我国股权结构"一股独大"的上市公司,作为实际控制人和内部人控制格局中心的董事长手中缺乏制衡的权力同样是导致经理人超额薪酬现象出现的重要原因之一。在我国国有企业的特殊制度背景下,存在一类不在上市公司领薪的特殊董事长群体,他们基于所完成的业绩在控股公司领薪。这种薪酬来源差异在一定程度上表征了两种不同的董事会文化。通常而言,没有控股公司的业绩考核和外在束缚,在上市公司领薪的董事长内部人控制色彩更加浓郁。研究观察发现,董事长不在上市公司领薪将降低经理人获得超额薪酬的可能性。这反过来表明,薪酬制定不受到控股公司业绩考核束缚从而权力较大的董事长,往往在任人唯亲的董事会文化形成中扮演关键角色,最终导致经理人超额薪酬现象的频繁发生。

第二，逆淘汰说"不"独董的机制。向董事会议案出具否定意见无疑是独董履行监督职责最具代表性的行为和履职行为最真实和直接的体现。如果有独董对董事会议案提出公开质疑，将向外界传达公司经营管理存在疏漏和潜在问题的信息。2010年大连港（601880. SH）深陷"独董门"事件。在其年末公布的董事会议案公告中，公司独董吴明华对10项议案中的5项投出反对票、2项议案投出弃权票。这一事件受到财经媒体广泛关注。事件发生期间，公司股价应声下挫，独董吴明华否决的大连港对中铁渤海铁路轮渡公司超过50倍市盈率的股权收购计划也因此受到投资者的关注和质疑。

理论上，是否向董事会议案说"不"是独董权衡出具否定意见收益风险的理性选择结果。一方面，出于避免声誉损失和规避法律风险的动因，独董有激励对公司进行监督。Fama和Jensen指出，"作为其他公司的关键决策者的外部董事，通常较为关注其在经理人市场上的声誉，因而，与内部董事相比，更可能成为经理人的有效监督者"。独董如因未能履行监督职能，使公司受到监管部门处罚，则独董本人的社会声誉会损失巨大。辛清泉等使用2003—2010年证监会和交易所在上市公司虚假陈述案件中对独董惩罚的数据发现，独董受到公开惩罚增加了其离职概率，降低了其未来获得其他公司独董职位的可能性。在法律风险上，根据我国《公司法》的规定，董事会议案违反法律法规，致使公司遭受严重损失时，独董也需要承担相应责任。但如果在表决时发表异议并记载于会议记录的,该董事可以免除责任。在实际案例中,2001 年郑百文公司因年报中存在严重虚假和重大遗漏受到证监会处罚,原独董陆家豪也受到监管方的惩处。陆家豪不仅被处以罚款 10 万元,还被禁止担任其他公司独董职务。

但另一方面,说"不"独董面临公司逆淘汰机制,使得独董在决定投否定票时投鼠忌器。唐雪松等基于 2001—2007 年间曾有独董提出否定意见的公司样本发现,说"不"的独董离任现职的可能性比未对董事会议案说"不"的独董高出 1.36 倍。郑志刚、李俊强等以是否在第一任期结束后获得连任这一新的视角重新考察独董出具否定意见的经济后果。他们的研究发现,在众多非赞成意见类型中,独董明确发表反对意见将显著降低其连任概率。上述两方面的证据表明,在我国上市公司存在逆淘汰说"不"独董的机制。逆淘汰说"不"独董可以通过换届未连任(未续聘)实现,有时甚至直接通过辞退实现。看起来逆淘汰说"不"独董并非正式的制度,但在我国公司治理实践中,它一定程度已蜕变为独董和公司彼此默认的"潜规则"。一些独董在对董事会议案说"不"后明显感觉到在相关正常工作开展中遭遇不予配合,甚至充满敌意的情形。此时独董选择辞职方式"主动"离开公司成为明智之举。而之所以可以逆淘汰说"不"独董,很大程度上仍然与我国上市公司形成的以董事长为中心的内部人控制格局以及董事长手中的权力缺乏制衡有关。

上述逆淘汰说"不"独董机制的存在由此成为我国上市公司形成任人唯亲董事会文化的重要因素。毕竟,在上市公司任职能够为独董带来可观的薪酬和良好的声誉。2005—2013 年间在 A 股上市公司任职的独董中 94.08％均在上市公司领取薪酬，津贴平均为 5 万元，最高津贴达到 130 万元。出于获得财富和积累声誉的考虑，独董普遍希望在第一任期届满时持续担任独董职务，实现连任，甚至因此牺牲其应履行的监督职能。研究发现，独董对不同董事会议案事项发表否定意见对连任的影响是不同的。例如，监管当局通常对上市公司关联交易和担保事项等提出特别的监管要求，并以此成为未来针对独董做出处罚的依据。出于规避法律监管风险的目的，独董出具否定意见往往被认为情有可原，并不会对未来连任产生实质性影响。反过来，独董如果针对较为敏感，同时牵涉具体当事人的人事任免事项发表否定意见，则将会遭到涉事当事人的嫉恨，甚至打击报复，这将显著降低其未来连任的可能性。相比单独发表否定意见，独董集体行动发表否定意见将使独董获得连任的可能性更低。因而，在我国公司治理实践中，出具否定意见的方式（委婉或直接、单独或集体）有时比否定意见本身更加重要；即使同样是否定意见，如果针对的董事会议案事项不同，则独董未来连任的可能性也不同。逆淘汰说"不"独董机制的存在不仅是潜规则这一制度使然，同时也是任人唯亲的董事会文化使然，二者相互影响，相互强化。

需要说明的是，这种通过制度和文化相互强化的逆淘汰说"不"独董机制对公司独董监督行为的影响不仅恶劣，而且持久。我们实证考察了我国上市公司独董在不同任期阶段对独董发表否定意见的行为的差异，研究发现，在历史上存在逆淘汰说"不"

独董现象的公司,独董在第一阶段更加倾向于选择沉默和顺从。因而,逆淘汰说"不"独董的机制和文化不仅在短期内导致敢于说"不"的独董自身失去职位,从长期看,还抑制和打击了公司未来其他独董履行监督职能的积极性。因而,逆淘汰说"不"独董不仅短期甚至长期影响独董未来监督的有效性,成为我国上市公司独董并未发挥预期监督作用的重要原因之一。

第三,任期的限制和变相延长的任期。除了董事长权力和逆淘汰说"不"独董的机制,我国上市公司任人唯亲董事会文化的形成还与独董任期的制度设计有关。一方面,组织行为学中工作经验积累能提高绩效表现的相关理论表明,任职期限较长的独董对公司经营管理更为熟悉,与管理层信息不对称程度降低,因此更可能发挥强的监督作用。有研究发现,如果审计委员会有更多在任时间长的独董,公司的盈余管理会明显降低。但另一方面,随着在任时间增长,独董与管理层的长期交往使得合谋可能性提高,导致独董实质上丧失独立性,从而无法发挥预期的监督作用。

与成熟市场经济国家上市公司对独董任期并无明确限制不同,按照我国证监会 2001 年颁布的《关于在上市公司建立独立董事制度的指导意见》的规定,"独立董事每届任期与该上市公司其他董事任期(三年)相同,任期届满,连选可以连任,但是连任时间不得超过六年"。上述规定意味着一位独董在一家公司任满两个任期后必须离任。上述对独董任期的特殊限制和规定诱发了围绕独董任期具有我国资本市场制度和文化特质的故事。

其一是独董对董事会议案说"不"的任期阶段特征。前文提到，独董在首个任期和第二任期中监督行为存在显著差异，这意味着，对于在第一阶段任期谋求未来连任的独董而言，逆淘汰说"不"独董的机制和文化对独董监督行为的影响超过独董对声誉和未来职业发展的关注，成为占据主导的效应；在第二个任期，随着任期届满即将离开公司，"人之将死，其言也善"，维护独董声誉和职业关注的因素超过逆淘汰机制和文化的效应，成为占据主导的效应，独董对董事会议案说"不"的可能性增加。

其二是通过独董返聘实现的独董任期的变相延长。任期较长的董事更可能与管理层建立私人友谊，产生偏袒管理层的倾向，延长的任期将以监督职能的削弱和投资者利益的损害为代价。监管当局对独董任期加以限制的初衷同样是防止独董与上市公司高管因任期过长而变得关系过于紧密，影响独董的独立性和监督的有效性。董事长或 CEO 直接或变相（例如，CEO 转任监事会成员）延长任期往往容易培植任人唯亲的董事会文化。研究发现，存在独董返聘现象的公司与不存在独董返聘现象的公司相比，返聘独董后公司代理成本显著上升而业绩显著变差。因而，独董通过返聘的方式变相实现了任期的延长在很大程度上削弱了独董的独立性与监督职能履行的有效性，使得独董返聘现象在一定程度上成为我国上市公司存在任人唯亲董事会文化的一种特殊表征。

我们看到，这里所观察到无论独董说"不"具有任期阶段特征还是通过返聘变相实现任期的延长都与我国上市公司独董任期的规定有关，如何完善我国上市公司独董任期设计由此提上重要的议事日程。

第四，外部法律环境和基本市场制度。作为所谓"公有制的实现形式"，国有企业在我国国民经济中具有特殊地位。这些或由中央或由地方各级政府参与投资并控制的国有企业，大多分布在关乎国计民生的重点行业和关键领域。我国对国有企业控制权的安排别具匠心，为了维持对国有上市公司的股权控制，我国资本市场甚至一度推出"股权分置"：一部分国有股票不能上市流通，同股不同权不同价。近年来，伴随着股权分置改革的完成和国有股减持的呼声，控股股东的持股比例出现逐年下降的趋势。但为了实现对上市公司的控制，国资委系统或国有法人作为最大股东所持的股份仍然是"控制性的"。因而在国有上市公司中"一股独大"的局面并未根本改变。

我国非国有上市公司，同样呈现由家族持有控制性股份的"一股独大"的现象。按照 Burkart 等学者的观点，外部法律制度如果不能对投资者权利提供较好的法律保护，则可以预期企业在这些国家上市投资者被经理人盘剥的可能性较大，对于更加普遍的经理人的道德风险，股东将通过股权集中来加强对经理人的监督。前文提及 LLSV 提供的跨国经验证据表明，大陆法国家由于法律对投资者权利保护较弱，在大陆法国家上市公司的股权集中度远远高于普通法国家。我国不仅是大陆法国家，而且是新兴市场经济国家，同样面临法律对投资者权利保护不足的问题。作为对法律对投资者权利保护不足的自然应对，我国很多非国有上市公司同样选择了"一股独大"。

我们知道，在股权结构上的"一股独大"是我国上市公司任人唯亲董事会文化形成的特殊制度根源之一。而本部分的分析表明，我国上市公司之所以会形成"一股独大"的股权结构，与我国目前法律对投资者权利保护不足有关。法律对投资者权利保护不足成为我国上市公司形成任人唯亲董事会文化更为深远的制度根源。

在改善法律对投资者权利保护方面，我国法律制度建设仍然有很长的路要走。我们以上市公司的章程为例来说明这一点。类似代议制民主下以宪法作为国家存在的依据和边界一样，公司章程构成了一个公司的"宪法"。它不仅作为投资者和管理层关系平衡的有效合同，可以在一定程度上规避国家层面法律条款的影响，而且可以通过在章程内增加或删除某些保护条款来阻止管理层或控股股东的盘剥行为，以提高在国家层面意义上对投资者权利的保护程度。因而公司章程作为公司层面"法律"对投资者权利保护的实现意义重大。然而，作为大陆法系国家，我国倾向于适度强制性的公司治理制度安排。《公司法》对各公司的组织结构和运转行为的统一限定较多，公司章程的自治空间相应不足。此外，长期以来我国投资者和经营者法制意识淡薄，一些投资者和经营者甚至仅仅把公司章程的制定理解为上市前需要履行的程序之一，所以在我国公司运行实践中不可避免地存在公司章程形式化和趋同化的问题。公司章程等基本法律制度并没有很好发挥预期的保护外部投资者利益的作用，对于抑制和缓解任人唯亲的董事会文化更是无从谈起。

除了外部法律环境，通过企业业绩波动把市场竞争压力传输给上市公司的基本市场制度同样对我国上市公司任人唯亲的董事会文化的形成产生重要影响。来自我国上市公司的证据表明，公司业绩越差，独董越有可能对董事会议案提出公开质疑。而无论是提议更换管理层还是公开质疑董事会议案都将有助于打破任人唯亲的董事会文化。

（四）打破任人唯亲董事会文化的实现路径

从第三部分的讨论我们看到，看起来属于文化范畴的任人唯亲的董事会文化，其形成的背后有着深深的制度设计和实施的烙印。因此，在寻求缓解任人唯亲董事会文化的可能实现途径时，相关制度设计和实施的完善至关重要。

第一，股权结构的多元化。第一部分的分析表明，我国上市公司在股权结构上的"一股独大"是任人唯亲的董事会文化形成的特殊制度根源。与股权高度分散的上市公司不同，我国"一股独大"的上市公司逐步形成以董事长这一公司实际控制人为中心的内部人控制格局。因此，改变我国上市公司"一股独大"的局面成为打破任人唯亲董事会文化的关键。

理论上，几家大股东分权控制（shared control）将会导致有利于外部分散股东利益保护的折中效应（compromise effect）的出现。处于控制性地位的几家股东尽管有极强的愿望避免发生观点的不一致，但事后讨价还价最终形成的决议，往往能够阻止经理人所做出的符合控股股东的利益但损害中小股东利益的商业决定。分权控制因而成为缓解"一股独大"格局下容易滋生的任人唯亲的董事会文化的重要制度安排。我们看到，目前我国国有企业正在积极推进的混合所有制改革在一定程度上有助于改变我国上市公司"一股独大"的现状，形成股权制衡和分权控制的局面。当然，第三部分的分析表明，我国上市公司之所以会形成"一股独大"股权结构，与我国目前法律对投资者权利保护不足和基本市场制度存在缺陷有关，因而法律对投资者权利保护的改善和基本市场制度的形成是改变我国上市公司"一股独大"格局，从而打破任人唯亲董事会文化更为根本和基础的途径。

第二，使董事会真正成为公司治理的权威。目前国有企业的基本营运模式除了通过国有资产管理链条"管资本"外，还通过自上而下的人事任免体系和国企官员晋升考核事实上对企业营运产生实质性影响。这使得国企所有权与经营权无法真正分离，在企业组织形态上类似于基于家庭作坊的"新古典资本主义企业"。传统的新古典资本主义企业由于所有权与经营权统一没有代理冲突，而现代公司区别于家庭作坊式的"新古典资本主义企业"的本质在于基于专业化分工思想的资本社会化和经理人职业化，通过所有权和经营权的分离，避免非专业的出资人对职业经理人经营管理决策的干预，以提升企业的运行效率。我们看到，目前"不仅管资本还要管企业"的国企既没有利用社会专业化分工提高效率，同时由于所有者缺位和长的委托代理链条，同样也没有很好解决代理问题，成为存在代理冲突的"新古典资本主义企业"。在上述意义上,我国国企未来需要一场"现代公司革命"。

开展新一轮混合所有制改革为国有企业现代公司革命的开展带来契机。我们知道,民间资本对参与混合所有制改制的最大担心来自作为控股股东的国有资本对民间资本的可能侵吞和掏空。大量的研究表明,控股股东会以关联交易、资金占用(应收、应付、其他应收、其他应付)和贷款担保等方式来对所控制的控股公司实现挖掘和掏空,从而使外部分散股东的利益受到损害。因此,要使民营资本和"资本的混合有助于实现保值增值"的国有资本一样从资本的混合中有利可图,从而实现民营资本与国有资本的激励相容,就需要建立平衡和保障不同性质股份利益的制度安排。例如,作为控股股东的国有资本能够做出不利用控股地位来侵吞、隧道挖掘民间资本利益的可置信承诺。因而,如何使国有资本所做的相关承诺变得可置信成为混合所有制改革成功的关键。

对 2008 年的全球金融危机后美国政府救市实践以及 2014 年阿里美国上市带来的新兴市场公司治理结构创新的思考,为我们进行混合所有制改革的相关制度设计带来启发。我们首先来看美国政府救市实践。从动用财政资金对陷入危机的企业直接国有化,到持有不具有表决权的优先股,到仅仅为银行贷款提供担保,美国政府救市政策三个阶段变化的共同考量是如何避免政府对微观层面企业经营管理决策行为的干预,因为经营管理企业并不是缺乏经营信息的政府的专长。这被一些分析者认为是美国近年来经济强劲复苏的制度设计原因之一。而阿里则通过推出类似于"不平等投票权"的合伙人制度在美国成功上市。那么，阿里主要控股股东软银和雅虎等为什么会选择把更多的控制性权力交给以马云为首的合伙人？一个很重要的理由是，由于新兴产业的快速发展，对很多业务模式投资者根本无法把握。而此时把更多控制权交给具有信息优势、有效把握业务模式的马云团队，自身退化为普通的资金提供者，对于外部投资者而言显然是最优的。这是外部分散投资者基于新兴产业快速发展和对于业务模式的信息不对称的现状做出的理性选择。

上述实践带给混合所有制改革的直接启发是，也许国有资本可以考虑向美国政府和阿里股东学习，通过持有（附加一定条件，同时达到一定比例的）优先股来向民间资本做出排除隧道挖掘、直接干预和经营企业的庄重承诺，以此更好地实现国有资产的保值增值目的。按照上述模式完成混合所有制改革后，国有资本运行机构将根据上市公司过去的业绩表现和公司治理状况增持或减持优先股，来引导市场对上市公司的评价。这是通过标准的市场行为而不是行政途径来向上市公司施加改善业绩表现和公司治理的外在压力。国有资本由此扮演着没有表决权的机构投资者的积极股东角色。董事会由具有表决权的其他外部股东选举产生，并成为公司治理的真正权威。公司高管则由董事会从职业经理人市场聘用。除了内部治理机制，混改后的公司还要借助严格信息披露等市场监管、法律对投资者权利保护举措（举证倒置、集体诉讼）的推出以及媒体监督、税务实施等法律外制度共同形成公司治理的外部制度环境。我们预期，董事会成为公司治理的真正权威之日就是我国上市公司任人唯亲董事会文化得到极大缓解之时。

第三，外部职业经理人市场的形成和独董的职业关注。我国一些上市公司新产生的经理人既非内部晋升，也非严格意义上的外部聘用，而是来自与上市公司存在业务往来和资本关联的企业集团内部的岗位轮换。从 2005 年到 2011 年，外部聘用的比例虽然在波动中有所提高，但并没有改变我国上市公司逐步形成的内部晋升为主，辅之以岗位轮换和外部聘用的经理人产生来源格局。既非来自内部晋升，又非来自严格意义上的外部聘用的岗位轮换，其占比高于外部聘用，成为除内部晋升之外经理人最重要的产生来源。如果把内部晋升和岗位轮换产生的经理人理解为广义的"内部人"，则我国上市公司 2005—2011 年间所更迭的经理人有近 90% 不是来自企业外部，而是来自"内部"。这表明我国外部职业经理人市场尚处在发展的早期，目前并没有形成统一公开的职业经理人市场。

受到尚未形成的经理人市场的影响，独董的产生更加依赖社会连接。尽管在我国上市公司中，年轻的独董和媒体曝光次数较多的独董更可能对董事会提案出具否定意见，因而独董的声誉和职业关注在我国上市公司中发挥着一定的隐性激励作用，但由于独董产生的来源依赖社会连接和逆淘汰说"不"独董的机制存在，市场声誉和职业关注对独董监督行为的约束变得有限。因而，未来如何建立统一完备的独董市场，使独董声誉和职业关注更好地发挥隐性激励作用，对于打破任人唯亲董事会文化同样至关重要。

第四，任期交错的独董更迭制度。第三部分的分析表明，我国上市公司目前关于独董任期的规定会带来两种不同的效应。其一，独董监督行为具有任期阶段特征。独董在首个任期和第二任期中监督行为存在显著差异，在第二个任期，独董对董事会提案出具否定意见的可能性是首个任期的 1.41 倍。我们比较了董事会中第一任期独董居多与第二任期独董居多的公司之间代理成本的差异后发现，主要以首个任期的独董组成董事会的公司，代理问题更加严重，因而独董监督行为的阶段特征及其背后的连任动机成为影响独董监督有效性的重要因素。从如何避免独董由于任期阶段特征而监督不足这一现实问题出发，我们建议，鼓励在我国上市公司董事会组织中积极推行独董任期交错制度。这里所谓独董任期交错制度是指将独董成员分成若干组，分期更换独董成员，以保持董事会中独董的稳定、监督的有效和对公司长期价值的关注。通过引入独董任期交错制度，董事会的不同独董处于任期的不同阶段，由此避免了由于连任动机不同独董监督行为不同的局面。

其二是通过独董返聘实现的任期延长。以往研究表明，董事长或 CEO 直接或变相（例如，CEO 转任监事会成员）延长任期往往容易培植任人唯亲的文化。也有学者研究发现，独董返聘现象与任期延长的经济后果具有某种一致性，因而独董通过返聘的方式变相实现了任期的延长。在独董任期制度设计问题上，除了对任职资格和任期有明确限定外，监管当局还应该对独董任期届满后返聘的间隔期限做出更加明确和合理的规定，以避免独董的独立性受到削弱，并最终使股东的利益受到损害。

第五，独董自身的激励问题。相比来自独立的外部的独立董事，内部董事向与他们的职业发展密切联系的经理人挑战往往会付出更大的成本。因而，独立董事在董事会履行职能监督过程扮演十分重要的角色。然而，长期以来公司治理理论界和实务界更加关注的是经理人的薪酬制定问题，对参与甚至主持经理人薪酬制定和实施的独董自身的薪酬制定问题并没有给予应有的重视。在围绕经理人薪酬制定所形成的大量文献中，一个普遍设定前提是存在严格履行诚信责任，有激励向经理人积极制定和实施最优薪酬激励合约的董事会。

逻辑上，作为外部分散股东的代理人，履行监督经理人职能的董事会同样需要来自委托人股东的激励。董事会在成为解决由于所有权和控制权分离产生代理问题的潜在工具的同时，自身事实上同样存在代理问题。如何使董事会，特别是其中的独立董事能够"像股东一样思考"（think like shareholders）由此变得十分重要。公司治理的理论和实证研究除了关注经理人的薪酬制定问题，还需要同时关注参与甚至主持经理人薪酬制定和实施的独董自身的薪酬制定问题。

与成熟市场经济国家上市公司甚至主要依靠股权激励计划等来向独董提供激励不同，我国绝大部分上市公司向其独董支付的仍然是津贴性的固定薪酬，而在薪酬合约设计中十分重要的股权激励计划在我国独董薪酬实践中明确不允许采用。我们实证考察了我国上市公司独董薪酬与企业绩效改善之间的关系及其实现机制后发现，看起来向独董提供高的薪酬增加了企业的成本，但激励充分的独董将有助于企业实现绩效改善，将给股东带来更多的回报。独董薪酬激励增强之所以会带来企业绩效的改善，一方面是由于独董通过积极参与评价和制定经理人的薪酬契约，提高其薪酬绩效敏感性，进而使经理人激励得到加强；另一方面，与激励充分的独董更愿意参加董事会的会议，并更可能从股东立场出发向董事会议案发表否定意见有关。

我们容易理解，与独董努力程度和风险分担水平相挂钩的独董差别化薪酬制度能够向独董提供更强的激励，反过来有助于缓解任人唯亲的董事会文化。

第 5 章

实施员工持股计划，这两家民营企业做对了什么？

与尚未上市的国企相比，完成资本社会化和已经成为公众公司的国有上市公司实施激励计划显然有着得天独厚的制度和舆论优势。然而，在国有控股上市公司中，为什么无论是经理人股权激励计划还是员工持股计划都没有像理论界和实务界期待的那样普遍推行呢？

　　如何设计员工持股计划固然十分重要，但更加重要的是要让持股受益人相信这一计划并非永远停留在计划阶段，而是真的可以实施。一个好的公司治理制度的设计和运行不仅仅是为了使股东可以行使所有者权益，而是为了使股东或/和员工相信这是未来实施包括员工持股计划在内的各项计划的庄严的制度承诺。正是因为有了这样的制度承诺，即使像信誉楼和恒信这样的民企也可以实施今天即使一些公众公司都无法做好和做对的员工持股计划。而以项目跟投和股权激励为特色的事业合伙人对于今天的碧桂园同样功不可没。

为什么国有控股上市公司缺乏激励实施员工持股计划？[*]

从詹森和麦克林教授于 1976 年发表的标志现代公司治理研究开始的经典论文开始，股权激励将有助于协调经理人和股东之间的利益，以及降低代理成本，成为公司治理理论和实务界的共识。我国证监会于 2006 年 1 月 1 日出台了《上市公司股权激励管理办法（试行）》，国资委与财政部于 2006 年 10 月联合出台了《国有控股上市公司（境内）股权激励试行办法》来规范国有控股上市公司针对高管推出的股权激励计划实践。而证监会于 2014 年 6 月发布了《关于上市公司实施员工持股计划的指导意见》，国资委、财政部和证监会于 2016 年 8 月 17 日进一步联合下发了《关于国有控股混合所有制企业开展员工持股试点的意见》，用来规范国有上市公司的员工持股计划实践。

然而，从针对经理人的股权激励计划实施状况来看，从 2006 年初到 2011 年底，我国共有 301 家上市公司提出大约 351 份股权激励计划。其中，来自民营企业 286 份，而来自国有上市公司的

---

　　* 本文以《怠惰的国企激励》为题发表在《董事会》2019 年第 7 期。

只有 65 份。作为对照，到亚洲金融危机爆发前的 1997 年年底，美国 45％的上市公司给予其经理人股票期权。

而从针对员工的员工持股计划实施状况来看，从 2014 年到 2017 年，共有 486 家上市公司实施了员工持股计划。其中实施员工持股计划的国有上市公司只有 55 家，仅占全部国有上市公司的 6.37％。作为对照，在非国有上市公司中高达 29.6％的公司已实施员工持股计划。

我们容易理解，与尚未上市的国企相比，完成资本社会化和已经成为公众公司的国有上市公司实施激励计划显然有着得天独厚的制度便捷和舆论优势。然而，在国有控股上市公司中，为什么无论是经理人股权激励计划还是员工持股计划都没有像理论界和实务界期待的那样普遍推行呢？

首先，从激励对象选择来看，相关计划的主要推进者——国有控股上市公司的董事长和总经理由于是由上级组织部门或国资委任命，按照规定不能成为相关计划的激励对象。例如，即使在作为国企改革标杆的"央企混改第一股"的中国联通混改案例中，受上级委派和任命的董事长王晓初先生本人并不能成为相关激励计划的受益者。这使得相关激励计划的推出陷入一种尴尬局面：有权力推进激励方案的高层管理者却无资格成为激励计划的受益者，而有资格成为激励计划受益者的普通管理层和员工却无权力过问激励计划的推进事项。是否积极推进激励计划在一定程度上变成了对董事长和总经理个人责任感和事业心的考验。而面对审批程序之严苛带来的潜在违规处罚风险和错综复杂的利益格局调整使个人承受的压力，不作为成为很多有权力推进激励计划的管理者的理性选择。

其次，从激励幅度来看，相关计划受到诸多限制，并不能很好地体现与股票相连的激励计划应有的激励效果。例如，按照相关规定，首次实施股权激励计划，授予的股权数量原则上不得超过上市公司股本总额的 1％；公司全部有效的股权激励计划所涉及的标的股票总数累计应控制在上市公司股本总额的 10％以内；国有企业高管人员个人股权激励的预期收益水平不可以超过其薪酬总水平的 30％；等等。由于之前激励幅度受到限制，国有上市公司高管对采用股权激励的积极性不高。我们注意到，在中国联通推出的员工持股计划中，中国联通以停牌前 3.79 元人民币每股的价格，向员工授予 84 788 万股限制性股票作为股权激励，约占公司当前股本总额的 4％，已经远远超过相关规定中的 1％的上限。

最后，从激励计划审批程序来看，按照相关意见，除了股东大会投票表决通过，以往还需要上报国有控股集团公司和国资委层层审批。例行公文的繁文缛节和收入与责任不对称的官僚复杂心态由此成为一些国有控股上市公司推出相关激励计划不得不考量的制度成本之一；而批准的节奏与上市公司基于市场状况选择的激励方案发行时机也往往并不一致。这无形中进一步增加了激励计划的实施成本。对于国有控股上市公司，一个好消息是，按照 2019 年 6 月 3 日印发的《国务院国资委授权放权清单（2019年版）》中，未来围绕员工持股计划的审批不再由国资委审批，而是授权作为控股股东的集团公司审批。这使得相关审批程序至少减少了国资委审批的环节。

如果说目前相关实施意见由于在激励计划激励对象、激励幅度以及审批程序等方面存在这样或那样的不足仅仅是抑制了国有控股上市公司推出激励计划的内在热情，那么，一度推出的针对央企高管的"一刀切"限薪则在一定程度上打消了国有控股上市公司完善激励计划的念头。

为了解决部分企业存在的经理人超额薪酬现象引发的公平考量和社会舆论，2014 年 11 月中办印发了《关于深化中央管理企业负责人薪酬制度改革的意见》。该意见将央企组织任命负责人的薪酬水平分为基本年薪、绩效年薪和任期激励收入三个部分。每个部分的薪酬按照上年度央企在岗职工平均工资（约 6.8 万～7.8 万元）的一定倍数来限制。例如，基本薪酬部分不能超过上年度央企在岗职工年平均工资的 2 倍；绩效年薪部分不能超过 6 倍；任期激励收入则不能超过该负责人任期内年薪总水平的 30%（约为上年度央企在岗职工年平均工资的 2.4 倍）。通过上述限薪政策，央企组织任命负责人的薪酬水平和央企在岗职工年平均工资水平差距将控制在 10.4 倍以内。

虽然上述限薪政策主要针对央企组织任命负责人，但由于所谓"组织任命负责人"与"职业经理人"的边界模糊和相关传染外溢效应，上述实践将毫无疑问会对我国国企经理人薪酬设计实践产生重要的影响。除了不可避免地导致部分国企的人才流失外，一刀切的限薪还将诱发国企高管更多地从谋求显性薪酬到谋求隐性薪酬，贪污腐化，寻租设租。而当隐性薪酬遭受政府强力反腐也不可得时，国企高管各种所谓的懒政、庸政和惰政就会纷至沓来。

我们注意到，根据国资委印发的授权放权清单，将支持央企所属企业按照市场化选聘职业经理人，而其薪酬由相应子企业的董事会来确定，使为经理人制定薪酬的权力重新回归董事会。这将为未来国有控股公司改变激励不足的现状，完善激励计划提供可能的制度保障。

那么，如何改善国有控股上市公司的激励现状呢？

首先，在股东层面，形成主要股东之间力量彼此制衡的分权控制格局，使盈利动机明确的机构和战投成为推动激励计划实施的积极力量。盈利动机明确的机构和战投往往会积极支持和推动激励管理层和主要雇员的员工持股计划的出台。虽然看上去向管理层和主要雇员增发了股份，甚至稀释了其股权，但激励充分的管理层和雇员将为企业创造更大的价值，为投资者带来更多的回报。我们的研究同样发现，股权更为分散且面临外部接管威胁的公司更可能推出员工持股计划。在上述意义上，对于国有控股上市公司激励现状的改善问题，"混"将同样有助于"改"。

其次，在围绕管理层激励计划制定中，使信息更加对称的董事会成为计划制定的主导力量。我们知道，对于所处行业市场结构不同、企业规模大小悬殊、业绩表现各异的不同企业，如果把经理人薪酬制定统一交由相关监管当局来完成，唯一的结果只能是"一刀切"的限薪。一个有效的激励计划制定显然应由信息更加对称的董事会，在对所聘请的咨询机构设计方案进行评估和评价的基础上，根据经理人绩效表现和所处产业的薪酬市场化状况科学做出。董事会制定的激励计划无疑最终要通过股东大会的投票表决批准后实施。

最后，对于一些企业已经存在和未来推行激励计划可能带来的经理人超额薪酬现象，应该在相关监管当局和股东要求下，同样由更掌握当地信息的上市公司董事会（尤其是薪酬委员会）对经理人薪酬和激励状况进行自查，而不是以一刀切的限薪来实现。董事会在评价管理层激励计划时，应以经理人薪酬绩效敏感性作为评价基准。如果企业绩效下降的同时经理人薪酬却在增加，则说明这显然是不合理的薪酬和激励计划设计，应该进行调整和纠正。

需要说明的是，在股东层面形成的相互制衡的分权控制格局将同样有助于阻止可能导致经理人超额薪酬现象的激励方案的出台。之所以那样做，也许并非由于这一方案可能损害国资的利益，而是因为它将损害他们自身的利益。

实施员工持股计划，这两家民营企业做对了什么?[*]

作为基薪和奖金的补充，员工持股计划传统上一直被认为是协

---

* 本文以《实施员工持股计划，这两家民企做对了什么?》为题于 2019 年 7 月 11 日发表在 FT 中文网。

调股东与员工利益、激励员工的重要手段。然而，实施员工持股计划在公司治理实践中却是"一等的难事"。那就是，它需要使员工相信，未来公司实际控制人愿意与持股的员工一道"有福同享，有难同当"，员工持股后真的能分到红。而这一点事实上即使对一些已成为公众公司，可以借助资本市场来降低员工持股计划设计和运行成本的上市公司有时也很难做到。否则我们就不会观察到一方面是今天监管当局对上市公司越来越严的信息披露要求和频繁的监管处罚，另一方面则是一些上市公司层出不穷的盈余管理、会计造假和关联交易，甚至更直接的资金侵吞、占用和转移。

然而，即使上市公司都很难做到让持股员工相信实际控制人会拿出"真金白银"分红的员工持股计划，在来自河北的两家并未上市的民营企业中却出人意料地做到了。在 2019 年 6 月 22 日在河北石家庄举办的"公司治理与企业成长"高端论坛上，我有幸与来自河北的两位企业家进行了面对面的交流。其中一位是来自河北黄骅信誉楼百货集团有限公司（以下简称信誉楼）的穆建霞董事长，另一位是来自河北石家庄恒信集团的武喜金董事长。那么，这两家实施员工持股计划的民营公司是如何做到让持股员工相信是"真分红"？换一种说法，实施员工持股计划，这两家民营企业做对了什么呢？

我们首先来看河北黄骅信誉楼。作为一家百货公司，首先让我感到惊讶的是，在电商对实体店冲击如此惨烈的今天，信誉楼是如何生存下来的？事实上，它不仅做到持续生存，而且做到了稳健发展。信誉楼成立 35 年来先后开设自营店 33 家，如今依然保持持续扩张的态势。根据我的观察和理解，它的经营之道，其一在于细分市场的精准定位，例如它往往选择在城乡接合部，或者电商有时无暇顾及甚至不屑顾及的乡村、县城选址开店。其二在于多年来它培养了一批非常优秀的员工队伍，并建立了完善的售后服务体系，形成了很好的顾客忠诚度。这些经验丰富的"买手"（就是"柜组主任"）会十分了解和清楚每个顾客需要什么样的商品和服务，并提前帮你采购到店中，使你乘兴而来满意而去。这个规模大约 6 000 人的"买手"团队及相关管理人员，我的理解是信誉楼借助人力资本完成的一种大数据人工采集工程。当然，从信誉楼的成功我们看到，中国巨大的市场需求，除了容纳如火如荼发展的电商和沃尔玛、物美等零售行业中的正规军，还会为信誉楼这样品牌卓越、顾客忠诚度高、商品价格优势明显和售后服务优良的传统零售企业留下充足的发展空间。

那么，信誉楼是如何将庞大的导购员队伍和管理团队激励得如此充分呢？这就离不开它可圈可点的公司治理机制设计。概括而言，它的核心激励制度有两个。其一是员工持股计划，其二是退休安置金制度。当员工退休后，可以一次性拿到一笔高额的安置费。这使得每个员工有稳定的预期，愿意终身以信誉楼为家。如果说退休安置金制度侧重解决的是退休后的保障问题，员工持股计划则侧重解决员工当下的激励问题。这就回到刚才我们提出的问题。信誉楼是如何让这些员工相信不仅当下能从信誉楼的发展中分到红，而且未来退休时可以真的拿到一笔数额不菲的退休安置金？

从股权结构设计来看，它主要针对不同岗位设计员工持股计划，而且明确规定个人持股的最高上限不超过 5%。股权不允许继承（包括创始人）和自行转让，拥有收益权、选举权和被选举权。作为创始人的张洪瑞先生目前持股不足总股本的 1%，截至 2018 年底，持有岗位股的星级导购员、柜组主任及以上级别的管理人员达 9 000 多人。按照穆总的介绍，张洪瑞先生 1984 年在创业之初就明确表示："我办信誉楼不是为个人发财，我就想干一番事业。我搭台，让员工唱戏，都唱个大红大紫。"他的创业初衷后来被延伸为信誉楼的企业使命，那就是"让员工体现自身价值，享有成功人生"。一心只想强调信誉楼"不追求做大做强，追求做好做健康，追求基业长青"的张先生并不想把信誉楼做成家族企业，目前他的三个子女只是信誉楼的高层管理人员。他的一个朴素理想是，在 300 年后还有人能记起一个名叫张洪瑞的人曾经创办了一家名为信誉楼的百货店就足够了。另外，据穆总介绍，老实人张洪瑞先生最初并不愿进入被认为是"无奸不商"的商业领域，善于为他人着想是张先生的思维习惯，诚信是张先生做人做事的本分，信誉楼的公司名称由此得名。因而，从张先生到信誉楼，天然具有诚实的基因，当然愿意与员工"共享未来"，而不是成就一家家族企业。

上述分散的股权结构和企业诚实的基因固然有助于建立员工信任，但在我看来，一个更为重要和根本的因素是它建立了一个员工可以直接参与并进行权益诉求表达的公司治理构架。这就是它以直选方式产生的董事会组织。信誉楼董事会每四年换届一次。在 2016 年举行的由 700 多名岗位股股东代表参加的第二十二次岗位股股东代表大会上，经过监事会提名产生 121 名董事候选人，然后在大会上从这些提名的候选人中差额选举出 46 人组成董事会，加上从社会聘请的独立董事 3 名，组成有 49 位成员的董事会。此外还有 16 位候补董事。

应该说信誉楼在现代公司治理制度中十分重要的董事会建设方面创造了两个在中国公司治理实践中的"奇迹"。其一是股东大会参加的人数。这个被称为岗位股的股东代表大会的参会规模一度达到 700 人。在我国上市公司治理实践中，在"一股独大"或相对控股的股权结构下，鲜有外部股东愿意花时间和精力参加根本无法左右议案表决结果的股东大会。所谓股东大会往往是列席的董事和高管人数超过代表少数大股东的股东代表的人数。这是我国上市公司股东大会的常态。然而，在信誉楼，同时有 700 多位岗位股的股东代表参加股东大会，这是怎样的一个情景？它让我联想到巴菲特的伯克希尔哈撒韦公司盛况空前的股东大会。其二是由 49 位正式董事（现增补到 52 人）和 16 位候补董事组成的董事会。在今天公司治理流行小规模董事会的趋势下，52 位董事同时开会那又是怎样的一个场面？按照穆董事长的介绍，在董事会召开会议前，公司会对议案提前留好足够的时间让董事进行充分的准备；在董事会期间，每个董事则可以畅所欲言自由表达；最后则以投票表决的方式按简单多数原则形成董事会的最终议案。

由于是针对岗位设计员工持股计划，信誉楼的岗位股的股东代表和提名的董事候选人及最终选举出来的董事彼此都相对熟悉。通过上述提名和选举，信誉楼把股东公认的公道正派、能力强和有担当的董事选举出来。我们看到，信誉楼公司的治理制度建设无意中契合了现代政治制度民主选举的原理：通过直选方式，来使所选举的代理人真正向大部分公众负责。在信誉楼，通过上述董事提名和选举过程，持有信誉楼股票的员工一方面相信能把维护自身权益、严格履行承诺的董事选出来；另一方面，更加重要的是，他们相信他们有渠道（参与提名和选举）来保障自己的权益，因而认为公司向其做出的分红和退休安置金的发放是可置信的。我认为这是信誉楼在员工持股计划实施中做对的关键。

当然，信誉楼在公司治理制度建设方面取得的成就不限于此。例如，在实践中，按照穆董事长的介绍，信誉楼严格实行董事会、监事会和总裁三者的独立和制衡，等等。如今包括创始人张洪瑞先生和穆董事长在内的很多公司管理层积极思考的问题是如何设计一个无终极所有者的股权制度安排。我们看到，不关注控制权，不一味"为了控制而控制"，往往能获得更为长久的控制权。这是公司治理实践中控制权安排的悖论，当然在一定意义上也是人生哲学的悖论。我理解，这同样是信誉楼在电商围追堵截的今天能够杀出一条血路、冲出重围的十分重要的公司治理制度保障。在这里让我们衷心祝福这家本性诚实、在公司治理制度上锐意创新的民营企业未来再创辉煌。

另一家同样在公司治理制度设计上让我印象深刻的是来自河北汽配产业的恒信集团。我注意到，全员持股的恒信集团在公司治理制度设计上与主要针对管理层持股的信誉楼有殊途同归之趣和异曲同工之妙。

在实践中，恒信集团设计出一套十分复杂的股份合作制下的全员持股计划。除了包括普通股和各种名目繁多的优先股在内的资金股，恒信集团还设计了劳务股，形成了具有恒信特色的员工持股计划。我们以恒信集团的劳务股为例。恒信集团把劳务股大体分为四类。其一是工龄股。在恒信集团工作时间越长，该员工获得的工龄股越多。工龄股不能转让，离开的时候自动清零。工龄股的设计意味着员工的离职成本会很高，鼓励员工对企业忠诚。其二是岗位股。岗位股与员工当年度职务、岗位和履职情况挂钩。随着岗位变化该股同步变更。一年一累积，当年清零，不跨年累计。这一设计在原理上特别类似于我们的岗位固定津贴。其三是积分股。积分股是对员工遵守公司制度采取的一项量化考核。例如员工完成每天一条总结信息、每天参加晨会、通过钉钉签到签退、参加体育锻炼、参加公司集体活动、遵守公司所有制度办法等，都会获得相应的积分股。积分股一年一统计，不跨年统计。以上三种劳务股与员工个人所在部门的效益无关。这三种劳务股占普通股收益的比例逐年提升，目前已达到21%。其四是超额分红。超额分红只与每个部门每个员工的效益挂钩，类似通常的年终奖励。我们看到，恒信集团在实践中摸索出一套行之有效的以股权设计方式完成的复杂的薪酬设计。

与信誉楼面临的问题类似的是，这样复杂的股权设计凭什么让恒信集团持股员工相信，这一切都是真的而不是假的。在恒信集团的员工持股计划中，一个十分重要的制度安排是任何单一股东持股比例最高不能超过 20%，即使是创始人兼董事长的武总同样不能超过此线。公司之所以做这样的规定，按照武总的介绍，目的就是希望避免出现一个人说了算的局面，而是通过股权制衡形成一种自动纠错机制，避免公司在重大战略决策上犯"大的错误"。

除了股权设计上避免"一股独大"的限制，恒信集团取信于员工的一个十分重要的制度保障，在我看来，依然来自基本的董事会组织等公司治理制度。恒信集团大约每三年选举一次董事。董事会与监事会的候选人资格必须满足以下四个硬性条件：最少持有 3 万普通股，在分公司经理以上岗位任职一年以上，积分不低于 80 分，在恒信集团工作时间不低于 906 天。符合上述要求的员工都可以提前一年报名参加董事和监事的竞选。股东提前半年开始向各位候选人提出问题。竞选时允许职员和股东家属列席，同时欢迎社会人士列席监督。在候选人就股东所提问题答辩之后，由股东投票选举两会的各个席位。

在众多的董事候选人中，根据得到股东投票的多寡选举出排名靠前的九名。其中，前七名成为正式的董事，排名位居第八和第九的两位成为候补董事。监事的选举同样如此，共选出"5＋2"名，前五名是正式监事，后两名则是候补监事。而"候补董事"

和"候补监事"这些令不少公司治理的研究者和实践者感到十分新鲜的概念，其实还不是恒信集团最有趣的公司治理制度设计。最有趣的是，它居然根据选举得票的多寡在董事和监事中排序。也就是说，它有排名第一的第一董事和第一监事。容易想到，同样是董事，排名第一的董事所享有的员工股东对他的信任程度，以及由此而来的对公司重大决策的影响力自然与排名第七的董事不同。如果一个董事辜负了员工股东对他的信赖，等待他的将是三年后董事选举的排名靠后，甚至直接落选。

同样值得一提的是，恒信集团议事会由董事会成员、监事会成员和总经理组成，每旬末晚上召开例会。那些不在石家庄的高管成员通过网络参会。议事会允许所有股东列席，允许远程视频参加，让股东了解集团决议的形成过程。在每月底最后一天召开的职员（员工）大会上，公司会专门解读当月议事会决议和介绍集团近期发生的大事。我注意到，和信誉楼一样，恒信集团把"做长做稳"看得高于"做强做大"，把百年公司当成公司治理的主要目标；对普通股股东不偏重能力和学历，最看重的是能否长期在公司干下去，看重忠诚度。在我看来，恒信集团就是通过这样一系列员工广泛参与的公司治理制度和透明公正的企业文化使每位员工都相信，公司是在玩真的。那些分红和各种各样的股权设计兑现又有什么值得怀疑的呢？

我们看到，建立让每位持股员工有权参与和说"不"的公司治理制度，使每位员工股东相信管理层说的每句话、做的每件事都会兑现，这才是一些上市公司都很难推进的员工持股计

划在信誉楼和恒信集团两家公司得以顺利推进的关键所在。行
文至此，我不仅联想到目前正在积极推进混合所有制改革的国
企。看起来国企是全民所有，但一些国企通过一些腐败官员寻
租设租的权力私相授受，又何尝不是比私企更"私"的"私
企"，而类似于信誉楼和恒信集团这样的民企，却经过透明公开
公正的治理制度构建使自己成为不是"公众公司"的"公众公
司"。所谓"民营未必私有，国营未必共有"。在上述意义上，
我十分认同一些学者所指出的，其实并不应该给企业印上所有
制标签的观点，因为像信誉楼和恒信这样的民企同样可以做得
很"公"。

通过信誉楼和恒信的简单案例分析，我们事实上看到了关
于员工持股计划的实施过程中十分重要的问题。那就是，固然
如何设计员工持股计划十分重要，但更加重要的是要让持股受
益人相信这一计划并非永远停留在计划阶段，而是真的可以实
施。从这两个案例的讨论中我们也看到，一个好的公司治理制
度的设计和运行不仅仅是为了使股东可以行使所有者权益，而
是为了使股东或/和员工相信这是未来实施包括员工持股计划在
内的各项计划的庄严的制度承诺。正是因为有了这样的制度承
诺，像信誉楼和恒信这样的民企也可以实施今天即使一些公众
公司都无法做好和做对的员工持股计划。我们看到，这恰恰是
作为民营企业的信誉楼和恒信在实施员工持股计划上做对的
地方。

成为今天的碧桂园，他们做对了什么?[*]

2019 年 6 月 27 日，我有幸和其他一些专家学者共同受邀赴广东顺德碧桂园总部进行调研，并与包括碧桂园集团总裁莫斌先生、副总裁程光煜先生、副总裁朱剑敏先生等在内的高管进行座谈。经过几年的发展，碧桂园目前无论是营业收入还是销售利润都稳居中国综合性房地产开发商第一名，成为中国房地产业新的"龙头"。碧桂园旗下目前拥有三个上市平台，在中国内地所有省区都拥有物业开发项目。2011 年起，碧桂园开始进军海外市场，目前在马来西亚、澳大利亚等地拥有开发项目。2018 年 7 月，碧桂园位列《财富》世界 500 强榜单第 353 位。

碧桂园在多年的房地产经营管理实践中创造了房地产开发主动融入学校规划建设的"中国式学区房"概念等很多"首次"实践。其中，2012 年碧桂园首推名为"成就共享"的项目跟投激励制度，成为中国房地产业事业合伙人制度的开始。之后首创置业、万科、越秀、金地等房地产企业纷纷跟进。那么，成为今天的碧桂园，以杨国强先生为首的碧桂园管理团队究竟做对了什么呢?

---

* 本文以《成为今天的碧桂园，他们做对了什么?》为题于 2019 年 7 月 17 日发表在 FT 中文网。

首先，在经营策略选择上，碧桂园多年来在住房产业链条上围绕"给您一个五星级的家"这一核心理念进行了精耕细作式的集约化发展。提起今天的碧桂园，购买住房只是享受碧桂园一条龙服务的开始。在成为房子的主人后，你所享受的物业服务可能来自碧桂园；你购买的日常用品可能来自作为小区配套设施的碧桂园旗下零售"凤凰优选"；你的子女可能在同样作为小区配套设施的碧桂园旗下的学校入学；而当你赴外地旅行，你可能住宿在碧桂园旗下实行会员制管理的酒店；等等。十几年的快速发展，碧桂园看似从房地产业出发进入很多全新的领域，如作为新零售的凤凰优选和教育领域，但碧桂园多元化经营策略始终围绕一个核心展开，那就是如何向消费者提供一个舒适温暖的家园。

其次，在发展战略制定上，碧桂园提前布局机器人产业，积极推动房地产产业新一轮的转型升级。说起房地产开发，我们总是把它与轰鸣的施工机械和头戴安全帽的建筑工人联系在一起。然而，随着中国人口红利的逐步消失，社会老龄化趋势加速，劳动力短缺问题会更加严重，而建筑机器人的应用将在一定程度上缓解建筑行业的用工压力。同样重要的是，这一举措将有望从根本上解决困扰房地产开发的施工安全和建筑质量问题。为此，碧桂园计划在最近五年共计投入 800 亿元资金研发建筑施工机器人。

相信在不远的将来，在一座座正在拔地而起的高楼中，我们将很少看到以往在钢筋水泥中冒着生命危险穿梭的忙碌工人，他们正在被一群没有性别、没有年龄，不知疲劳、夜以继日地"无我工作"的"新人类"代替。那就是"新一代建筑施工机器人"。

布局机器人事实上蕴藏着碧桂园重要的产业升级契机。也许同样有一天，你会发现，碧桂园不仅生产住房，仍是标准的房地产企业，而且提供生产住房的标准化机器人，成为一家机器人设计和制造企业。碧桂园尽管并非建筑机器人的最早发明者，但作为致力于成为世界首家系统性研发建筑机器人，并将其规模化运用在建筑施工领域的企业，碧桂园的相关探索将为整个建筑行业带来一场革命性变革。而作为这一领域较早的开拓者和进入者，碧桂园将有望成为相关行业标准制定的重要参与者，对相关标准制定拥有重要的话语权。

最后，在人才梯队建设上，重视研发投入的碧桂园更加注重自身创新人才的储备和通过事业合伙人制度向员工提供充分激励。我们在对碧桂园的调研过程中，曾多次目睹上百名研发人员在开放的工作间中同时进行研发，场面让人震撼。而碧桂园在较短的时间内集中了数量如此庞大的以年轻人为主的研发队伍集体攻坚重点项目，更是令人叹为观止。以项目跟投和股权激励为特色的事业合伙人制度经过多年的实践在碧桂园已趋成熟，员工给我们的印象和感受是普遍激励充分，工作热情饱满。

我们看到，正是由于碧桂园在经营策略选择上围绕"给您一个五星级的家"这一中心走集约化发展道路；在发展战略制定上提前布局机器人产业，积极推动房地产产业新一轮的转型升级；在人才梯队建设上，注重自身创新人才的储备和向员工提供充分激励，碧桂园才会在房地产业普遍高喊"活下去"的艰难岁月中逆势上扬，成为房地产行业新的"龙头"。这一成绩的取得显然与碧桂园迄今为止做对了什么分不开。

作为研究企业特别是研究公司治理的学者，我在与碧桂园高管的座谈会上，也谈了对碧桂园今后发展的相关意见和建议，供他们未来决策时参考。

其一是如何利用资本市场开展积极主动并购，以减少研发投入的风险。我们知道，研发投入面临很大的不确定性，研发方向的失败有时不仅会使大量前期投入沉没，而且有时会波及实体的稳定经营。而利用资本市场进行积极并购，抢占赛道，不仅可以对相关产业提前布局，使已有的研发团队与碧桂园共同承担未来研发不确定性带来的风险，有时还会起到减少竞争对手的客观效果。当然是更多通过并购，还是更多通过自主研发，抑或一部分并购，一部分自主研发，需要碧桂园根据发展阶段和外部市场环境的变化来灵活做出决定。但在如何更加积极地利用外部资本市场实现快速研发成功和分担研发风险上，我相信，包括碧桂园在内的很多中国企业在这一方面还有很大的发展空间。在一定意义上，今天的研发不仅仅与科学技术有关，是一个科学技术领域的问题，更与资本市场发展有关，是一个投融资和不确定性分担决策问题。

其二是包括碧桂园在内的很多中国民营企业普遍面临的传承问题。一个在公司传承问题上提前安排和布局的企业将会使市场和投资者形成稳定的预期，对于企业持续稳健发展，实现基业长青至关重要。在这一问题上，阿里的马云先生的很多尝试可圈可点。提起阿里，除了马云外，我们立刻能想到张勇、蔡崇信、彭蕾、井贤栋等一群人，他们有一个合伙人团队，该团队形成阿里稳定传承的人才储备库；马云先生更是在壮年时就开始考虑退休问题，宣布将在2019年的教师节后辞去阿里董事会主席一职。在碧桂园调研期间，我们多次听到杨国强先生如何开明包容、虚心接受部下的批评和建议的故事，也多次听到杨惠妍女士如何在年纪轻轻的时候参与公司重大决策的故事。我们也衷心希望在这一问题上同样做出精心安排的碧桂园能顺利完成困扰很多企业的传承问题。

其三是碧桂园如何在履行企业社会责任与创造利润这一企业核心使命二者之间进行平衡。对碧桂园的调研，我们是从参观杨国强先生一手创办的招收全国贫困家庭子女入学的国华纪念中学开始的。据介绍，杨先生本人先后向该中学捐赠达4.6亿元。而整个碧桂园，截至2018年底，已累计投入扶贫公益资金超过48亿元，助力近36万人脱贫。从碧桂园在扶贫等方面的机构设置、人员安排和资金投入上，我们可以强烈地感受到碧桂园在企业责任履行和公益捐赠问题上不可谓不用心。但企业家的公益情怀与是否能够有效提供公益服务有时并不完全是一回事。弗里德曼曾经说过，"企业最大的社会责任是创造利润"。也许把从事相关扶贫等公益活动的人力和资金投入碧桂园更加擅长的房地产相关产业，而把相关公益活动交给更为专业的慈善机构来完成，这样更好。从社会分工的角度看，碧桂园未来对公益事业进行的捐赠也许会更多，带给社会的回报可能更大。毕竟，一家公司是因为它创造了一种伟大的产品（或服务）而不是因为从事公益事业而成为一家伟大的公司。

第 6 章

国企混改，选择与"谁"分担
不确定性

如果说企业日常经营涉及的债务融资决策主要涉及风险，那么，今天的国企改革更多地与不确定性连在一起。新一轮以混合所有制改革为主题的国企改革，很大程度上演变为选择与"谁"分担不确定性的问题。

东北特钢通过债转股选择与银行分担不确定性，成为市场化运作外衣下的"预算软约束"，最终"无奈地"走上私有化的道路；天津渤海钢铁通过将当地企业合并，选择与同伙抱团取暖的方式来分担不确定性，然而，在经历了短暂的"做大"辉煌之后，不得不重新走上"分"和更为根本的引入民资背景战投的"混"的道路；被宝武实施重组的马钢选择的不仅是优秀的同行，而且是来自央企的同行来分担不确定性；而重组的重钢则通过选择与"优秀的战投"分担不确定性，以此作为混改的关键点和突破口，一举形成了转化经营机制的真正压力，凝聚了克服机制体制障碍的现实动力，汇成各方合作共赢的合力，为重钢赢来了新生。

四个国企混改选择与谁分担不确定性的故事清晰地表明，如同只有开放才能促进改革一样，在国企混改实践中，也许只有"混"，才能真正做到"改"；而与其"并"，也许不如"混"。

国企混改，选择与"谁"分担不确定性 *

如果说企业日常经营涉及的债务融资决策主要涉及风险，那么，今天的国企改革更多地与不确定性连在一起。因而新一轮以混合所有制改革为主题的国企改革，在很大程度上演变为选择与"谁"分担不确定性的问题。

美国经济学家奈特很早将不确定性与风险做了区分。从本质上看，债务融资与权益融资金融属性的差异在很大程度上体现在风险与不确定性的不同。为了很好地说明这一点，在讨论国企混改应该与谁分担不确定性之前，我们首先用发生在明清时期的两个故事来揭示风险与不确定性，进而讲述债务融资与权益融资金融属性的区别。

第一个故事是关于明清时期旅蒙商在蒙古地区开展的被称为"放印票账"的资金借贷业务。传说清朝嘉庆咸丰年间权倾一时的"铁帽子王"僧格林沁在离世后依然欠着晋商大盛魁不少于 10 万两白银的印票账。抛开印票账高利贷属性的一面，单纯从业务经营的角度来看，旅蒙商所放的印票账总体还在风险可控的范围

---

* 本文根据作者在"2019 年中国（辽宁）国企合作和发展论坛"的演讲整理，以《国企混改应选择与"谁"分担不确定性》为题于 2019 年 9 月 3 日发表在财经网。

内。其一，抵押担保使得一个接受印票账的牧民在无法偿还债务时将面临他的帐篷被拆掉，牛羊被赶走的可能。其二，基于过去业务开展的经验，旅蒙商大体能估算出在所放印票账的 100 户牧民中通常会有几户无法到期偿还，甚至能够根据当年牧草的茂盛程度来对这样的家庭在这一年中将增加还是减少做出推断。用数学的语言来说，旅蒙商从事放印票账的风险的概率分布是可以测度的；或者用现代银行业务的术语来说，可以建立风险管理模型来对放印票账的风险加以识别和控制。

然而，让我们设想，同样是那个放印票账的旅蒙商，如果他有一天应邀参加当地一位蒙古朋友的婚礼，向这位朋友"赠送"了数目可观的贺礼，那么，他什么时候才能收回"这笔投资"就变成了完全无法预见的事。事实上，通过在亲朋好友之间互相"馈赠"贺礼的方式，于短期内筹集对于大多数贫穷的牧民家庭而言无法承受的高额聘礼，是明清时期蒙古牧民的重要习俗。我们知道，即使在今天结婚也并不是一个人说了算的事。这不仅需要征得女方的同意，还需要征得女方家庭甚至女方整个家族的同意；而对于当时盛行一夫多妻制的蒙古牧民而言，当这个旅蒙商刚想着如何通过娶一个小妾收回早期"投资"的贺礼时，很可能对他十分不幸的是，那个牧民也许刚刚做出了娶第三个妻子的决定。于是我们看到，与放印票账概率分布可以测度、在一定范围内风险可控相比，向娶妻的牧民"馈赠"贺礼的投资显然是无法测度和刻画概率分布的，建立风险管理模型对风险加以识别和控制更是无从谈起。

我们看到，旅蒙商向娶妻蒙古牧民"馈赠"贺礼，或者换一种角度来说，牧民以接受贺礼的方式来筹措高额聘礼，在这里更多涉及的是美国经济学家奈特所谓的"不确定性"，而不是类似于放印票账的"风险"。与旅蒙商放印票账面对的风险相比，显然更加可怕的是向娶妻的牧民"馈赠"贺礼的投资所面临的不确定性。因而，不确定性的分担被认为是金融更为实质的属性。

在讨论国企混改应该选择与谁分担不确定性之前，让我们首先了解国企混改未来可能面临的不确定性。其一是来自原材料和市场的不确定性。工业互联网的构建有助于利用互联网解决困扰国企的原材料和市场信息不对称问题，一度被认为是互联网时代继消费互联网之后的"下一个风口"。然而，原材料供给集中在少数几家企业所形成的非完全竞争甚至垄断的市场结构使得相关企业缺乏加入工业互联网的激励。那么，作为"下一个风口"的工业互联网在哪儿？对此，我们今天依然并不清晰。其二是来自研发和创新的不确定性。对于被誉为很好体现金融创新的互联网金融，我们经常会听到这样的说法，"做好了是互联网金融，做不好就是金融诈骗"。从金融创新到金融诈骗看似只有一字之差和一步之遥。包括人工智能在内的研发和创新不仅涉及研发投入本身的成本收益核算，而且还面对社会伦理等诸多争议和挑战。而正在持续的中美贸易摩擦无疑为研发和创新带来了新的不确定性。我们突然发现，其实我们的内"芯"是如此的脆弱，以至于我们有时不得不发出"偌大的中国，何处安'芯'？"的感慨。其三，其他不确定性。例如国企如何在提升企业效率和避免大规模失业发生的底线二者之间平衡，而住房、医疗和教育这新"三座大山"的一项或几项随时可能成为压垮中产阶层的最后一根稻草。

面对国企混改所面临的上述三个方面的不确定性，我们接下来希望通过四个钢铁企业的金融故事，来揭示国企混改应该选择与谁分担不确定性。

第一个故事来自与银行分担不确定性的东北特钢。2016 年再度陷入债务危机的东北特钢提出新一轮的债转股计划，结果遭到债权人的反对。因而，后来被媒体解读为"意外私有化"的沈文荣控股东北特钢实属当地政府为化解东北特钢债务危机所推出的无奈之举。在一定程度上，东北特钢债务危机是匈牙利经济学家科尔奈 50 多年前观察到的银行贷款如何由于预算约束软化而一步步转化为呆坏账的情景再现。因而，我们倾向于把政府干预下的债转股理解为披着市场化运作外衣的"预算软约束"。我们看到，能不能以债转股的方式使混改的国企实现与银行的不确定性分担，在很大程度上取决于债转股是否为基于价值判断和投资者意愿的真正市场化行为。

第二个故事来自通过以当地企业合并方式进行抱团取暖式的不确定性分担的天津渤海钢铁公司。2010 年天津钢管、天津钢铁集团有限公司、天津天铁冶金集团有限公司、天津冶金集团有限公司等四家国有企业合并组成天津渤海钢铁。在财务并表后的 2014 年，渤海钢铁一举进入美国《财富》杂志评选的世界 500 强企业榜单。然而，在时隔不到两年的 2015 年底，快速扩张后的天津渤海钢铁陷入了严重的债务危机，105 家银行金融机构参与的负债高达 1 920 亿元。事实上，"国资背景的煤炭、钢铁、有色等 500 强巨头，绝大部分是整合而来的"[①]。那么，天津渤海钢铁又是如何化解新一轮债务危机的呢？我们看到，一方面，是把原来"合"起来的企业重新"分"出去。2016 年 4 月经营状况相对尚好的天津钢管从渤海钢铁中剥离出来。另一方面，则是在钢铁主业引入民资背景的德龙钢铁做战投，进行混改，重新回到国企改革"混"的思路上来。我们看到，与当地企业合并这一所谓"抱团取暖式"的不确定性分担只是使国企真正面临的体制机制转换问题被暂时和表面的"做大"掩盖起来，不是使不确定性减少了，而是使不确定性增加了。

第三个故事来自与"优秀的同行"分担不确定性的马鞍山钢铁。2019 年 6 月 2 日马钢股份发布公告，宣告中国宝武对马钢集团实施重组，安徽省国资委将马钢集团 51％股权无偿划转至中国宝武。通过这次重组，中国宝武将直接持有马钢集团 51％的股权，并通过马钢集团间接控制马钢股份 45.54％的股份，成为马钢股份的间接控股股东。虽然通过上述重组，作为中国宝武控股股东的国务院国资委成为马钢股份的实际控制人，但我理解，当地政府最终同意将马钢集团 51％的股权无偿划转至中国宝武依然是下了很大决心的。这一事件也被一些媒体解读为近年来掀起的地方企业引入央企进行混改，在并购重组后实际控制人由地方国

---

① 姚本."混乱"的中国企业 500 强评选.FT 中文网.（2019-04-24）.

资委变更为国务院国资委的新一轮混改动向的标志性事件。同样值得关注的是，实施重组的马钢股份与控股股东中国宝武同属于钢铁企业，将面临"不允许上市公司与母公司开展同业竞争"等资本市场基本规则的挑战。当然，鉴于中国宝武对马钢的重组刚刚完成，马钢所推出的与"优秀的同行"分担不确定性是否真正有助于实现预期的国企体制机制转化还有待对后续围绕基本公司治理制度改善的具体举措的进一步观察。

最后一个故事来自选择与"优秀的战投"分担风险的重庆钢铁。2017年底，完成重组后的重钢实际控制人变更为由中国宝武、中美绿色基金、招商局集团和美国WL罗斯公司等四家公司平均持股的四源合。按照重钢董事长周竹平先生的说法，作为实际控制人的四源合"没有派去技术人员，也没有做除了维修以外的设施方面的投入，没有更换过工人、中层"，甚至连原来的外部董事也保留了，而是仅仅派了"五名既不炼钢也不炼铁"的高管。在破产的路上走了十年的重钢，一年就实现"止血"，起死回生。

重钢重组的案例再次表明，国企混改需要解决的关键问题也许并非资源甚至市场，而是如何形成转换经营机制的动力。重组后的重钢，不仅面临原来股东，还有债转股后的新股东，以及作为实际控制人四源合的巨大投资回报压力。尽快实现盈利成为落后经营机制转化的基本甚至唯一动力，多目标冲突等长期困扰传统国企的问题迎刃而解。

概括而言，重组后的重钢在实际控制人四源合的推动下，在公司治理构架上进行了以下两方面的调整。其一，基于市场化原则建立激励充分的经理人与员工激励机制。2018 年重组后重钢的 CEO 年薪为 553.91 万元，是 2017 年重组前总经理年薪 54.89 万元的 10 倍。《重庆钢铁高管薪酬激励方案》和《2018 年至 2020 年员工持股计划》等多少国企试图推进但往往无疾而终的激励方案在重钢重组后轻松地推出了。其二，回归到 CEO 作为经营管理决策中心，实现 CEO 和董事会之间的合理分工。我们知道，国企面临的主要问题之一是控股股东、董事会与经理人之间的边界模糊，所有权与经营权无法有效分离。重组后的重钢董事会明确授权 CEO 拥有机构设置、技术改造等事项的权力，甚至允许先操作后到董事会报批。而董事会则回归到选聘 CEO 和考核评价 CEO 这些基本职能。我们看到，在选择与谁分担不确定性的问题上，重钢通过引入盈利动机明确的优秀战投，一举形成了转化经营机制的压力，凝聚了克服机制体制障碍的动力，最后汇成各方合作共赢的合力，成为重组后重钢获得新生的关键点和突破口。

现在让我们简单总结一下这四家来自同一行业、面临债务危机的国企选择与谁分担不确定性来进行混改的故事。我们看到，东北特钢通过债转股选择与银行分担不确定性，成为市场化运作外衣下的"预算软约束"，最终"无奈地"走上私有化的道路。天津渤海钢铁通过将当地企业合并，选择与同伙抱团取暖的方式来分担不确定性，然而，经历了短暂的"做大"辉煌，不得不重新走上"分"和更为根本的引入民资背景战投的"混"的道路。被宝武实施重组的马钢选择的不仅是优秀的同行，而且是来自央企的同行来分担不确定性。这一新近出现的地方国企通过引入同行业央企进行混改来分担不确定性的办法的实际效果，尚有待进一步观察。而重组的重钢则通过选择与"优秀的战投"分担不确定性，以此作为混改的关键点和突破口，一举形成了转化经营机制的真正压力，凝聚了克服机制体制障碍的现实动力，和汇成各方合作共赢的合力，为重钢赢来了新生。

上述四个国企混改选择与谁分担不确定性的故事清晰地表明，如同只有开放才能促进改革一样，在国企混改实践中，也许只有"混"，才能真正做到"改"；而与其"并"，也许不如"混"。

国企之间的"混"为什么没有达到混改的真正目的？*

作为"央企混改第一股"的中国联通混改完成后，BATJ等民资成为社会公众心目中国企混改所引入战投的标准形象。我们注意到，在新一轮混改中，国企与国企之间的参股也被认为是国企混改实现的重要形式之一。稍远的例子是宝武对马钢的并购，招商局对营口港的并购；近期的例子则是国家电投黄河公司混改

---

* 本文以《国企间的"混"为何没有达到混改真正目的？》为题于 2019 年 12 月 20 日发表在 FT 中文网。

项目。通过释放 35％股权，黄河公司混改引入中国人寿、工商银行、农业银行、中国国新、国投集团、浙能集团、云南能投以及中信证券等八家战略投资人。

作为新一轮国企改革的突破口，国企混改原本的含义无疑是通过引入民资背景的战投实现不同所有制的混合。那么，为什么原本以引入民资背景的战投实现所有制混合为核心内容的混改在实践中却逐步演变为国企与国企之间"同一所有制之间的混合"呢？

我们认为，造成这一现象可能有以下三个方面的原因。

其一是由于相关国企混改推出的现实举措并没有很好保障战投的权益，实现各方激励相容，这使有能力和实力的民资并不情愿成为国企混改中引入的战投。我们知道，在作为央企混改和基础战略性行业混改标杆的被誉为"央企混改第一股"的中国联通混改中，尽管由于中国联通所处的基础战略性行业的性质，联通集团依然保持对中国联通的控股地位，但中国联通通过允许作为非实际控制人的 BATJ 超额委派董事（例如，持股比例 3％的百度委派联通董事会占比 12.5％的 8 名非独立董事候选人中的 1 名席位），实现了混改参与各方的激励相容，创造了所谓的"股权结构上国资占优，但在董事会组织中战投占优"的"混改联通模式"。而在作为地方国企和处于非基础战略性行业的国企混改标杆的天津北方信托混改中，天津北方信托通过合计受让 50.07％的股权，引入日照钢铁控股集团有限公司、上海中通瑞德投资集团有限公司、益科正润投资集团有限公司三家民营企业新股东。

以微弱优势成为第一大股东的民资日照钢铁获得推荐董事长的权利，而国资背景的控股股东泰达控股在混改后成为持股仅17.94％的第二大股东，未来更多将以股东身份参与北方信托的公司治理。我们看到，无论是在中国联通，还是在北方信托，或者通过董事会层面，或者直接通过股权层面的制度安排，使战投获得保护自身权益的途径，部分或全部实现激励相容，使这些民资背景的战投愿意参与混改。而目前一些企业推出的混改方案似乎并没有太多考虑如何使民资背景战投激励相容的问题，以至于这些民资背景的战投参与国企混改的意愿并不强烈。

其二是一些国企改革的实践者对引入民资背景战投进行混改的深层次目的有误解。一些国企改革的实践者提出，我们是做资源开采的，也许并不需要引入搞信息技术的（BATJ）战投进行混改。混改引入战投显然并非仅仅为了相关产业融合形成协同效应，而是为了引入盈利动机明确的战投，通过战投从保障自身权益实现的现实诉求出发，切实推进国企经营机制的转化和管理体制的改变。对于国企效率提升问题，经营机制和管理体制转化显然比通过并购实现协同效应重要得多，也根本得多。相比而言，民资背景的战投显然盈利动机更加明确，通过转换经营机制和管理体制以提升效率，实现投资回报的意愿更加强烈。因而，混改并非简单在相同或相近产业中寻找势均力敌的民资，而是在更加广泛的产业中通过设计激励相容的混改政策吸引有能力和有意愿的民资加入混改。

其三是一些国企的混改与国企自身所面临的债务危机消除和

过剩产能化解联系在一起，以混改之名行债务危机消除和过剩产能化解之实。面对这些国企高企的债务和过剩的产能，民资背景战投参与混改的意愿并不强烈。国企与国企之间的同一性质的所有制混合事实上成为这些企业的"无奈之举"。

我们看到，由于上述三方面的原因，国企混改一段时期以来出现了国企之间同一性质所有制混合的现象，而且近期甚至呈现愈演愈烈的趋势。

那么，为什么应该在国企混改实践中坚持以引入民资背景的战投实现所有制的混合作为国企混改的正确方向呢？我们主要有以下几个方面的理由。

第一，坚持引入民资背景战投的混改方向是由新一轮混改发动的现实背景决定的。

我们知道，2013 年以来发起的以不同所有制混合为典型特征的新一轮国企改革的现实背景来自以下两个方面。其一是国企在经历了 20 世纪 90 年代末改制带来的改革红利消失后陷入新的发展困境，一些国企成为新的僵尸企业，还有一些国企则面临产能过剩所带来的效益下滑。其二是普通公众和国际社会对国资垄断经营、高额补贴和不公平竞争现状的不满。除了那些成为僵尸企业和由于产能过剩而亏损的国企，有些盈利国企的高额利润长期以来与市场的垄断地位、政府的高额补贴，和由此形成的与民营企业的不公平竞争密不可分。以至于有人形象地说，"放条狗到行长的位子上，银行照样赚钱"。部分国企的垄断经营、高额补贴和不公平竞争不仅挤压了民企的发展空间，同时成为中国和包括美国在内的一些国家贸易摩擦的深层次原因。而通过发起新一轮国企改革，参与混改的民资有望从中"分一杯羹"。同时国企混改也可开启我国结构性改革之路，使国企逐步成为符合竞争中性原则的市场主体，最终使市场在资源配置中发挥基础性作用。我们看到，正是在上述两方面的现实背景下，2013年前后我国发起了新一轮以所有制混合为典型特征的国企改革，这一改革被形象地称为"国企混改"。

第二，坚持引入民资背景战投的混改方向是由新一轮混改试图解决的国企核心问题决定的。

国企面临的核心问题是由于所有者缺位和金字塔控股结构下长的委托代理链条，经理人理论上向股东负有的诚信责任变得模糊不清。在国企中，为经理人做出错误决策最后承担责任的是名义上属于国家最终由纳税人买单的国有资本，而做出决策的却是并不需要承担最终责任的国企高管。弗里德曼曾经有一个十分形象的说法："花自己的钱办自己的事，既讲效率又讲节约；花自己的钱办别人的事，只讲节约不讲效率；花别人的钱办自己的事，只讲效率不讲节约；而花别人的钱办别人的事，则既不讲节约也不讲效率"。由于模糊的诚信责任，所有者缺位下的国企经理人显然成为"花别人钱办别人的事"的一个典型。

不仅如此，处于金字塔式控股结构下的国企进一步延长了经理人与最终承担责任的纳税人之间的委托代理链条，使经理人在所有者缺位下已经模糊的诚信责任变得更加模糊。在我国一些链条动辄七八层，控股、参股上千家法人机构的国企控股集团中，经理人除了向直接控股的上一级大股东负责外，最终能够为他做出的错误决策承担责任的国有资本如何保值和增值，以及国有资本背后的真正出资者"纳税人"的权益如何保障的问题往往并不在他的考虑之列。这使得在金字塔控股结构下作为大股东代表的董事长往往成为国有资本该层级的实际控制人。伴随着金字塔控股结构下委托代理链条的延长，所有者缺位下导致的内部人控制现象更趋严重。

理论上，集体享有所有者权益的股东一方面以出资额为限承担公司未来经营风险，另一方面通过在股东大会上投票表决对公司发展重大事项进行最后裁决。因而，与其他利益相关者相比，股东不仅有动机而且有法律赋予和保障的权利来监督经理人。围绕如何通过资本社会化解决国企作为所有者的股东的缺位问题，过去 40 年的国企改革实践沿着资本社会化的思路至少展开了以下两个阶段的艰苦探索。第一阶段是改革早期通过股份合作制实现资本社会化阶段。国企员工同时成为持股的股东，资本在企业内部实现社会化。股东与员工身份的利益冲突使股份合作制并没有走很远。第二阶段是通过上市和股份制改造实现资本社会化阶段。上市和股份制改造使资本社会化突破一个企业，实现在全社会范围内的社会化。

两个阶段的国企改革尽管通过让员工成为股东（股份合作制）和股份制改造后引入外部分散股东（股份制改造）这两种资本社会化方式为国企引入了股东，但并没有使他们成功"上位"，代替缺失的所有者，积极地履行监督职责。这集中体现在，作为控股股东，国资往往持有控制性股份，形成"一股独大"的治理范式。上市公司尽管作为优秀企业的代表已经在现代企业制度的创立和公司治理规范上迈出了至关重要的一步，但散户无法有效参与公司治理和形成股权制衡的结果是国有控股上市公司长期业绩表现低于作为对照的上市民企。而对于那些并没有上市完成资本社会化的国企，缺乏权力制衡的治理构架使这些企业的效率更加低下，业绩表现更加糟糕。

　　针对已经完成资本社会化的国有上市公司和尚未上市的国资公司治理存在的缺乏权力制衡和有效监督的现状，新一轮国企混改明确提出，把引入盈利动机明确的民资背景的战略投资者实现所有制的混合作为国企改革新一轮资本社会化的重点，根本目的是解决以往国企改革尚未解决的使所有者真正"上位"的问题。这些新引入的民资背景战投一方面与国资共同承担企业未来经营的风险，另一方面可以借助股东会和董事会等治理平台，积极利用法律赋予和保障的权利来监督经理人，使公司治理的权威重新回归到股东上，实现国企向现代企业制度的转化。因此，在上述意义上，目前正在积极推进的国企混改是在我国 40 年国企改革资本社会化路径延续的基础上，围绕已经引入的股东如何真正"上位"展开的新的改革尝试。

　　概括而言，引入民资背景的战投对于新一轮国企改革围绕重点关注的如何使引入的股东真正"上位"解决所有者缺位的问题有以下几方面的作用。

　　其一，明确股东的盈利动机。我们看到，一旦引入民资背景的战投，直接承担未来经营风险的事实使这些民资往往有着与国资相比更加明确的盈利动机；而明确的盈利动机将驱使其积极推动企业打破以往国企僵化的经营管理体制形成的束缚，制定有利于提升经理人激励的举措，最终带来经营机制和管理体制的转化。因此，通过引入民资背景战投开展混改之所以重要，恰恰在于它通过利用民资天然的明确盈利动机解决了为经理人引入和设计激励机制的股东内在和长效激励的问题。而这是以往很多国资及其代理人通过后天植入的短期激励无法长久维持的。

其二，引入所有制性质不同的民资有助于防范以往国企"一股独大"下的监督过度问题。通过引入民资背景的战投，盈利动机明确的战投将与原国有控股股东之间形成竞争关系，从而形成股权制衡的分权控制格局，并由此成为以往国企"一股独大"下国有控股股东及其代理人做出错误决策的重要纠错机制。盈利动机明确的战投及其委派的董事代表会及时阻止主要股东做出的有损自身利益的商业决策。新引入的民资不仅可以有效地避免大股东"一股独大"容易导致的监督过度和决策失误，同时可以形成对经理人的制约，避免内部人控制问题的出现。

其三，引入民资背景的战投不仅有助于解决所有者缺位问题，还有助于解决以往国企普遍存在的预算软约束等问题。对于与政府天然具有政治关联的国有企业，出于保持就业、税收增长和维护社会稳定的需要，国有银行在政府的授意下，不仅不会将资不抵债的企业推向破产清算，反而会进一步追加贷款以挽救濒临倒闭的企业，从而使得原本硬的预算约束软化。多年来，发生在国企的僵尸企业、产能过剩等问题其根源在于预算软约束。而混改引入的民资背景的战投首先将成为企业可能的错误决策的风险分担者。风险在包括战投在内的股东之间分担，在一定程度上避免了以往决策错误不得不最终由来自纳税人的财政补贴买单的风险，使得原本软化的预算约束逐步硬化起来。我们知道，"父爱主义"下的国企面临的政府隐性担保和预算软约束长期以来受到理论界和普通民众的广泛批评，甚至成为最近中美贸易摩擦的一个焦点。

正是由于上述三个方面的潜在作用，我们看到，通过引入所有制性质不同的民资背景的战投，新一轮混改具备了在更深层次解决国企长期面临的所有者缺位问题的可能性。

第三，坚持引入民资背景战投的混改方向是在对过去通过国资之间的"混"进行混改的失败教训和成功经验总结基础上得到的。

目前一些国企混改正在尝试的国资同一所有制的"混"事实上在我国国企改革的历史上曾多次出现过。一个典型的例子来自广东韶钢集团的重组。2011 年 8 月，广东省国资委将其对韶钢集团 51％的股权无偿划转给宝钢集团。在无偿划转后，宝钢集团将通过韶钢集团间接持有韶钢松山 36.27％的股权。我们看到，在 2019 年 9 月，宝武对马钢的重组中采用了类似的方式。安徽省国资委将马钢集团 51％的股权无偿划转至中国宝武。通过本次收购，中国宝武将直接持有马钢集团 51％的股权，并通过马钢集团间接持有马钢股份 45.54％的股份，成为马钢股份的实际控制人。

与宝武重组马钢一样，在宝钢重组韶钢的案例中，至少在形式上，韶钢松山通过引入宝钢实现了同一所有制的混合。那么，如今已经过去近十年的宝钢重组韶钢松山是否达到预期的混改效果呢？

从稳定经营管理的目的出发，宝钢尽管在入主韶钢松山两年之后开始委派董事监事，但高管依然以原韶钢的管理团队为主。而高管的薪酬在混改后长达八年的时间中依然停留在原有水平，直到最近开始在相关政策的推动下，韶钢松山推出员工持股计划，上述状况才有所改观。员工人数在混改完成后的很长时间维持稳定，直到五年以后才开始出现下降。混改当初提出的"管理瘦身，组织机构变革，人力资源优化"的工作目标近期才部分实现。值得一提的是，从提高公司盈利能力和综合竞争力的长期发展战略出发，宝钢 2016 年 1 月曾一度筹划出售韶钢松山公司全部钢铁业务资产，收购宝钢集团下属的金融业务资产。但鉴于相关金融资产剥离和重组程序的复杂性，2016 年 6 月，宝钢最终决定终止筹划本次重大资产重组。

与上述混改完成后在很长的时间内经营机制和管理体制并没有实现根本转变相对应，从公开的数据我们注意到，韶钢松山在混改完成后净利润依然长期处于亏损状态，尽管每连续两年亏损后为了保壳会出现短期的盈利。这一状况一直持续到 2017 年钢铁行业市场行情发生逆转后。而彼时距离混改完成已经过去整整六个年头。

作为对照，同样来自钢铁行业的重庆钢铁于 2017 年底进行的重组选择由中国宝武、中美绿色基金、招商局集团和美国 WL 罗斯公司等四家公司平均持股的四源合作为战投。所有制混合后盈利动机明确的四源合仅仅派了"五名既不炼钢也不炼铁"的高管，实现了经营机制的转化，使在破产的路上走了十年的重钢一年就实现了起死回生。

从同样来自钢铁行业重组案例的宝钢重组韶钢与四源合重组重钢的案例对比中，我们不难形成只有引入盈利动机明确的战投进行混改，才能在短期内推动经营机制和管理体制发生根本性变革的印象。尽管我们十分理解目前一些国企不得不通过同一所有制性质国企之间的"混"来推进混改的苦衷，但基于前文的讨论，此处依然要强调，也许只有引入民资背景的战投真正形成不同所有制的混合，切实推动经营机制和管理体制的转换，才能最终实现本轮国企混改的目的。而成功的国企混改，一方面通过转化经营机制释放国资活力，另一方面则拓宽民资发展空间，帮助民资形成稳定的发展预期，这些无疑将成为抑制目前中国经济下滑趋势的关键举措。

国企改革：从股份制改造到所有制混合[*]

国企改革无疑是我国过去 40 年改革开放的缩影。弗里德曼

———————

　　* 本文以《国企改革：从股份制改造到所有制混合》为题于 2019 年 12 月 31 日发表在 FT 中文网。

曾经有过一个十分形象的说法："花自己的钱办自己的事，既讲效率又讲节约；花自己的钱办别人的事，只讲节约不讲效率；花别人的钱办自己的事，只讲效率不讲节约；而花别人的钱办别人的事，则既不讲节约也不讲效率"。以往所有者缺位下的国企负责人成为弗里德曼眼中"花别人的钱办别人的事"的典型。如何解决所有者缺位问题，是过去 40 年来国企改革探索的主旋律和决定未来国企改革成败的关键。

理论上，集体享有所有者权益的股东一方面以出资额为限，承担公司未来经营风险（责任），另一方面通过在股东大会上投票表决对公司发展重大事项进行最后裁决（权利）。因而，与其他利益相关者相比，责任和权力对称的股东不仅有动机而且有法律赋予和保障的权利来监督经理人。过去 40 多年的国企改革，在现代产权理论的指导下，围绕如何通过资本社会化，引入股东，以解决国企所面临的所有者缺位问题进行了以下三个阶段的尝试。

第一阶段是从 20 世纪 80 年代开始通过股份合作制实现的在企业内部员工的资本社会化阶段。在 1984 年北京天桥百货股份有限公司的改革中，该公司允许职工购买或以其他形式持有本企业股份，形成股份制企业。然而，由于股东与员工身份的利益冲突和普惠制下的员工持股计划形成的相互搭便车导致的激励不足，股份合作制并没有走多远。

第二阶段是 20 世纪 90 年代开始的通过直接上市和股份制改造实现的资本社会化阶段。直接上市和股份制改造使资本社会化突破一个企业，在全社会范围内开展。国企股份制改造直接推动了 20 世纪 90 年代初我国资本市场的建立。在一定意义上，我国资本市场建立很重要的目的之一就是服务国有企业股份制改造。部分经过重组资产优良的国有企业得以优先上市，建立规范的公司治理构架，使这些国企开始向现代企业制度迈进。北京大学光华管理学院厉以宁教授名噪一时的"靓女先嫁"理论就是在当时的背景下提出的，厉教授本人由此也被称为"厉股份"。

除了部分国企直接上市完成资本社会化，其余的国企则通过重塑国有资产管理体系，明确出资人职责和建立规范董事会制度，逐步在国资和受国务院委托履行出资人责任的国资委之间建立起资本链条连接下的基本概念和初步逻辑。在一定意义上，经过第二阶段的改革，国企至少在形式上完成了股份制改造。刚刚去世的前国资委主任李荣融先生受到业界很多人的深切缅怀，一方面是因为他在任上完成了国有资产管理体系的初步构建，明确了出资人职责，另一方面则是因为他在国企内部大力推行与现代企业制度相适应的董事会制度。

尽管无论是通过直接上市实现全社会范围的资本化，还是通过明确出资人职责和规范董事会制度在国企中普遍建立起资本链条的概念和逻辑，这些国有企业都在形式上完成了股份制改造，但令人遗憾的是，第二阶段国企改革并没有从根本上真正解决国企长期以来面临的所有者缺位问题。

首先，股份制改造完成形成的国资"一股独大"使外部分散股东无法实质参与公司治理，这为国企形成内部人控制格局提供了制度温床。国资在股权结构上的"一股独大"，使得国资大股东及其代理人对上市公司的公司治理"大包大揽"看似具有法理层面的合理性，这导致盈利动机明确的外部分散股东缺乏监督的有效机制和实现途径；董事长主要的监督并非来自股东，而是来自"山高皇帝远"的上级部门；而数量上与外部分散股东相比少得多的上级部门的部分领导显然被董事长通过各种合法或不法途径"搞定"起来容易得多。这使得仅仅依靠上级监督的董事长逐步成为在我国国企中盛行的内部人控制格局的核心。

其次，股份制改造完成的同时，在我国资本市场逐步形成了复杂的金字塔控股结构，延长了委托代理链条，进一步加大了形成内部人控制格局的可能性。作为股份制改造建立资本链条的概念和逻辑的副产品，我国国资逐步形成了复杂的金字塔控股结构。国资委通过控股集团母公司间接控股子公司以及孙公司。处于金字塔式控股结构下的国企由此延长了该国企董事长与最终承担责任的纳税人之间的委托代理链条。在我国一些动辄链条长达七八层，控股、参股上千家法人机构的国企控股集团中，董事长除了向直接控股的上一级大股东负责外，最终能够为他做出的错误决策承担责任的国有资本如何保值和增值，以及国有资本背后的真正出资者"纳税人"的权益如何保障的问题往往并不在他的考虑之列。这使得在金字塔控股结构下作为大股东代表，受到大股东"信任"的董事长往往成为国有资本该层级的实际控制人。伴随着金字塔控股结构下委托代理链条的逐级延长，所有者缺位导致的内部人控制现象将更加严重。

我们注意到，在英美分散的股权结构下，一方面由于股权高度分散，不存在大股东；另一方面股东为了激励经理人，不断向其提供股权激励，使其一不小心成为最大股东，经理人由此具备成为英美股权分散公司中潜在内部人的可能性。而在我国国有企业中，并不被允许成为股权激励对象的董事长由于"一股独大"下的大股东的信任，同样具备了成为内部人的潜质。在国企中，为董事长做出错误决策最后承担责任的是名义上属于国家最终由纳税人买单的国有资本，而做出决策的却是并不需要承担最终责任的董事长。

因而，国企改革第二阶段所推行的股份制改造虽然在国企中普遍建立起了资本链条的概念和逻辑，但在各级国企中却形成了代表大股东的董事长内部人控制的格局，作为国企改革初衷的所有者缺位问题并没有从根本上得到解决。事实上，作为国企改革实践的亲历者和见证者，中国企业改革与发展研究会会长、中国建材集团前董事长宋志平先生对此有清醒认识。他曾经说："过去搞股份制改革不太成功，是因为只解决了从市场募集资金的问题，并没有把市场机制真正引入企业，企业依然保留'国有控股'的帽子，按国有企业管理的老办法参照执行，企业没有焕发出应有的内在动力和市场活力。"

作为没有在根本上解决所有者缺位问题的证据，我们看到，在那些已经通过上市完成资本社会化的国有上市公司，作为控股股东国资往往持有控制性股份，形成"一股独大"的治理范式和以董事长为核心的内部人控制格局。上市公司尽管作为优秀企业的代表已经在现代企业制度的创立和公司治理规范上迈出了至关重要的一步，但散户无法有效参与公司治理和形成股权制衡的结果是，使国有控股上市公司长期业绩表现低于对照的上市民企。而对于那些并没有通过上市完成资本社会化的国企，缺乏权力制衡的治理构架使这些企业的效率更加低下，业绩表现更加糟糕。

国企在 20 世纪 90 年代末改制的短期改革红利消失后，陷入新的发展困境，很多国企成为僵尸企业或面临产能过剩所带来的效益下滑。与此同时，普通公众和国际社会对国企通过垄断经营、高额补贴而获得的不公平竞争现状存在普遍不满。我们看到，正是在上述两方面的现实背景下，我国于 2013 年启动以所有制混合为典型特征的新一轮国企改革。

针对已经完成资本社会化的国有上市公司和尚未上市的国资公司治理存在的缺乏权力制衡和有效监督的现状，新一轮国企混改明确提出，把引入盈利动机明确的民资背景的战略投资者，实现所有制的混合，作为国企改革新一轮资本社会化的重点。我们理解，其根本目的在于解决以往国企股份制改造尚未解决的如何使所有者真正"上位"的问题。

这些新引入的民资背景战投一方面与国资共同承担企业未来经营的风险，另一方面可以借助股东会和董事会等治理平台，积极利用法律赋予和保障的权利来监督经理人，使公司治理的权威重新回归到股东，实现国企向现代企业制度的转化。因此，在上述意义上，2013 年以来积极推进的国企混改是在我国 40 年国企改革资本社会化路径延续的基础上，围绕已经引入的股东如何真正"上位"展开的新的改革尝试。它标志着我国国企改革围绕资本社会化改革思路已进入第三阶段。经过长达五年的试水，目前国企混改进入攻坚阶段。按照国资委主任郝鹏先生的说法，"未来三年是国有企业改革的关键历史阶段"，国资委为此将着手研究制定国有企业改革三年行动方案。

需要说明的是，尽管股份制改造并没有实现解决所有者缺位的国企改革目的，它却为今天以所有制混合为特征的国企改革深入推进营造了有利的制度环境，创造了积极的外部条件。对于已经建立资本链条的非上市公司，在资本平台引入民资背景战投将不仅有助于解决所有者缺位问题，而且有助于国有资产管理体系从以往的"管人管事管企业"向"管资本"转换。而对于那些已经通过上市完成形式上的所有制混合的国有上市公司，国资控制性股份在资本市场的让渡将成为引入盈利动机明确的战投，是所有者上位十分便捷的手段。相比于非上市国有企业的混改，借助资本市场实现的国企混改往往具有较低的治理结构改善和经营机制转化成本。作为上市公司的中国联通成为"央企混改第一股"，与借助资本市场这一平台实现混改的便捷和效率有很大关系。未来中国资本市场依然将成为国企混改实现可资凭借的重要平台。

作为第二阶段股份制改造的国企改革延续，我们注意到，一些国有上市公司通过国有控制性股权的受让，完成上一阶段股份制改造遗留下来的问题。新近的例子是格力集团通过转让格力电器15％股权给董明珠，经由有限合伙投资协议构架具有影响力的珠海明骏，实现了传统国企格力的有序传承。在一定意义上，通过股改，格力最终走完国企改制的"最后一公里"。在 12 月 13 日举办的 2019 央视财经论坛上，国务院国资委秘书长彭华岗先生也表示，国企要加快从不具竞争优势的非主业领域退出的步伐。因此，我们看到，国企混改将有助于通过引入民资背景的战投真正解决国企面临的所有者缺位问题，进而推动国企经营机制和管理体制的根本改变。

事实上，作为国企改革资本社会化的第三阶段，国企混改作用将不限于国企本身，它对于遏制我国近年来出现的经济下行趋势同样具有十分重要的作用。国企混改将通过推动经营机制和管理体制的转化，提升国企自身的效率，以此释放国企的活力；与此同时，国企混改将为民资以战投方式参与混改提供更多的实现途径，有助于增加民资投资渠道，拓宽民资发展空间。一个兼顾民资利益，使民资激励相容，鼓励民资积极参与混改的国企改革政策将帮助民资形成未来发展的稳定预期，增强民资投资的信心。而有效率的国资和有信心的民资无疑将构成中国未来新一轮经济增长的双引擎。

第 7 章

从 15 个案例看中国公司治理
走过这 15 年

2019 年是《董事会》杂志创刊 15 周年。15 年来，作为中国唯一以公司治理为核心的专业刊物，她见证了我国公司治理制度建设从无到有、从粗放到集约所走过的道路。在纪念创刊 15 年之际，我们选择我国公司治理实践中《董事会》曾经报道过的发生在 15 个典型企业的 15 个典型事件，以案例梳理的方式回顾我国公司治理走过的这 15 年。

2019 年是《董事会》杂志创刊 15 周年。15 年来，作为中国为数不多的以公司治理为核心的专业刊物，它见证了我国公司治理制度建设从无到有、从粗放式到集约式所走过的道路。在纪念创刊 15 年的今天，我们选择发生在我国公司治理实践中的《董事会》曾经报道过的发生在 15 个典型企业的 15 个典型事件，并以案例梳理的方式来一起回顾我国公司治理走过的这 15 年。

概括而言，15 年来，我国公司治理制度建设和实践完善沿着以下三条路径展开。

第一，在股权结构层面，我国上市公司以往的"一股独大"出现股权分散的趋势。在 2015 年，我国上市公司第一大股东平均持股比例低于标志"一票否决权"和相关控股的 33.3％，我国资本市场进入分散股权时代。发生在当年的"万科股权之争"由于影响的广泛成为我国资本市场进入分散股权时代的标志。从外部看，降低的进入门槛容易吸引"野蛮人"的光顾（万科的例子），而从内部看，分散股权结构也诱发了股东之间为了争夺控制权开展的权斗（东北高速的例子）。如何防范"野蛮人入侵"、加强公司控制因而成为进入分散股权时代的我国上市公司面临的紧迫而重要的课题。

与此同时，以工业互联网技术为标志的第四次工业革命对创新导向的组织设计提出了内在需求。越来越多的新经济企业选择投票权配置向创业团队倾斜的股权结构设计。阿里通过与主要股

---

* 本文为《董事会》杂志创刊 15 周年所做。

东之间的股权协议和合伙人制度使持股比例并不高的合伙人集体成为阿里的实际控制人，变相完成了"同股不同权"构架的构建。

第二，与上述股权结构变化趋势和国企通过引入民资背景战投实现所有制混合的改革举措相适应，在董事会层面，不仅在组织上出现了战投委派董事占优，一改以往大股东在董事会组织中大包大揽的局面，而且独董在董事会运作中日益发挥突出的作用。前者的例子是被誉为"国企混改第一股"的中国联通，而后者的例子是独立董事发起独立调查的中联重科。

第三，一方面是我国上市公司主动申请公司治理国际标准认证，走规范化道路；另一方面则是监管当局对上市公司财务造假、信息披露违法，甚至社会责任缺失全面加强监管，对违反相关规定的企业开始强制退市。博元投资由于重大信息披露违法行为，长生生物由于社会公众安全类重大违法，遭到监管当局强制退市的处理。

（一）中化国际：国际标准的公司治理评级

中化国际（控股）股份有限公司（股票代码600500）于2000年在上交所公开挂牌上市，是在中间体及新材料、农用化学品、聚合物添加剂、天然橡胶等领域具有核心竞争力的国有控股上市公司。在于2005年举办的《董事会》第二届中国上市公司董事会金圆桌奖评选中，中化国际继上一届获得最佳董事会第一名后，又荣获"公司治理特别贡献奖"。金圆桌奖评委会在颁奖仪式上这样评价中化国际：中化国际"始终致力于建设规范、透明的公司治理机制，继 2004 年聘请国际著名评级机构标准普尔对公司董事会进行治理评级之后，2005 年再度聘请标准普尔进行治理评级，其完善公司治理的决心颇得嘉许"。

以聘请国外评级机构改善公司治理为契机，多年来，中化国际全面推进董事会运作规范和社会责任的严格履行。早在 2004 年，为了检验公司治理的规范程度，中化国际在我国 A 股上市公司中率先聘请美国标准普尔公司按国际标准进行公司治理评级，获得 5＋的治理评分。

高的治理评分只是一个方面，中化国际董事会按照评价标准在公司治理方面做了许多重大改进。例如，公司上至总经理下至新员工全部签署了涵盖 12 项诚信保证的《个人诚信承诺函》，以保证职工行为符合国家的法律规定和公司规章。中化国际于 2005 年再度聘请标准普尔进行治理评级，而这一次获得的治理评分上升为 6。在全部 80 个评分环节上，中化国际获得了 61 项正面评价、15 项负面评价和 4 项中性评价，反映了"过去两年中在董事会的倡导下，公司的治理结构和治理方法发生了显著变化"。

那么，作为积极推动公司治理结构按照国际标准改造的先行者，中化国际 2003—2005 年两度聘请标准普尔按照国际标准为公司治理评级究竟为其公司治理带来了哪些积极的变化？

其一，保持了董事会组成的多元化、专业化，创造了充分尊重独董独立性的董事会履职环境，确保董事地位平等，决策协商民主。中化国际从 2002 年开始改组董事会，陆续引进了多名具有金融、法律、财会及并购等专业背景的行业专家为公司的独立董事。目前，中化国际董事会由 6 名董事构成，其中股东方推荐董事 3 名，独立董事 3 名，独董比例达到 50%，远超上市公司独立董事人数应占到公司董事人数的 1/3 以上的标准。独立董事人数的增多和专业化背景的增强一方面可以保持董事会的独立性，充分发挥独立董事的监督职能；另一方面，资历深厚、经验丰富的董事可以向经理人提供专业的战略咨询和发展规划，使得公司董事会决策科学而高效。

其二，管理层的重大商业决策始终得到董事会和监事会的知情与参与。中化国际组建了以独立董事为核心的四个专业委员会——提名委员会、风险委员会、薪酬委员会和战略委员会。从重要人事变动的提名，到经营风险监控和薪酬激励等多方面，管理层一直得到董事会的关注与支持，不断突出董事会在公司治理方面的决策核心作用。

其三，标准普尔的公司治理评级也推动了中化国际对企业社会责任的高度重视。2005 年，中化国际率先在国内上市公司中发布《年度公司责任报告》，并从 2006 年起持续发布。中化国际开始投入精力关注公司的社会责任和经营的道德问题，并自觉接受社会公众的监督和建议。此举无疑为长期存在社会责任缺失问题的资本市场做出了榜样。

鉴于中化国际在聘请国外评级机构的首创行为，以及建设规范、透明的公司治理机制的积极探索，作为上证 50 指数成分股及信息披露优秀公司，中化国际董事会在 2005 年被多家媒体评为最佳董事会，并被评为中国最受尊敬的 25 家上市公司之一。

我们看到，通过聘请国际机构为公司治理评级，中化国际按照国际标准推动了其公司治理结构改造。中化国际借助外部力量完善了公司治理，而在下面的例子中，福田汽车为促进董事积极履行监督职责，同样创新性地借助了外部力量。

（二）福田汽车：开放的董事会

北汽福田汽车有限公司（股票代码 600166）于 1998 年在上交所上市，是中国品种最全、规模最大的商用车企业。长期以来，北汽福田以其开放透明的公司政策享誉中国资本市场。2006年，福田汽车董事会邀请《董事会》杂志记者列席董事会会议，更是开创了中国公司史上董事会正式会议向媒体开放并允许媒体进行研究报道的先例。

传统上，上市公司的董事会会议由于可能涉及公司战略等商业机密，并不对外部公众开放。投资者往往只能通过会后发布的一纸公告来了解董事会会议表决结果，很难真切感受到公告背后的董事会故事。一个不容否认的事实是，在董事会会议中，讨论氛围、利益纷争甚至董事个人的言谈举止等这些非财务信息，才更加逼真地反映董事们对相关议案的真实态度和维护股东权益的履职状况。那么，福田汽车此举开创的开放透明董事会会议对公司治理实践究竟意味着什么呢？

首先是开放的董事会有助于加强对董事履职行为的监督。福田汽车开放的董事会决策过程使得原本神秘的董事会会议能够通过列席记者的报道呈现在公共面前。这无疑使董事个体行为暴露在聚光灯下，以信息对称下更加有效的媒体监督代替了以往信息不对称下外部投资者对董事会的事后监督。上述举措无疑向董事施加了外部压力，推动董事更加积极地履行监督职责，最终提升董事会决策质量。按照《董事会》杂志在《开放的董事会意味着什么？》（2006 年）一文中报道，不同于大众普遍认知的不作为的"花瓶独立董事"，福田汽车的独立董事在董事会上的表现可谓尽职尽责。例如，在一次董事会会议上，大股东提出了要更换公司会计师事务所的议案，独立董事对此却提出了异议。最后，在独立董事的坚持下，董事会最终通过了续聘会计师事务所的议案。这在一定程度上也表明，向有损股东利益的董事会议案出具否定意见成为独立董事履行监督职能的重要实现途径。

其次，开放透明的董事会成为非财务信息披露的适当和重要的途径。对于并非强有效的资本市场，仅凭上市公司披露的财务信息不足以解决决策面临的信息不对称问题，而公司非财务信息对于实现管理层与投资者的有效沟通、帮助投资者与管理层建立和维持起长期持久的信任关系发挥着越来越重要的作用。通常而言，上市公司可以通过在年报中做更多披露、发放公司宣传手册以及召开管理层与证券分析师的见面会等多种方式主动扩展非财务信息的披露。而此次福田汽车董事会会议向媒体开放，通过媒体向投资者披露董事会运作的细节信息，无疑是上市公司向投资者自愿披露更多的非财务信息的一次有益尝试。

不可否认的是，上市公司主动扩展信息披露内容有时会给公司投资者关系管理和信息披露质量管理带来挑战，甚至有投资者怀疑福田汽车开放董事会会议包含"作秀"的成分。概括而言，其一，主动扩展信息披露内容增加了泄露公司重大战略和商业机密的可能性，从而影响公司产品市场的竞争力。其二，由于与财务信息相比，非财务信息更难以被立即证实和严格审计，不排除部分管理者为了谋取个人私利通过发布虚假的信息来误导投资者的可能。但无论"真心披露"还是"作秀"，我们都不能否认福田汽车开放董事会会议为中国上市公司主动拓展信息披露内容提供了一种可资借鉴的新的实现形式。

从 2007 年开始，我国证监会颁布实施了《上市公司信息披露管理办法》，并修订了《公开发行证券的公司信息披露内容与格式准则第 2 号〈年度报告的内容与格式〉》，要求公司在管理层讨论和分析中都应更加详细地披露有关公司未来发展方面的信息。一系列的政策变化和调整也表明了非财务信息由自愿披露向强制披露转变的趋势。可以说，福田汽车向媒体开放董事会会议的创举顺应了我国资本市场加强信息披露的发展趋势，走在了时代的前面。

尽管有投资者怀疑福田汽车开放董事会会议包含"作秀"的成分，但比起福田汽车"作秀"的质疑，东北高速公路股份有限公司反倒是因股东内斗、挪用资金、否决年报等丑闻真真实实地在资本市场"出尽了风头"。

（三）东北高速：股东内斗为哪般？

主营业务为高等级公路的投资、开发、建设和经营管理的东

北高速公路股份有限公司（股票代码 600003）于 1999 年 8 月在
上交所上市，它是由持股 30.18％的黑龙江省高速公路公司、持
股 25.00％的吉林省高速公路公司和持股 20.09％的华建交通经济
开发中心三家企业共同发起设立。三方约定，三位大股东分别占
董事会中四名、三名和两名董事的席位，董事长、总经理和监事
会主席也分别由三家大股东委派。由于形成上述三大股东相互制
衡的股权结构和治理框架，东北高速在当时国有控股"一股独
大"治理模式盛行的 A 股市场中一度被认为是国企"公司治理结
构的完美典范"。

然而在上市十年里，该公司却陆续曝光了经理人挪用资金、
大股东内斗、董事会变战场等公司治理丑闻。2006 年度股东大会
上更是出现了大股东全票否决董事会提交的年报这一在 A 股市场
上十分罕见的情形。2007 年 7 月，东北高速成为沪深两市首家非
亏损被实施 ST 的公司。那么，东北高速看似股权制衡的治理构
架为什么治理效果却适得其反，事与愿违呢？

其一，东北高速股东权斗的根源在于根深蒂固的地方利益保
护，而自上而下的高管人事任免体制加剧了股东利益的对抗程
度。作为东北高速的股东，分别隶属于黑龙江省交通厅、吉林省
交通厅的黑龙江高速和吉林高速更是地方的财政大户，地方利益
保护直接造成了股东各自为政，两大股东的利益冲突由来已久。
人事任免的地方性则加剧了这种对抗。前董事长张晓光是黑龙江
交通厅任命，省国资委管理的干部。与其说他会向全体股东负
责，不如说他更要向直接任命他的上级部门负责，成为两省高速

公路相关利益争夺中的一枚棋子。我们看到，在地方利益争端中，来自两省的力量联而不合、各自为政，私留本省高速公路收入不入账、投资回报不上交等现象时有发生。这为日后公司治理丑闻的爆发埋下伏笔。

其二，固化的高管形成机制和长的委托代理链条下的所有者缺位，使东北高速出现公司治理真空，内部人控制问题严重的状况。按照约定，东北高速总经理由吉林方面委派。在上一任经理人班子被罢免后，吉林方面经理人的委派并不及时，致使经理人空缺长达一年之久，权力开始逐渐向代行总经理职权的董事长手里集中。再加上负责任命的上级机构与受股东委托监督经理人的董事会责任与权力的不对称，在东北高速出现了严重的内部人控制问题。有媒体称，"在东北高速，张晓光可以一手遮天……但却很少有人、有制度能约束得了他"。实际控制人不仅动用公司资金参股东北证券、私自收购长春高速，甚至挪用信贷资金炒期货，引发"中行资金转移案"，将公司推上风口浪尖。

2010 年，东北高速被"一分为二"，分别成立黑龙江交通发展股份有限公司和吉林高速公路股份有限公司，东北高速股东内斗和公司治理乱象终于落下帷幕。东北高速股东内斗引发的公司治理乱象带给我们的思考是：其一，当一家公司利益分配因素大于创造因素时，股权制衡的构架往往不会削弱而会加剧股东内斗。因而，制衡的股权结构并不适合所有的公司。其二，看起来降低交易成本的固化高管来源的治理制度安排有时会产生意想不到的交易成本。公司治理构架需要根据外部环境的变化进行动态调整。

值得一提的是，2018年，修订后的《上市公司治理准则》发布，证监会对高级管理人员的聘任做出明确要求：上市公司控股股东、实际控制人及其关联方不得干预高级管理人员的正常选聘程序，不得越过股东大会、董事会直接任免高级管理人员。我们看到，固化的高管形成机制不再成为可能，在法制力量的加持下，股东大会和董事会在现代企业公司治理中的重要地位进一步明确和加强。

相比国企东北高速在大股东内斗和内部人控制的格局中走向企业分裂，同时期的民营企业美的集团则在有序的分权授权制度中防范了权力过度集中，培养了一批职业化的经营团队，完善了现代企业公司治理，顺利地完成了封闭式家族企业向现代企业的转变。

（四）美的集团：家族企业的现代传承

何享健，美的控股有限公司（股票代码000333）董事长，大型民营上市公司美的集团创始人和原董事长。《人民日报》曾在《关于改革开放杰出贡献拟表彰对象的公示》中这样介绍他："积极实行股东、董事会、经营团队分设的经营模式，开创了民营企业股权改制、股权激励、职业经理人和现代化企业改革等先河。"

在美的集团的公司治理制度建设中，十分突出的是，作为创始人的何享健始终关注的问题是如何把家族企业通常较为看重的权力下放到美的内部培养起来的业务骨干和从外部聘请的职业经理人手中，让他们独当一面，各负其责。为了给美的的分权提供制度的保障，何享健不仅制定了"集权有道、分权有序、授权有章、用权有度"的方针，还通过《分权手册》将权力归属到各部门、各人员，让这些职业经理人能手中有权、大胆用权。

我们以如今接任美的集团董事长的方洪波为例。方洪波 1992 年加入美的时，为美的的内刊的编辑。一次偶然的机会，他得到了何享健的赏识，之后被放到美的各个部门历练。1997 年，30 岁的方洪波被提拔为美的集团空调事业部国内营销公司总经理，从此开始了他的职业经理人生涯。在方洪波升任后的 1998 年，国内空调市场经历了一场大战，而美的的空调业绩在方洪波的带领下，不仅没有骤降，反而完成了高达 200% 的增长。

并不太令人意外的是，继 2009 年何享健不再担任美的集团最大下属企业美的电器的董事长之后，2012 年，70 岁的何享健没有把美的集团董事长职位留给自己的儿子，而是正式交给在美的打拼 20 年、时任美的电器董事长兼总裁的职业经理人方洪波。新一届集团董事会成员和管理团队也大多是从公司内部培养、提拔的，对公司文化、战略具有高度认知，熟悉公司业务发展模式，并在公司发展历程中做出了自己贡献的职业经理人。何享健通过将美的完全托付给以方洪波为首的职业经理人团队，让美的这一家族企业完成了它的现代传承。

尽管方洪波曾多次谦虚地表示，"在美的，任何一个高管离开都不会影响公司运营"，但美的在上述传承完成后，2015 年集团利润率已是 2011 年的 3 倍。这反过来表明何享健在美的传承问题上的远见卓识。通过赋予职业经理人足够的权力，美的不仅防

止了民营企业中容易出现的权力过分集中在创始人手中，导致
"一言堂"局面出现的状况，而且让职业经理人在分权过程中不
断成长。这为美的作为家族企业顺利地完成了从创始人到职业经
理人的交接班这一现代传承打下了坚实的治理制度和企业文化
基础。

在美的治理制度和企业文化中，除了注重分权、各司其职的
传统，围绕如何加强分权后的监督，协调职业经理人与股东的利
益还做了配套安排。2013年整体上市之后，美的集团于2014年
推出了"股票期权激励计划"，于2015年推出了"核心管理人员
持股计划"，通过股权激励安排来减缓委托代理冲突，达到有效
激励经理人的目的。在上述两个激励计划实施多期之后，美的还
于2018年推出了"美的集团事业合伙人计划"，进一步推动公司
经理人向合伙人的身份转变，使其与公司长期价值紧紧绑在
一起。

美的集团和何享健为创始人如何向职业经理人平稳交班，实
现家族企业的现代传承提供了典范。鉴于在家族企业传承中的有
益尝试和积极探索，美的集团于2019年1月15日获《董事会》
杂志社评选的第十四届中国上市公司董事会"金圆桌奖"公司治
理卓越企业奖。

美的向职业经理人充分授权，企业稳步发展壮大，并在传承
过程中顺利地完成了交接班。我们看到，使人有权、能用权，才
能集思广益，为公司的发展注入更鲜活的血液。2013年中联重科
开创了A股独董独立调查的先例，中联重科独立董事主动履职这

一良好的公司治理现象的形成也正是得益于企业对独立董事的充分授权。

（五）中联重科：A 股首次独董独立调查

中联重科股份有限公司创立于 1992 年，主要从事工程机械、农业机械等高新技术装备的研发制造，于 2000 年、2010 年分别在深交所、港交所以"A＋H 模式"两地上市（股票代码分别为 000157 和 01157）。上市以来，为了充分发挥董事会的监督和战略咨询功能，中联重科在构建董事会的过程中，着力打造一个独立的专家型董事会，为独董提供一个运作规范的履职环境。

中联重科努力营造的独董履职环境直接催生了我国 A 股上市公司中首例由独立董事发起的独立调查。2012 年 12 月 28 日，一些媒体先后报道，"××企业利诱、收买中联重科员工获取中联重科商业秘密事件""中联重科 OA 系统遭受黑客攻击事件""中联重科售后服务系统遭受入侵事件"。面对来自股东和外界的质疑，受负面新闻缠身的中联重科作为涉事的一方，欲辩无力，需要第三方来开展独立调查。而来自外部、利益中性的独董其实成为开展上述活动适当的角色。

独立董事王志乐提议，应该由中联重科的独董们发起独立调查，还原事实真相，以切实维护中小股东的信息知情等权益。随后，中联重科独立董事聘请第三方质询机构开展为时近半年的独立调查。2013 年 6 月 18 日，中联重科独董钱世政、王志乐、连维增和刘长坤联名发布《独立董事关于媒体报道相关情况独立调查的声明》，对相关媒体的不实报道以信服的调查证据逐一进行了回应。这是我国 A 股市场上市公司设立独立董事制度以来独立董事第一次发起的独立调查。

中国独立董事市场长期存在着任人唯亲的不良文化，从对董事长和经理人权威尊敬的文化出发，独立董事通常不愿出面阻挠董事会不合理的议案，以免破坏与董事长或经理人之间良好的同事关系，从而沦为投资者眼中的"花瓶董事"。在独立董事普遍失职的大环境下，中联重科打造的独立的专家型董事会为如何促进独董尽责履职提供了典范。那么，中联重科是如何营造独董履职环境才使得独立董事有意愿通过开展独立调查来积极参与公司治理呢？

在董事会组织上，中联重科董事会经历了一个在动态发展中不断完善的过程。中联重科历届董事会规模先后由 11 人到 15 人，再到 9 人，直到现在的 8 人，董事会规模呈现不断缩小的趋势。独立董事也由最初的两名发展到占董事会规模 1/2 的 4 人，超过监管对独董占 1/3 的要求。应该说，中联重科董事会改革实践暗合了董事会规模压缩、独立性提高的全球发展趋势。我们看到，一方面，董事会规模的不断缩小，避免了扯皮和讨价还价导致的决策效率降低；另一方面，独立董事占比的提高使得公司董事会的独立性得到充分的体现，有了制度性保障，独立独董在中联重科董事会中的话语权不断增强。

在实现形式上，中联重科营造了充分尊重独董独立性的董事会履职环境。这主要体现在以下两方面。第一，独立董事多元化、专业化，在提供专业水平意见的同时也能充分地保持独立性。在中联重科董事会中，独立董事分别有来自战略、管理、财务和人力资源等领域的专家。例如，精通财务、兼任审计委员会主任的独立董事钱世政依照自己的工作经验提出，作为一家"A＋H"模式的公司，现金分红应该是中联重科主要的分红方式。上述建议经董事会讨论协商，最终确定为实施方案。

第二，中联重科董事会不仅建立相关制度，而且形成治理文化来充分尊重并认同独立董事发表的独立意见。在中联重科董事会下设的薪酬与考核委员会、提名委员会、审计委员会及战略与投资决策委员会中，绝大多数的委员都是由独立董事担任。在独董履职过程中，作为中联重科董事长的詹纯新"大开绿灯"，非常支持。詹纯新常说，开会前要听取独董的意见，根据他们的意见对有关议案做些修改，这样开董事会的时候就会十分高效。我们看到，中联重科对独董意见的充分尊重为独董作为第三方发起独立调查提供了制度和文化保障。

我们还看到，不断动态调整和自我完善的董事会制度和文化建设营造了中联重科独董宽松独立的履职环境，而上述环境又直接催生了首例中国 A 股上市公司独立董事发起的独立调查。中联重科独立董事发起的独立调查事件为我国 A 股市场独立董事如何在公司治理中扮演更加积极的角色、发挥更加重要的作用带来了新的思考和启发。

面对负面报道的质疑，发起独立调查体现了中联重科独董的担当。中联重科优秀的董事会制度建设为独立董事主动参与公司治理创造了机会，提供了平台。而在接下来的案例中，阿里成为"不放权"的"另类"。我们看到，投票权配置权重适当向创业团队倾斜不仅顺应了第四次工业革命对创新导向的组织设计变革的内在需求，而且成为在分散股权时代防范"野蛮人入侵"的利器。

（六）阿里巴巴：基于股权协议和合伙人制度构建的"同股不同权"构架

2014年9月19日，阿里巴巴网络技术有限公司在美国纽交所成功上市。从阿里上市时的股权结构来看，第一大股东软银（日本孙正义控股）和第二大股东雅虎分别持有阿里31.8%和15.3%的股份，远超阿里合伙人团队所共同持有的13%，其中马云本人持股仅7.6%。那么，阿里是日资企业软银控股的公司吗？马云是在为日本人打工吗？

在公司章程背书和股东认同下，阿里合伙人"有权利任命董事会的大多数成员"，成为阿里的实际控制人。从十人组成的阿里董事会来看，除了五名外部董事，五位执行董事全部由合伙人提名。而持股高达31.8%的第一大股东软银，仅仅在董事会中委派了一名不参与实际表决的观察员。以马云为首的阿里合伙人在一定意义上实现了中国的劳动对来自其他国家资本的"雇佣"。

我们知道，在公司治理实践中，相比于一股一票原则，企业可以通过发行AB双重股权结构股票，或者选择股东之间的表决协议等方式，来形成"同股不同权"，以加强对企业的控制。阿里并没有发行同股不同权的AB双重股权结构股票，但阿里当初申请在港交所上市时，依然被认为违反"同股同权"原则而遭拒，不得不远赴纽交所上市。在上述意义上，通过建立基于合伙人制度的股东表决协议，阿里变相实现了 AB 双重股权结构股票的发行。

那么，通过上述股权表决协议实现的"同股不同权"会为阿里公司治理制度安排带来哪些积极的变化呢？概括而言，首先，它完成了创业团队与外部投资者之间由短期的雇佣合约到长期合伙合约的转化；其次，它实现了创业团队和股东之间专业化的深度分工，使前者专注业务模式创新，而后者则专注风险分担，从而提高管理效率；最后，它可以有效地防范"野蛮人入侵"，保持控制权的持续稳定。

我们看到，基于合伙人制度的阿里的上述治理制度安排不仅变相实现了被很多高科技企业青睐的"同股不同权"AB 双重股权结构股票发行，而且为阿里今后的传承进行了积极的制度准备。

其一，合伙人事实上成为公司中"不变的董事长"或者说"董事会中的董事会"，形成了"铁打的经理人，流水的股东"格局，实现了管理团队事前组建。阿里大部分的执行董事和几乎全部重要高管都由阿里合伙人团队成员出任。合伙人团队不仅在事前形成阿里上市时管理团队的基本构架，避免以往团队在组建过程中磨合所致的各种隐性和显性成本，而且成为阿里未来管理团队稳定的人才储备库。未来集团接班人都将在合伙人中诞生，而阿里合伙人群体则处于事前的不断吐故纳新、动态调整过程中。

阿里合伙人制度由此以组织制度而非个人决策的方式，确保了公司使命、远景和价值观的可持续性。

其二，通过事前组建的管理团队，合伙人制度也同时实现了公司治理机制的前置。阿里事前组建的管理团队，预先通过共同认同的价值文化体系的培育和员工持股计划的推行，使公司治理制度设计试图降低的私人收益不再成为合伙人追求的目标，从而使现代股份公司无法回避的代理问题在一定程度上得以事前解决。

我们看到，正是由于阿里上述独特"同股不同权"治理构架安排，通过放弃看似至关重要的控制权却带来更多投资回报的软银、雅虎等股东愿意在上市前向阿里合伙人支付高的溢价，实现合作共赢。

阿里通过合伙人制度变相实现了"同股不同权"股票发行，在深化的专业化分工下，阿里合伙人得以更自如地主导企业业务模式创新，而主要股东也在这个过程中赚得盆满钵满。相比"同股不同权"构架下阿里合伙人的洒脱和从容，万科在控制权安排问题上则显得处处被动。

（七）万科股权之争：我国资本市场进入分散股权时代的标志

万科企业股份有限公司（股票代码000002）是中国最大的房地产企业之一，以强势的管理文化和职业经理人制度闻名。在2015年万科股权之争爆发前，第一大股东华润持股比例仅约

15％。分散的股权结构为万科股权之争埋下了伏笔。事实上，从
2015 年开始，我国上市公司第一大股东平均持股比例已低于标志
相对控股权的 1/3，我国资本市场开始进入分散股权时代。而同
期爆发的轰动一时的万科股权之争成为标志性的公司治理事件。

2015 年 7 月，宝能系首次买进万科 A 股股票，并在之后的
几个月里通过多次增持合计持股比例增至 15.04％，超过华润
（其时持股比例 14.89％），成为万科第一大股东，万科股权之争
爆发。面对宝能接管威胁，王石团队先后采取说服原大股东华润
增持，引入白衣骑士深圳地铁，以及持股平台增持等反接管行
为。成为新的第一大股东的宝能也通过提案罢免原万科董事会等
进行万科实际控制权的争夺。在当地政府的协调下，2017 年 1
月，深圳地铁集团接手华润所持万科的全部股份，同年 6 月恒大
也将所持股份转让给深圳地铁。至此，深圳地铁以持股比例
29.38％成为万科第一大股东，持续近三年的万科股权之争进入
尾声。

作为重要的公司治理事件和我国资本市场进入分散股权时代
的标志，万科股权之争对我国资本市场公司治理制度建设的启示
体现在以下三个方面。

其一，控制权的稳定对于一家企业持续发展至关重要。控制
权之争使企业经营发展受到影响的不仅有万科。2010 年发生的国
美控制权之争是另外一个典型例子。在国美进行控制权拉锯战的
两三年里，不仅公司股价持续下跌，公司业绩也急转直下，2012
年国美电器上市以来首次发出中期亏损预警，其家电行业第一之

位也拱手让给了竞争对手苏宁。从 2015 年开始，我国资本市场进入分散股权时代，所谓的"野蛮人入侵"和控股权之争将成为常态。因而如何科学地设计控制权，使控制权保持相对稳定提上了公司治理制度设计的重要日程。受到万科股权之争的启发，我国众多上市公司纷纷掀起修改公司章程的热潮，希望通过增加收购者获得公司控制权的难度来防止恶意收购，预防控制权旁落。而直接发行 AB 双重股权结构股票，或者类似于阿里通过合伙人制度变相实现"同股不同权"的治理构架设计，同样成为一些高科技企业在控制权安排和上市地选择中十分重要的影响因素。

其二，如何使接管商从入侵的"野蛮人"成为完善公司治理的外部积极力量？除了股权相对分散，接管威胁的发生往往是由于经营管理不善和一定程度的内部人控制导致的股价低估。而接管威胁成为向上述公司发出警示、改善公司治理的外部积极力量。因此，在上述意义上，2015 年以来，以险资为代表的机构投资者并非单纯的"野蛮人"，而是在我国资本市场发展特定阶段扮演着重要的外部公司治理机制的角色。监管当局面对的问题是如何引导、规范其接管行为，而不是简单的打压，甚至直接限制。

其三，我国资本市场进入分散股权结构时代公司治理理念的转变。在一股独大股权结构时代，"你（控股股东）说了算"；而在分散股权结构时代，"大家商量着来"。分散股权结构时代的来临在一定程度上也意味着控股股东对公司治理大包大揽时代的结束。进入股权分散时代，我国资本市场无论投资方还是管理层都更需要摒弃"一股独大"模式下为了争夺控股权而你死我活权力斗争的逻辑，转而以提升公司的长远价值为己任，实现多方分权控制，合作共赢。

中国资本市场进入分散股权时代，分散的股权结构为万科控制权之争埋下了伏笔。与此同时，乐视网则稳定地保持着贾跃亭"一股独大"的股权结构。股权集中看似为乐视网免去了"野蛮人"入侵的纷扰，但同时也为实际控制人掏空上市公司、损害中小股东权益的行为创造了温床。

（八）乐视网：大股东掏空上市公司

成立于 2004 年的乐视网信息技术（北京）股份有限公司（下称乐视网）于 2010 年在 A 股创业板上市，成为首家 A 股上市的网络视频公司。贾跃亭是乐视网和乐视控股的创始人、原总经理，也是乐视系的实际控制人。从 2011 年起，贾跃亭借助乐视控股等资本平台开始进行业务快速扩张，致力于打造业务遍及电视、手机、体育、影视、网约车等多个板块的完整生态系统和垂直产业链。一时间，乐视影业、乐视移动、乐视体育、乐视控股等公司纷纷成立。

由于盲目扩张，2016 年底乐视系业务巨亏，资金链紧张，债务问题逐步蔓延波及整个乐视系。不仅贾跃亭控制的关联方对上市公司乐视网关联交易欠款难以收回，甚至当乐视网由于现金流严重短缺处于危急之时，贾氏家族却将承诺借给上市公司的无息借款全部抽走，所挪用资金用于贾跃亭个人在美国创办的法拉第未来公司造车。乐视网业绩大幅下滑，股价暴跌，贾跃亭本人则隐身国外。2019 年 5 月 10 日深交所宣告，由于乐视网触发暂停上市相关条款，决定自 5 月 13 日起暂停乐视网股票上市。

乐视网从被称为"创业板第一股"到如今被暂停上市，究其原因，在实现形式上，是忽视小股东权益保护的大股东对公司肆无忌惮掏空和隧道挖掘行为；在公司治理制度基础上，则是缺乏力量制衡的"一股独大"和任人唯亲公司治理文化下形成的内部人控制。

首先，"一股独大"的贾跃亭在股东会中缺乏制衡的力量和相应的纠错机制。乐视网成立以来，贾跃亭长期直接持股44.21%，其姐贾跃芳与其兄贾跃民对上市公司的直接持股合计5.23%。作为控股股东，贾跃亭频繁利用其控制权在上市公司与其所控制的其他公司之间进行关联交易。而乐视系形成的庞大复杂的金字塔式控股结构也为监管当局对关联交易的监管带来困难。根据乐视网年报，从 2015 年下半年起，乐视控股旗下其他公司以关联交易的方式与乐视网形成大量应收款项和预付款项，以至于 2016 年年末乐视网现金流为 −10.68 亿元。到 2017 年末，关联交易形成的欠款余额高达 72.84 亿元，占公司资产总额的40.69%。关联企业对乐视网不断抽血，导致公司一方面对上游供应商的大量欠款无法正常支付，现金流极度紧张，影响正常业务的开展；另一方面，则形成大量债务违约，引发频繁的法律诉讼，危及公司信用体系，使市场品牌受到极大影响。

其次，在董事会组织中，贾跃亭董事长及总经理两职合一，权力过于集中，而任人唯亲公司治理文化下形成的内部人控制，使得乐视网内部公司治理混乱。在乐视内部，贾跃亭的亲属如贾跃民、贾跃芳，以及其妻子甘薇等都身居要职。不仅如此，2013年起任乐视网监事会主席的吴孟也是贾跃亭的老乡和早年同事。2003 年贾跃亭最早创立北京西伯尔通信科技有限公司时，吴孟就担任商务部经理，之后一路追随贾跃亭，在乐视系多家公司担任法人和高管。任人唯亲董事会文化并没有发挥预期的监督经理人的功能，反而成为贾跃亭一面掏空公司、一面疯狂扩张的帮凶。

根据《经合组织公司治理原则》（2016），公司治理框架应保护和促进股东行使权利，确保全体股东的平等待遇，包括少数股东及外进股东。少数股东应受到保护，使其不受控股股东直接或间接地滥用权力，或者他人为控制性股东的利益而滥用权力的侵害。同时，董事会的一项重要职责是监督和管理管理层、董事会成员和股东间的潜在利益冲突，包括滥用公司资金、滥用关联方交易等。然而我们看到，乐视网的上述制度安排，使得公司治理中十分重要的股东大会和董事会两道防火墙未发挥预期的制衡和纠错作用，少数股东未受到应有的保护，董事会也未能发挥监督作用。贾跃亭在盲目疯狂扩张中一路狂奔，欲罢不能。由此不仅导致贾跃亭一手创立的曾经辉煌一时的乐视帝国顷刻间灰飞烟灭，而且使很多无辜的分散股东的利益受到损害。

在乐视网的股东大会和董事会中，权力过于集中的贾跃亭缺乏制衡的力量，公司治理构架流于形式。同样由于公司治理防火墙机制被破坏，博元投资控股股东伪造、虚构票据的行为不受约束和限制。然而天网恢恢，证监会《关于改革完善并严格实施上市公司退市制度的若干意见》的出台终结了"不死鸟神话"。

（九）博元投资：强制退市

珠海市博元投资股份有限公司（股票代码 600656）的前身可追溯到 1990 年在上交所上市的"老八股"之一的浙江凤凰。在上市 20 多年的时间中，公司控股股东和名称经历了多次变更。2010 年 5 月，由李晓明和余蒂妮夫妇共同控制的珠海华信泰投资有限公司（以下简称华信泰），通过司法拍卖获得了公司约 21% 的股权，成为公司第一大股东，公司名称也于 2011 年 9 月改为博元投资。在成为博元投资第一大股东后，华信泰曾表态自愿为公司原控股股东——勋达投资代付 3.85 亿元的股改业绩承诺资金。2011 年 4 月 29 日，博元投资发布公告称华信泰的代付承诺已履行完毕。

然而，经证监会调查，博元投资控股股东华信泰履行及代付的股改业绩承诺资金 3.85 亿元并没有真实履行到位。不仅如此，为了掩盖这一事实，博元投资在 2011—2014 年间，多次伪造银行承兑支票，虚构用股改业绩承诺购买银行承兑汇票、票据置换、贴现、支付预存款等重大交易，并披露财务信息严重虚报的定期报告。2015 年 3 月 26 日，博元投资因涉嫌构成违规披露、不披露重要信息和伪造、变造金融票证罪，被中国证监会移交公安机关；公司股票自 5 月 28 日起暂停上市。2016 年 3 月 21 日，上海证券交易所上市委员会召开审核会议，做出了同意终止公司股票上市的审核意见，博元投资被强制退市。

无论是《上市公司治理准则》还是《经合组织公司治理原则》都对上市公司的信息披露和透明度进行了严格的规定，要求上市公司保证所披露信息的真实、准确和完整，但博元投资无疑触犯了这一禁忌，最终走向了自我毁灭。中国证监会于 2014 年 10 月出台了《关于改革完善并严格实施上市公司退市制度的若干意见》（以下简称《退市意见》），增加了对欺诈发行、重大信息披露违法公司的强制退市安排。博元投资成为《退市意见》实施后我国 A 股市场首个由于重大信息披露违法行为而受到退市处理的公司。

在 2011 年至 2014 年 6 月期间，李晓明和余蒂妮控制了博元投资董事会的多数席位。尽管名义上余蒂妮是博元投资董事长、法定代表人，但李晓明负责博元投资的重大经营决策、日常经营管理和人事安排，李晓明指定人员保管博元投资公章，博元投资的大额资金支付和公章使用需向其请示。上述构架完全破坏了在公司治理实践中十分重要的股东大会和董事会的监督制衡和纠错作用的发挥，使得一家公众公司蜕化为家庭作坊。

然而，十分有趣的是，即使在博元投资被立案调查期间，投资者已经充分了解博元投资现状，但依然有很多投资者看涨＊ST 博元。上述现象的出现在一定程度上与中国资本市场由于上市难导致的壳资源稀缺有关。尽管上市难，但由于壳资源稀缺，在我国资本市场长期以来退市更难。相比于美股年均 6％的退市率，沪深交易所的年均退市率不足 0.35％。正是由于对退市的有恃无恐，投资者把＊ST 公司当作一只只"不死鸟"，相信只要通过资产重组还能够恢复上市。

我们知道，投资者权益保护是资本市场可持续健康发展的基础。有着"知名不死鸟"和"重组专业户"之称的博元投资的强制退市标志着监管当局打击上市公司违法和失信行为的极大决心，也为那些不断利用非法手段欺骗投资者，游走于退市红线的"不死鸟"敲响了警钟。

无独有偶，2019 年 7 月 5 日，证监会发布消息，＊ST 康得（股票代码 002450）涉嫌在 2015—2018 年期间虚增利润总额达 119 亿元，涉及的信息披露违法行为持续时间长、涉案金额巨大，公司 2015—2018 年连续四年净利润实际为负，触及相关重大违法退市情形。深交所对此表示，如证监会对＊ST 康得做出最终行政处罚决定，深交所将第一时间启动公司重大违法强制退市流程。我们看到，＊ST 博元被强制退市只是一个开始，随着 A 股退市制度和法制化的不断完善，未来会有更多失信违法、欺诈投资者的"不死鸟神话"破灭。

李晓明和余蒂妮夫妇在博元投资大权独揽完全破坏了股东大会和董事会的监督制衡和纠错作用的发挥。公司内部控制信息披露责任得不到有效履行，导致博元投资成为由于重大信息披露违法行为强制退市第一股。而与李晓明和余蒂妮夫妇恰恰相反，中国平安董事长马明哲则在股东大会和董事会层面完美诠释了"放手的智慧"，为中国平安实现亮眼的业绩打下了坚实的公司治理基础。

（十）中国平安：国际化、多元化的董事会构成

成立于 1988 年的中国平安保险股份有限公司是中国第一家股份制保险企业和我国三大综合金融集团之一。中国平安于 2004 年和 2007 年分别在香港联交所和上海证券交易所挂牌交易，实现了 H＋A 两地同时上市（股票代码分别为 2318 和 601318）。根据 2019 年度《财富》世界 500 强排行榜，中国平安以 1 635.97 亿美元的营业收入位列全球榜单第 29 位，全球金融企业排名第 4 位，在中国入围企业中排名第 7 位，再次蝉联中国内地混合所有制企业第 1 位。

在中国平安董事长马明哲看来，公司治理和董事会运作是经营的基础。公司治理是企业价值的基石，董事会是公司治理的核心。中国平安董事会把自己定位为公司战略的方向盘，制定统一的具有前瞻性和长远性的发展愿景和抱负，并引领集团各职能和业务单元向这一战略目标前进。在中国平安董事会制度建设中，一个十分突出的特征是中国平安持续保持董事会的国际化与多元化，董事平等，民主决策。究其原因，一方面公司董事自主推动的股权结构的分散化、国际化为建立完善的治理结构奠定了坚实的基础；另一方面按照国际标准运作的董事会定位和多样化的董事会构成确保了董事会的规范高效运转。

首先，中国平安董事坚持董事会的独立性，积极防范"一股

独大"带来的大股东掏空和隧道挖掘行为。在中国平安成立初期，两家国企中国工商银行、招商局蛇口工业园区分别持股49％和51％，中国平安在股权结构上属于典型的"一股独大"。股权比较集中，势必导致国有大股东对董事会的控制干预较多，在一定程度上损害董事会的独立性。这也引发了时任董事和总经理的马明哲的思考。在其说服下，招商局副董事长袁庚开始着手中国平安股权结构合理化、分散化调整。其后，通过引入境外和民营战略投资者、原国有大股东退出、员工持股等多次股权变动，现在中国平安的主要股东持股情况为：第一大股东卜蜂集团（外资）9.19％，第二大股东深圳市投资控股有限公司（深圳国企）5.27％，中国证券金融股份有限公司2.99％，中央汇金资产管理有限责任公司2.65％，深业集团1.41％。中国平安成为外资、国资、民资包括员工共同持股、股权结构合理且分散、无控股股东的上市公司。国际化、分散化的股权结构一方面为中国平安带来了国际化视野和全新的管理理念，促进了国际标准的董事会体系的建立；另一方面防止了"一股独大"现象的产生，使全体股东都能通过股东大会平等充分地行使股东权利，为建立和完善国际化和多元化的董事会结构奠定了坚实的公司治理制度基础。

其次，中国平安持续保持非常多元化和国际化的董事会构成。截至2018年底，在公司15名董事会成员中，有执行董事6名、非执行董事4名、独立董事5名。其中，拥有海外工作经验的董事占比约53％，公司董事在企业管理、法律、投资、精算、保险、银行、财务会计等方面具有非常高的专业素养和极其丰富的国内外实践经验，在业界均享有盛誉。董事会成员作为专业人士由此可以向经理人提供战略咨询，对于定位公司战略方向、制定统一长远的发展规划和维持公司价值起到了重要作用。此外，在董事会运作与决策方面，按照相关规定，公司的战略制定必须通过董事会战略与决策委员会审议后方可提交给董事会，同时需确保全体董事的参与和充分讨论。

对于自己在董事会中的作用，董事长马明哲认为更多的是召集而不是领导，因为在他看来，中国平安董事会按照国际标准运作，董事之间平等，董事会决策民主。汇丰资深治理专家曾对此评价道，中国平安的董事会运作和风险管理，与国际标准没什么两样。董事会组织和运作严格按照国际标准的中国平安董事会由于在董事会建设所取得的突出成就，多次获得中国上市公司董事会金圆桌奖"最佳董事会"奖。

良好的公司治理和董事会架构成为中国平安实现平稳发展的重要保障。而在接下来的中兴通讯案例中，我们将看到，确立以董事会为核心的治理体系、充分保持董事会的独立性对于企业合规经营的重要性。

（十一）中兴通讯：董事会在经营合规性法律评估中扮演的角色

中兴通讯股份有限公司于 1997 年、2004 年分别在深交所、港交所上市，实现 A＋H 两地上市（股票代码分别为 000063 和

00763)。作为全球领先的综合通信解决方案提供商，中兴通讯为全球 140 个国家（地区）的 500 多家运营商客户提供服务。

然而，对全球业务扩张的盲目追求为中兴通讯日后的违规事件埋下了隐患。2010 年 1 月至 2016 年 4 月，在美国对伊朗实施长期制裁的情况下，中兴通讯将一批搭载了美国科技公司硬件的产品出口到伊朗，金额高达数亿美元。2014 年，美国政府相关人员在机场扣下来检查的中兴通讯高管电脑中发现了涉及"规避方案"的两份文件。这两份文件也成为美国指控中兴违规的最重要证据。2017 年 3 月，中兴通讯以支付 8.9 亿美元的刑事和民事罚金，以及四位高管被迫辞职的代价与美国政府达成和解。到 2018 年 4 月，美国政府再次以中兴通讯对涉及出口违规的某些员工未及时扣减奖金、未发出惩戒信等为由对中兴通讯进行了新一轮更为严厉的制裁措施，导致中兴通讯随后进入"休克状态"。

2018 年 6 月 12 日，中兴通讯发布公告称已与美国商务部工业与安全局（BIS）达成《替代的和解协议》。至此，闹得沸沸扬扬的中兴通讯事件初步得到解决。除了同意认罪并支付约 8.9 亿美元罚款以及暂缓执行的 3 亿美元罚款、BIS 将签发为期 10 年的新拒绝令外，和解协议还特别强调中兴通讯需更换本公司及其子公司中兴康讯的全部董事会成员。这说明，至少美方认为，中兴通讯董事会在此次违规事件中负有不可推卸的责任。

作为中国通信设备行业在 A＋H 两地上市的最大的上市公司，中兴通讯依照公司章程规定的条件和程序组建了董事会，依照上市公司治理准则设立了审计、提名、薪酬与考核委员会，也制定了《董事会议事规则》等保证董事会的规范运行。根据《经合组织公司治理原则》，除了监督和战略咨询职能以外，"董事会的另一项职责是，监督风险管理制度和公司设计的用以确保遵守所使用法律的体制，这些法律包括税法、竞争法、劳动法、环境法、均等机会法、健康法和安全法"。理论上，本应有着规范的公司治理体系和完善的董事会架构的中兴通讯为什么未能及时阻止上述违规事件发生呢？

其一，忘记了上市公司的本分和管理者应向股东负有的勤勉义务，董事会丧失相关信息的获取途径，无从发挥预期的监督和战略咨询功能。我们知道，董事会一方面通过代表股东监督经理人发挥监督功能，另一方面通过各位董事作为专业人士向经理人提供战略咨询，发挥战略咨询功能。而上述功能发挥的前提是董事对相关重大信息的充分知情权。理论上，与伊朗进行高达数亿美元贸易的决策应该通过董事会审议才能通过，但是上述董事会表决并没有出现在中兴通讯发布的相关公告中。唯一的理由是管理层向董事会隐瞒了该事件，从而绕过董事会直接完成了决策。这在一定程度上表明，至少在伊朗贸易这件事上，作为公司治理权威的董事会应有的监督和决策职能在中兴通讯双双失灵。负责与伊朗往来业务的公司的高管在这里显然并没有依据董事会的决策开展业务，并从真正保护股东权益的角度来认真履行经理人对股东应尽的忠实勤勉义务。这一结果不是追求长期价值回报的理性股东愿意看到的。

其二，中兴通讯董事会组织在专业委员会设置方面也没有充分意识到经营合规性法律评估和相关风险管控的重要性。作为全球化公司，在各国政府和国际组织积极推动加强相关监管政策的背景下，强化企业合规管理变得越来越重要。但是中兴通讯董事会仅仅下设了审计委员会、提名委员会和薪酬与考核委员会，却没有设立评估经营政策是否合规方面的公共政策委员会或类似机构，这反映了其在公司经营合规性评估制度建设方面缺乏必要的远见和相关举措的出台。

中兴通讯案例是中国企业合规经营规范化进程中所发生的里程碑式事件。这一事件在一定程度上也表明了确立以董事会为中心和权威的治理体系，使董事会能够在企业经营过程中发挥关键作用，对促进企业合规经营的重要性。

根据中兴通讯公告披露，公司于 2018 年 6 月 29 日选举出了新的共九名董事会成员，其中三名执行董事、三名非执行董事和三名独立董事。相比于之前 14 人的董事会人数，此次新组成的董事会规模缩小、执行董事占比提高。但我们仍未观察到中兴通讯设立与合规经营法律评估方面相关的专业委员会，未来中兴通讯董事会能否阻止类似事件的再次发生，仍有待我们进一步观察。

面对利益的诱惑，中兴通讯选择了架空作为公司治理核心的董事会，使其应有的监督和战略咨询功能双双缺失，为后续一系列的违规事件埋下了伏笔。与中兴通讯不同，中国联通通过混合所有制改革持续提高董事会，特别是董事会中民资战投的话语权，形成了股权结构上国资占优，但在董事会组织中战投占优的所谓"混改的联通模式"。

（十二）中国联通：国企混改第一股

作为电信行业三大运营商之一，成立于 1994 年的中国联通（股票代码 600050）于 2002 年 5 月 16 日在上交所上市。被誉为"央企混改第一股"的中国联通混改共经历了以下三个重要阶段。第一阶段，引入中国人寿和 BATJ 等战略投资者开始混改（2017 年 8 月）；第二阶段，战投委派董事占多数的新一届董事会诞生（2018 年 2 月）；第三阶段，混改最后一块拼图员工股权激励计划正式推出。在完成混改的中国联通，新引入的中国人寿和 BATJ 等战投合计持股 35.19％，控股股东联通集团持股比例由之前的 60％下降到 36.67％。由于中国联通身处通信这一基础战略性行业且身为大型央企，混改后，联通集团依然保持了对中国联通的相对控股。而作为对照，在处于竞争性行业的地方国企混改中，诸如天津北方信托等，甚至放弃了国资的相对控股权。

中国联通董事长王晓初在 4 月 23 日举办的 5G 创新峰会上表示，在混改后，中国联通无论思想、风气还是机制都发生了变化。那么，中国联通混改究竟发生了哪些治理结构的改变，才导致上述积极变化的出现？

第一，通过引入民资背景的战略投资者，中国联通在股东层面形成了股权相对制衡的分权控制格局，使盈利动机明确的战投积极参与到中国联通的公司治理中来。中国联通一方面降低控股股东持股比例，另一方面引入新的战投，于是，在主要股东之间形成了竞争关系，建立了一种自动纠错机制。它不仅可以有效地避免以往"一股独大"容易导致的监督过度问题，同时可以形成对经理人的有效制约，避免内部人控制问题的出现。

第二，尽管鉴于行业属性无法通过直接让渡控制权来吸引战投，中国联通选择"股权结构上国资占优，但在董事会组织中战投占优"的模式来使战投在一定程度上达到激励相容、愿意参与混改的目的。在联通 2018 年 2 月 8 日成立的新一届董事会的八名非独立董事中，除了三位联通集团委派的董事，其余五位分别来自中国人寿、百度、阿里、腾讯、京东等战投。其中李彦宏、胡晓明等"商业明星"进入中国联通新一届董事会。持股 3％左右的百度拥有中国联通董事会八名非独立董事候选人中的一名席位，占比 12.5％，甚至出现了十分有趣的非主要股东超额委派董事的现象。联通的混改由此被总结为"股权结构上国资占优，但在董事会组织中战投占优"的所谓"混改的联通模式"。

第三，在盈利动机明确的战投的积极推动下，基于市场化原则建立激励充分的经理人与员工持股计划，使企业的管理效率大幅提升。作为中国联通混改完整方案的一部分，混改最后一块拼图——员工股权激励计划在完成引入战投、组成新一届董事会后快速推出。而以往由于国企体制和机制的种种限制，长期困扰国企的高管激励问题迟迟得不到有效解决。

关于混改完成后市场化激励机制建立更为典型的例子是云南白药的混改。云南白药八位高管 2015 年度薪酬合计约 600 万元，仅占公司当年净利润的 0.2%。混改引入的战投新华都与云南白药达成了"去行政化"条款，通过"买断"云南白药高管的行政性职级，让高管成为彻底的职业经理人。2017 年 5 月，云南省政府下发免职通知，免去已出任公司总经理的王明辉的云南白药控股有限公司总裁职务，不再保留省属国有企业领导人员身份和相关待遇。

我们看到，尽管由于行业性质的限制，联通的混改方案无法使民资背景战投在股权结构上形成对控股股东的制衡，但是联通通过允许民资战投在董事会组织中"超额委派董事"，拥有更大话语权实现了激励相容。中国联通以上述模式实现了引入战投，使战投积极参与公司治理制度建设的混改目的。

中国联通混合所有制改革通过允许民资战投在董事会组织中"超额委派董事"，形成了"股权结构上国资占优，但在董事会组织中战投占优"的所谓"混改的联通模式"。其实质是股东对董事会的实际影响力与其持股比例相分离。无独有偶，与上述分离有异曲同工之妙的同股不同权构架开始受到资本市场高科技企业的青睐。

（十三）小米公司：同股不同权

北京小米科技有限责任公司是一家移动通信终端设备研制与软件开发企业，由雷军于 2010 年 4 月 6 日组建成立。2018 年 7 月 9 日，小米成为以"同股不同权"架构在港 IPO 的第一家企业。

小米此次上市采用的是"同股不同权"架构中的双重股权结

构。发行双重股权结构股票的公司通常发行 AB 两类股票，其中 A 类股票是一股一票表决权，而 B 类股票是一股多票表决权。通过同时发行收益权和表决权不对称的 B 类股票，一家公司的创始人虽然实际投入企业的资金并不多，但可以凭借持有 B 类股票实际控制公司，对公司的重要事务发挥影响。小米招股说明书上显示，雷军拥有小米公司 31.4％的股份，却拥有公司 53.79％的表决权。

长期以来，"同股不同权"股票的发行被认为是与"一股一票"的"同股同权"相比，不利于投资者利益保护的股票发行方式。B 类股票的持有人能以较少的资金投入获得较大的控制权，出现权力与责任、收益与成本的不对称，形成经济学意义上的"负外部性"。然而，近 20 年来，由于迎合了企业家中心的创新导向的企业组织设计理念，伴随着第四次工业革命浪潮的深入，越来越多的新兴企业选择发行 AB 双重股权结构股票上市，来保持创始人控制权的相对稳定，为公司的长远发展带来灵活性。

在上交所科创板推出之前，我国 A 股市场不允许"同股不同权"的股票发行，我国很多高科技企业远赴境外上市。截至 2018 年上半年，包括京东（2014 上市）、微博（2016 上市）、爱奇艺（2018 上市）等数十家高科技公司采用了不同投票权架构赴美上市。

近几年，全球主要证券交易所纷纷改革其现有的上市制度，以适应新的资本市场变化，吸引新经济企业上市。新加坡证券交易所 2018 年 1 月承诺允许 AB 股上市。一度拒绝阿里通过合伙人制度变相实现"同股不同权"股票发行上市的港交所在 2018 年 4 月宣布允许"同股不同权"构架的公司赴港上市。2018 年 7 月 9 日，港交所迎来了上市制度改革后的首家发行"同股不同权"股票的小米。

2019 年 8 月上海证券交易所推出的科创板开始允许发行 AB 双重股权结构股票。这意味着我国资本市场中奉行了近 30 年的"同股同权"原则将被"同股可以不同权"的新原则所补充。类似于阿里的合伙人制度，AB 双重股权结构股票的发行一方面有助于将创业团队和股东之间的短期的雇佣合约转变为长期合伙合约；另一方面则有助于在创业团队和股东之间实现专业化的深度分工，提高管理效率。这事实上是"同股不同权"架构在经历了近百年的"不平等"指责后，重新获得理论界与实务界认同背后的重要原因：看似"不平等"的同股不同权背后，却更好地实现了投资者权益的"平等"保护。

由于鼓励创业团队在控制权不受挑战的同时到资本市场募集资金，这一制度设计受到了众多以业务模式创新为导向的高科技企业的青睐和普遍欢迎。

我们看到，小米通过"同股不同权"的双重股权结构实现了发行收益权和表决权"不对称"，使投票权配置权重向创业团队倾斜。在中国资本市场，除了股权架构和董事会安排等公司治理制度要不断创新外，企业社会责任的履行也需要与时俱进。长生生物案例表明"企业社会责任"的缺失成为公司治理不容忽视的潜在问题之一。

（十四）长生生物：企业社会责任缺失

长春长生生物科技股份有限公司（股票代码002680，以下简称长生生物），成立于1992年，是国家科技部认定的高新技术企业。2015年，其通过借壳在深交所上市。2000年即获得《药品GMP证书》的长生生物被资本市场一度看好，其董事长高俊芳也由此在中国富豪榜上排名前列，被认为在A股资本市场演绎了新的造富神话。然而，在"问题疫苗事件"曝光后，这一切都发生了改变。2019年1月14日，＊ST长生（002680）因重大违法被深交所强制退市；3月15日，深交所公告决定暂停其股票上市，持续了近八个月的长生疫苗风波最终以长生生物的强制退市终结。长生生物也由此成为我国A股市场由于社会公众安全类重大违法强制退市的第一股。

从2008年三鹿奶粉的三聚氰胺事件到2018年长生生物的假疫苗事件，关乎消费者身体健康与生命安危的食品药品行业屡起风波，这无疑一次次伤害了消费者对国内食品、药品安全的信心。应该说，长生生物假疫苗事件是中国上市公司长期存在的社会责任缺失问题的一个显现。

而长生生物社会责任缺失问题除了监管缺失和腐败官员纵容等外部制度因素，还在一定程度上离不开其恶劣的内部公司治理构架。

首先，在公司治理制度建设上权力过于集中，缺少必要的制衡与纠错机制。从股权结构看，合计持有长生生物35.98％的股份的高俊芳、张洺豪母子，只是占据微弱优势的相对控股的控股股东。然而，为了加强对公司的控制，在董事会组织中，作为第一大股东的高俊芳在担任长生生物董事长的同时，仍然兼任总经理和财务总监。这使得高俊芳在公司治理实践中缺乏来自其他股东的合理制衡，未能形成一个可能的纠错机制。

其次，公司盛行任人唯亲的董事会文化进一步弱化了原本存在制度缺陷的公司治理构架的预防功能。成为董事长的高俊芳在任职期间先后引进了儿子张洺豪、丈夫张友奎及其他亲属担任重要职务，任人唯亲之风盛行，董事会对管理层必要的监督沦为空话。

上述两方面原因导致长生生物股东和董事会权力高度集中在高俊芳之手，促使公司意志更多地演变为管理者个人意志，成为长生生物枉法逐利、漠视企业社会责任从而爆发丑闻的重要公司治理制度原因。

长生生物的悲剧看起来是民营企业甚至经营者个人为追求经济效益忽视企业社会责任导致的，实际上其背后的深层原因更为要紧。我们看到，上述悲剧的发生一方面是由于监管缺失，另一方面则与公司治理制度和文化建设缺乏必要的制衡，使得部分利欲熏心的机构、个人枉法逐利，漠视企业社会责任成为可能有关。

值得一提的是，2018 年 7 月 27 日，在长生生物事件的推动下，证监会出台退市新规，规定"上市公司构成欺诈发行、重大信息披露违法或其他涉及国家安全、公共安全、生态安全、生产安全和公共健康安全等领域的重大违法行为的，证券交易所应严格依法作出暂停、终止公司股票上市交易的决定"。上述强制退市规定的颁布事实上也对一些企业社会责任缺失的我国 A 股上市公司薄弱的公司治理构架敲响了警钟。

我们看到，"一股独大"的股权设计和任人唯亲的董事会文化使得民营化后的长生生物股东和董事会权力过于集中，缺乏必要的监督和制衡机制，片面追求经济绩效而忽视企业的社会责任。长生生物由此不可避免地走向生产销售"假疫苗"的违法道路。而在一些国有控股企业中，内部人控制所导致的监督失效和激励不足成为诱发管理层出现违法腐败行为的制度根源。

（十五）贵州茅台：内部人控制问题

贵州茅台酒股份有限公司（股票代码 600519）于 2001 年在上交所公开挂牌上市，为由原茅台酒厂改制的国有独资公司"中国贵州茅台酒厂（集团）有限责任公司"的控股子公司。贵州省国有资产监督管理委员会通过全资控股的茅台集团间接持有贵州茅台的股票，成为贵州茅台的实际控制人。从公司治理结构来看，贵州茅台是典型的国有控股上市公司。

长期以来，国人情有独钟的茅台酒的营销实行的是价格双轨制和配额制。面对价格飞涨的茅台酒，一旦获得经销商资格，得到销售茅台酒的产品配额，经销商能轻松收获每吨百万元以上的纯利润。因此茅台酒经销权成为各方谋利的工具。茅台内部高管也将茅台经销权作为其利用职权获利的一条途径，而这最终也成

了他们落马的罪状。原贵州茅台副总经理、财务总监谭定华于
2016 年被查，原贵州茅台集团电子商务股份有限公司董事长聂永
于 2018 年被查，原茅台集团及贵州茅台董事长袁仁国于 2019 年
5 月被查，等等，皆因利用职务便利违规批条，进行权钱交易，
谋取私利。

应该说，贵州茅台所暴露的问题只是中国众多国有控股企业
中内部人控制问题的一个缩影。作为典型的国有控股上市公司，
贵州茅台一方面所有者缺位，对管理层缺乏有效监督；另一方面
受国有体制机制的种种限制，管理人员激励不到位。上述两方面
国有企业典型问题在贵州茅台展现得都非常明显，成为造成该公
司内部人控制问题的直接原因。

首先是贵州茅台所有者缺位导致的对管理层缺乏有效监督。
理论上，盈利动机强烈的股东将会阻止作为股东代理人的董事会
的任何侵害股东利益行为，集中表现在第一大股东通常会在股东
大会上对可能损害股东利益的相关决议投反对票，甚至提议及时
更换损害股东利益的不称职董事会成员。但国有上市公司董事长
的任命和更迭并不像标准的公司治理实践那样，由持股超过一定
比例的股东提出议案，股东大会表决通过即可，而是需要复杂的
国企官员任命程序。在袁仁国的案例中，他不仅是上市公司贵州
茅台的董事长，而且是其控股股东茅台集团的董事长。依靠控股
股东来对上市公司管理层进行有效监督至少在袁仁国的案例中变
得难以设想，而袁仁国在贵州茅台和茅台集团一手遮天也是可预
料的事。这就不可避免地导致了在很多国有企业中曾经出现的所

有者缺位导致的"内部人控制问题"。

其次是受国有体制机制的种种限制，贵州茅台管理人员激励不到位。2000—2017 年间，茅台的营收从仅 16.18 亿元迅猛上升至 600 亿元。随着茅台成绩的稳步提高，贵州茅台超越五粮液成为国内榜首白酒品牌；公司股价也接连上涨，乃至突破每股 1 000 元大关，贵州茅台市值超越全球榜首酒企帝亚吉欧，成为闻名全球的白酒企业的市值头名。根据《经合组织公司治理原则》(2016)，企业应使关键高管和董事的薪酬与公司和股东的长期利益相一致。然而，在茅台集团为贵州省经济做出巨大贡献的同时，政府部门对该集团和贵州茅台中高层的薪酬和股权激励却迟迟没有推进，高管的贡献并没有以物质奖励的形式得到认同。根据贵州茅台 2017 年年报，袁仁国当年薪酬仅为 77.79 万元，没有持股。作为对照，五粮液董事长刘中国仅持股部分市值就超过400 万元。相比茅台高管的有限薪酬，茅台酒经销商多卖一吨茅台酒赚取差价就有两三百万元，掌握批条权的高管将茅台酒经营权作为拉拢关系、利益交换的工具的行为就在意料之中了。

贵州茅台案例一定程度上表明，所有者缺位导致的对管理层缺乏有效监督为内部人控制大开方便之门；而当不受制约的权力集中在少数内部人，不到位薪酬激励将诱使高管更多地从谋求显性薪酬转向谋求隐性薪酬，贪腐问题也将不可避免地发生。

2017 年 5 月，贵州茅台集团公司通过《薪酬制度研究工作方案》，正式启动薪酬制度改革。贵州茅台在 2018 年换帅后也开始清理违规经营和整治品牌乱象。我们看到，面对国企发展通常面临的"不该管的乱管，该管的却不管"的痼疾，贵州茅台正在积极加以应对。

这 15 年来，稚气未脱的我国公司治理在从独权、争斗、虚假、操纵到制衡、公平、透明、专业的转变中，向着现代企业公司治理稳步迈进。越来越多的公司开始意识到：力量制衡基础上形成的自动纠错远比"一股独大"下形成的乾纲独断重要；透明、专业和多元的董事会下的民主协商远比企业家个人的远见卓识重要；市场化的激励机制和选聘人制度形成的竞争压力对于规范高管个人行为远比依靠管理者个人的素质和觉悟重要；等等。

2019 年 9 月 10 日，在阿里创立 20 周年之际，创始人马云宣布退休。马云说，"今天不是马云的退休，而是一个制度传承的开始。今天不是一个人的选择，而是一个制度的成功"。阿里的成功传承固然离不开马云的远见和睿智，但正如马云所说，同样离不开包括合伙人制度在内一系列公司治理制度构架所确定的传承路径。如同阿里的传承一样，公司治理的建设有赖法治精神下制度的力量。对于走过 15 年的艰难历程，目前积极自觉地朝着规范和现代不断迈进的中国公司治理，我们由衷感到，中国资本市场甚幸，中国投资者甚幸。

图书在版编目（CIP）数据

掌控与激励：公司治理的中国故事 / 郑志刚著. --
北京：中国人民大学出版社，2021.7
ISBN 978-7-300-29351-6

Ⅰ.①掌… Ⅱ.①郑… Ⅲ.①公司－企业管理－研究
－中国 Ⅳ.①F279.246

中国版本图书馆 CIP 数据核字（2021）第 087524 号

掌控与激励

公司治理的中国故事

郑志刚　著

Zhangkong yu Jili

出版发行	中国人民大学出版社				
社　　址	北京中关村大街 31 号		**邮政编码**	100080	
电　　话	010－62511242（总编室）		010－62511770（质管部）		
	010－82501766（邮购部）		010－62514148（门市部）		
	010－62515195（发行公司）		010－62515275（盗版举报）		
网　　址	http://www.crup.com.cn				
经　　销	新华书店				
印　　刷	北京联兴盛业印刷股份有限公司				
规　　格	148 mm×210 mm　32 开本		**版　次**	2021 年 7 月第 1 版	
印　　张	10.25 插页 2		**印　次**	2021 年 7 月第 1 次印刷	
字　　数	198 000		**定　价**	68.00 元	